유엔과 국제위기관리

유엔과 국제위기관리

초판발행일 / 2005년 5월 31일

지은이 / 강성학
펴낸이 / 이재호
펴낸곳 / 리북
등   록 / 1995년 12월 20일 제13-663호
주   소 / 서울시 영등포구 양평동4가 190
          신한하이빌 402호
전   화 / 02-2068-6435
팩   스 / 02-2068-6752

정   가 / 20,000원

ISBN 89-87315-65-7   03340

유엔과 국제위기관리

강 성 학 편

리북

국제평화와 안전에 대한 인류의 염원은 아직도 세계 도처에서 유린당하고 있다. 20세기 말 냉전이 종식되자 많은 사람들은 21세기는 지난 세기와 다를 것이라 기대하였다. 어떤 사람들은 이데올로기 대립의 종식이 궁극적으로 정치적 자유민주주의와 경제적 세계 공동시장화로 평화를 구가할 것으로 내다보았고, 어떤 사람들은 미래에는 국가의 역할마저 축소되어 공포 없는 시민사회가 만개하는 세상에 대해 장밋빛 희망을 품었다. 하지만 21세기의 시작은 그러한 예상과 딴판으로 전개되었다. 2001년 9월 11일 미국의 뉴욕과 워싱턴에서 민간 항공기를 이용한 대규모 테러공격이 발생하고, 곧 이어 미국이 테러와의 전쟁을 선언하면서 중동의 사막에서 대대적인 군사작전을 전개하자 전 세계는 전율에 휩싸였다. 결국 새로운 밀레니움의 시작은 전쟁과 공포로 시작된 것이다.

냉전 시대의 이데올로기 대립은 이제 종교와 인종적 반목이라는 또 다른 갈등 현상으로 대체되었다. 많은 사람들은 이러한 위기 앞에서 국제평화와 안전을 위해 창설된 유엔이 본연의 역할을 다해 줄 수 있기를 희망했으나, 아쉽게도 국제관계에 있어 힘의 정치는 여전히 위력적이었다. 그럼에도 불구하고 유엔이 존재가치와 그 소명을 잃어버린 것은 아니다. 인류의 대변자로서 유엔의 역할은 비록 국제적 위기를 완전히 해결하지는 못하지만, 위기를 완화시킬 수 있는 여전히 유일한 정통성을 가진 보편적 국제기구이기 때문이다.

사실 정치군사적 문제가 아닌 비군사적 부문, 예를 들어 경제, 환경, 기아, 인권, 복지 등에 있어서 유엔의 역할은 더욱 커지고 있다. 최근 이러한 이슈들이 인간안보(human security)의 중요한 변수들로 등장하면서 유엔의 위기관리 역할은 더욱 중요해지고 있다. 이러한 탈국경적(transnational) 이슈들에 관한 국가간의 이해를 조정하고 중재하는데 있어서 유엔만큼 권위 있는 존재는 없다. 이러한 권위가 더욱 확대됨으로써 궁극적으로 세계 평화와 안보라는 유엔의 본래 목적을 달성할 수 있기를 세계는 기대하고 있다. 유엔 이외의 다른 대안이 없는 상황에서 우리는 유엔에 기대를 가질 수밖에 없기 때문이다.

이 책은 이러한 문제의식 하에서 한국과 일본에서 유엔 및 국제기구를 연구하는 학자들의 연구 성과의 하나이다. 여기에 실린 논문들은 2004년 9월 서울에서 한국유엔체제학회(KACUNS)가 일본의 유엔연구학회(JAUNS)와 개최한 제4회 합동학술회의에서 발표된 논문들을 수정 보완한 것이다. 영문본은 2004년 12월에 *The United Nations and Global Crisis Management*라는 제목으로 출판되었고, 이 책은 그것을 국문으로 번역한 것이다. 일부 논문은 집필자가 직접 번역하였지만 나머지는 조한승(1, 5장), 김연정(3장), 차주희(6, 16장), 이현석(8장), 정재욱(9, 14장), 이유진(10장), 박소영(11, 13장), 배수현(12장) 등이 나누어 번역하였다.

이 책이 출판되기까지 도움을 준 여러분들에게 지면을 빌어

6

고마움의 뜻을 표한다. 먼저 학술회의를 후원해준 한국국제교류재단과 고려대학교, 그리고 고려대 평화연구소와 정책대학원에 감사한다. 아울러 영문판을 번역한 이 책이 출판되는 데 재정적인 지원을 해준 이상옥 전 외무장관에게도 감사의 마음을 전한다. 그리고 학술회의 준비와 논문 번역을 위해 수고한 고려대학교 정치외교학과 대학원의 정재욱 박사, 박사과정 박소영, 박사과정 이유진, 박사과정 김연정, 이기성 석사, 임삼묵 석사, 배수현 석사, 본 학회장의 조교 차주희, 그리고 고려대 정책신문사 이현석 주간에게 감사한다. 끝으로 학술회의의 진행은 물론 본서의 출판까지 모든 과정을 관장한 평화연구소의 조한승 박사에게 특히 감사한다.

2005. 5.
한국유엔체제학회 회장
강 성 학

감사의 말씀

본서의 출판은 2005년 1월 고려대학교 정책대학원에서
제3회 정책인 대상을 수상한 이상옥 전 외교부 장관이
상금으로 받으신 500만원을 한국유엔체제학회에
기부하여 가능하게 되었습니다.

■ 차 례

제 1 장
서   론

강 성 학

한국유엔체제학회 회장, 고려대학교 교수

*위기는 보는 사람에 따라 다르게 이해될 수 있다.
하지만 대부분의 경우 위기관리는 국가간 폭력적
갈등을 방지하거나 종식시키기 위해 제3자가 나서
는 "갈등 해소"의 노력으로 여겨진다.*

- 칸스 로드 (Carnes Lord) -

2001년 9월 11일 미국에 대한 테러분자들의 공격은 국제정치에서 하나의 중대한 사건으로 여겨질 것이다. 하지만 그것은 사실 수년간 계속된 진화적인 변화의 한 표현이었다. 그날의 테러공격은 비극적일뿐만 아니라 상징적이었다. 그것은 그토록 무자비하지 않을 수 없었던 지난 수년 간의 국제정치를 특징짓는 현상의 지극히 폭력적인 표현이었다. 9 · 11은 기존의 국가간 영역에 대한 매우 위험스러운 비국가 행위자(non-state actor)의 명백한 침공이었으며, 국가로 하여금 국가의 안보를 위한 수단과 이해를 드라마틱하게 재고하게끔 만들었다. 그것은 또한 대내 안보와 대외 안보, 그리고 군사적 안보와 민간 안보는 확연히 구분되는 것이라는 기존의 인식을 완전히 송두리째 날려버리는 것이었다.

그 결과 테러와의 전쟁이 시작되었는데, 그것은 물론 자구책(self-help)의 일환이었지만, 미국의 지배와 일방적 무력사용에 의해서 가능한 것이었다. 아울러 대테러 전쟁은 미국의 힘을 과시할 필요성과 국익과 생존에 대한 단기적 분석에 따른 것이었다.

다소 현학적으로 표현하자면, 9·11 직후 자유주의적 입장은 테러리즘이 탈국경적 위협이기 때문에 개별 국가의 입장에서만 혹은 몇몇 제한된 국가들에 의해서만 논의될 수는 없다고 지적하고, 문제 해결을 위해서 국가간 여러 채널들 가운데 국제 제도(international institutions)를 통해 서로 협력할 필요가 있음을 강조했다. 그러한 필요성은 유엔과 유엔 사무총장에 의해 그리고 안전보장이사회 결의안을 통해 재차 강조되었다. 하지만 현실에서 9·11테러와 대테러 전쟁은 오늘날 국제관계를 지배하는 소위 현실주의적 입장에 의해 규정되었는데, 현실주의 입장은 유엔을 포함한 국제기구의 역할을 폄훼하는 것이었다.

사실 현실주의 패러다임도 초국가적 테러리즘에 의한 인권과 인간안보에 대한 새로운 형태의 초국가적 위협에 맞서 대항할만한 확실한 능력을 가지고 있는 것은 아니다. 하지만 국제체제는 무정부(anarchy)적이라는 국제정치의 속성과, 특정 테러단체를 활용하거나 후원, 지원, 혹은 거기에 동조하는 국가들이 존재한다는 사실이 앞으로 다가올 시대에 테러리즘이 정치적 폭력의 가장 보편적인 형태가 될 것이라는 견해의 근거가 된다. 유엔이 중요한 역할을 할 것이라는 주장은 그동안 수사적으로 많이 강조되어 왔으나, 현실에 있어서 탈국경적 테러리즘에 대한 대응은 주로 국가가 주도해왔고, 앞으로도 향후 수 년 동안은 국가의 주도가 계속될 것이다.

9·11사건이 발생한 이후에도 국제 평화와 안보에 대한 유엔의 역할과 그에 따르는 "평화 활동"은 설사 존재했다 할지라도 무시되어왔다. 하지만 9·11사건 이전에 평화 활동은 중요한 유엔 활동의 하나로써, 국제안보체계의 발전과정에서 매우 중요한 위치를 점하고 있었다. '평화 활동'이라는 말은 유엔 용어이다. 평화 활동에 대한 브라히미(Brahimi) 보고서에 의하면 유엔의 평화 활동은 세 가지의 기본 활동으로 나뉜다. 첫째는 갈등의 예방과 평화조성(peace-making) 활동이고, 둘째는 평화유지(peace-keeping) 활동이며, 셋째는 평화건설(peace-building) 활동이다. 북대서양 조약기구(NATO)의 경우에는 '평화지원 활동'(Peace Support Operations) 혹은 '위기대처 활동'(Crisis Response Operations)라는 표현을 쓰는 반면, 유럽연합(EU)은 '갈등예방과 위기관리'(Conflict Prevention and Crisis Management)라는 보다 폭넓은 의미의 표현을 선호하는 경향이 있다.

2001년 9월 11일 바로 하루 전만해도 브라히미 보고서의 완전한 이행은 여전히 민감한 이슈였다. 하지만 9·11사건 다음 날, 유엔 안전보장이사회와 총회는 일치된 단결을 보여주었다. 2001년 9월 12일 안전보장이사회는 결의안 1368을 즉각 논의하였는데, 이 결의안에서 안전보장이사회는 테러리스트의 공격에 대해 모든 필요한 조치들을 취할 준비가 되어있음을 선언했다. 하지만 그러한 조치가 유엔이 어떤 특정한 역할을 하는 것으로 해석되지는 않았다. 게다가 테러와의 전쟁을 염두에 두는 한 유엔의 구체적 역할을 상정하지 않는 형태의 결의안은 개별 국가들이 유엔이 아닌 미국이 주도하는 연합국에 참여하기에 보다 용이한 것이었다. 하지만 몇 주 후인 2001년 9월 28일 안전보장이사회는 결의안 1373을 채택하였는데, 그 내용은 주로 결의안 이행을 감독하기 위해 대테러 위원회(Counter-Terrorism Committee: CTC)를 설치하는 내용을 포함하는 일련의 조치에 관한 것이었다.

실제로 결의안의 조치들을 실행에 옮기기는 어려웠지만, 그것은 9·11사건에 대한 국제적 대응의 임무를 유엔에게 부여하였다는 점에서 매우 중요한 문건이었다. 2001년 11월에는 부시 대통령이 유엔 총회 연설을 통해 세계가 유엔의 주도적 지도력을 필요로 한다고 언급하였다. 하지만 전반적인 상황은 부시 행정부로 하여금 유엔을 무시하는 방향으로 전개되었다. 9·11테러 공격은 미국의 핵심적 국가이익에 대한 공격이었기 때문에 그 성격상 유엔이 중요한 역할을 수행할 수 없는 상황이 만들어진 것이다. 다른 곳에서와 마찬가지로 미국에서 테러리즘에 대한 대응은 국가의 책임 하에 이루어져왔다. 9·11 이전이든 이후든 테러 문제를 다루는 데 있어서 유엔은 매우 제한된 역할만을 해왔고 실제 유엔의 능력도 매우 제한되어 있다는 점에서, 어떤 식이던 간에 유엔의 적극적 개입을 기대하기는 어려웠다.

9·11테러 공격은 새로운 형태의 전쟁으로 규정되어야 할 것이다. 테러리즘이라는 현상은 오랜 역사를 가진 것이지만—어떤 형태이던 간에 그 기원은 수천 년을 거슬러 올라간다—이번의 테러 공격은 우리가 경험한 것 가운데 가장 독특한 방식의 테러였다. 테러분자들은 거대한 제트 여객기를 크루즈 미사일로 만들어버렸고, 온 세계의 시청자들이 보는 앞에서 그들의 임무를 완수했던 것이다.

테러가 있던 날 저녁 조지 W. 부시 대통령이 대국민 연설을 했을 때, 그는 그날 아침에 있었던 테러 공격에 대한 자신의 분노와 도덕적 혐오감을 표출하면서 악마(evil)라는 과격한 수사(修辭)를 서슴지 않고 동원했다. 그는 "오늘 우리나라는 인간 가운데 가장 사악한 악을 보았습니다."라고 선언하면서, "이번의 악마 같은 행위의 배후에 누가 있는지 밝히기 위한 조사가 시작될 것입니다."라고 약속했다. 11월 2일 부시 대통령은 "오사마 빈 라덴은 악의 화신입니다. 무고한 생명을 의도적으로 해칠 만큼 그의 양심은 타락해버렸습니다. 우리는 악과 싸우고 있고, 앞으로도 계속해서 악과 싸울 것입니다. 우리는 악을 무찌를 때까지 싸움을 멈추지 않을 것입니다."라고 말했다. 계속해서 부시 대통령은 의회에서 국정연설을 발표하면서 미국의 적들을 악마로 묘사했는데, 여기서 그는 이라크, 이란, 북한과 이들 나라와 연계된 테러 분자들이 악의 축(axis of evil)을 구성하고 있다고 주장했다.

하지만 어떤 의미로 받아들이느냐에 따라 부시 대통령의 '악마' 발언은 위험성을 내포하고 있다. 테러리즘을 악으로 비난하는 것은 전쟁의 카테고리로부터 테러리즘을 제외한다는 의미로 여겨질 수 있다. 전쟁의 일반적 규정은 전쟁의 구체적 형태와 행위를 통제하고 제한해왔는데, 테러리즘을 일반적 전쟁의 영역의 바깥에서 진술하는 것은 테러리즘을 다룸에 있어 기존의 전쟁에 관한 규정을 배제할 수 있음을 의미한다.

테러리즘은 단순한 범죄가 아닌 군사적인 의미로 고려되어야 한다. 즉, '악마적'이라는 수사가 비판받지 않게끔 새롭게 수정된 혹은 변형된 의미의 전쟁 담론 내에서 테러리즘의 정의가 구체화되어야 한다. 그렇게 함으로써 상대 행위자를 '악'이라고 강조하는 것은 그들에 맞서 싸우는데 있어 극단적 방법까지 사용할 수 있게끔 우리에게 도덕적 정당성을 부여하게 된다.

테러분자들을 단순히 전례 없는 비이성적 행동을 저지른 '악마'같은 인간이라고 치부할 수는 없다. 그들은 치료받아야 하는 도덕적 나병환자가 아니라 패퇴시켜야할 적들이다. 9·11이 참혹했던 것만큼, 그들의 행위는 극단적인 방식의 전쟁행위였다. 테러리즘을 전쟁으로 규정해야 하는 가장 큰 이유는 대테러 군사작전들에 몇 가지 전통적인 제약조건이 부가된다는 점이다.

유엔은 근대 국가 체제 내에 법과 질서를 수립하려는 시도를 대변한다. 유엔 헌장은 한편으로는 국가 주권을 강조하면서도, 다른 한편으로는 막강한 힘에 의한 질서 유지를 추구한다. 강대국의 거부권은 강대국의 이익을 침해하면서까지 유엔 체제가 유지되지는 않는다는 점을 분명히 하기 위해 고안되었다. 따라서 유엔은 기존의 국가간 질서를 확립하기 위해서 만들어진 것이지, 근본적으로 새로운 질서를 만들기 위한 것이 아니었다. 물론 이것이 유엔이 만들어진 이래 그것이 발전해오는 과정을 모두 말해주는 것은 아니지만, 유엔 헌장의 집단 안보 시스템이 현상유지를 뒷받침하는 국제 체제에 더 큰 비중을 두고 만들어진 것이라는 점은 명백하다.

집단 안보 체제는 두 개의 오랜 아이디어가 합쳐진 것이다. 첫째는 균형을 통한 안정이고, 둘째는 헤게모니를 통한 안정이다. 현상유지는 막강한 힘을 가진 국제적 행위자 (즉 헤게모니적 요소)에 의해 지속되는데, 그러한 힘은 침략의 희생자가 된 국가편에 무게를 실어준다. 그것은 국제사회가 균형자 역할을 하는 세력균형을 의미한다. 다시 말해서, 유엔과 그것의 선임자 국제연맹(League of Nations)은 소위 클라우제비츠적인 전쟁 체제를 극복하기 위해 만들어진 것이다. 클라우제비츠(Clausewitz)는 두 가지 형태의 전쟁을 구분했는데, 하나는 전면전(total war)이고, 다른 하나는 제한전(limited war)이다. 하지만 1945년 이후부터 테러리즘이 보다 강력한 위협으로 등장하게 된 2001년 이전까지 보다 다양한 형태의 전쟁의 유형이 등장해 20세기 후반기를 지배했다.

첫 번째 유형의 전쟁(전면전)은 "적을 박멸"하고 "적을 정치적으로 무력"하게 만듦으로써, 국가 체제 자체의 소멸까지도 포함하는 어떠한 형태의 평화를 적이 받아들이게 한다는 것이다. 오늘날 그러한 전면전은 섬멸전(War of Annihilation)이라는 이름으로 불린다.

두 번째 유형의 전쟁(제한전)은 훨씬 작은 것들을 추구한다. 가령 국가는 단순히 영토를 획득하기 위해, 혹은 어떤 정치적 양보를 얻어내기 위해 전쟁을 할 수 있다. 이러한 유형의 전쟁은 불연속적이고 불완전한 이익을 추구하기 위한 것이므로 제한전이라 불릴 수 있다. 제한전은 소모전(War of Attrition)이라고도 불리는데, 한스 델브뤽(Hans Delbrueck)이 명명한 소모전략(strategy of exhaustion)과 같은 맥락의 전쟁이다. 이러한 유형의 전쟁의 목적은 상대방의 요구를 받아들이지 않아도 될 때까지 전쟁을 계속하는 것이다. 유엔은 냉전 기간 동안 클라우제비츠적인 전쟁 체제를 성공적으로 극복하지 못했다.

1989년 냉전의 종식과 함께 새로운 전쟁의 원인(*casus belli*)이 등장하기 시작했는데, 이것은 오랜 냉전기간 동안 계속되어온 양 이념 진영간의 권력투쟁과 이념충돌과는 전혀 다른 것이었다. 근대화 이론들이 이미 그 쇠퇴를 선언했던 전근대적 요인들, 특히 인종적 정체성(ethnical identity)과 종교적 극단주의(religious fundamentalism)가 오늘날 분쟁의 불씨에 기름을 끼얹고 있다. 인종적 정체성은 흔히 수적으로 비교적 작은 규모와 지리적으로 제한된 범위의 사람들의 관점에서 정의된다. 따라서 인종 전쟁은 본질상 내전의 성격을 주로 가진다. 반면에 종교적 정체성은 이슬람 근본주의의 지배처럼 보다 쉽게 국가의 경계를 넘나든다. 인종과 종교 문제들은 코소보에서 스리랑카에 이르기까지 종종 잠재적이면서도 잔인한 연합전선을 형성한다.

냉전 체제의 종식과 더불어 시작된 이와 같은 저강도 전쟁(low-intensity war)의 폭발적 확산은 전통적인 클라우제비츠식 전쟁 분류로는 쉽게 구분되지 않는다. 이러한 유형의 전쟁은 아마도 "정통성 전쟁"(war of legitimacy)이라 명명될 수 있을 것이다. 국가間 전쟁(inter-state warfare)과 달리 정당성 전쟁은 국가를 지배하기 위해, 혹은 다른 국가와 합치기 위해, 아니면 기존 국가를 분리하여 새로운 조국을 건설하기 위해 치러진 국가內 전쟁(intrastate war)의 성격을 띠어왔다. 하나의 국가 내에 둘 혹은 그 이상의 경쟁 세력이 존재한다는 사실은 일반적으로 그 중 하나만이 실제 정부의 지위를 가지고 있고, 나머지 세력(들)은 非국가적 경쟁자라는 것을 의미한다.

이러한 유형의 전쟁은 과거에는 "혁명전쟁"(revolutionary war), "민족해방전쟁"(national liberation war), "내란"(internal war), 혹은 단순히 내전(civil war)이라고 불렸다. 내전은 정치적 정통성을 얻기 위한 전쟁으로서, 내전의 역사는 헤아릴 수 없을 만큼 오래되었다. 근대의 정통성 전쟁은 일반적으로 서로 경쟁하는 세력 가운데 어느 한 편만 재래식 전쟁의 완전한 갑옷을 두르고 있는 비대칭적 형태의 내전 상황이다.

클라우제비츠적 전쟁의 유형은 아직 사라지지 않고 우리의 주변에 남아있다. 그런데 거기에 정통성 전쟁이 함께함으로써 우리의 세계는 더욱 불안해지고 더 위험해졌다. 제2차 세계대전 이후 테러리즘은 몇 가지 역할을 수행해왔다. 하지만 그것의 가장 보편적이면서 효과적인 수단은 인류의 의지에 대한 폭력의 사용이었다. 현재 미국은 이슬람 근본주의자들과 같이 미국을 적대시하는 테러분자들의 위협으로 공포에 사로잡혀 있는데, 그러한 테러분자들은 테러리즘을 통해 미국 사람들을 공포에 빠지게 함으로써 미국 정부가 개입을 철회하게끔 하는 것이 정당한 이유와 희망이라고 간주한다.

정통성 전쟁의 가장 흥미로운 문제는 소위 제3자의 개입으로부터 나온다. 적극적 교전 당사자이던 분쟁조정자이던 간에, 제3자 개입의 보편적인 존재는 사실 현존 국제체제에 있어 전쟁의 중요한 이유이면서 그 반향이다. 제3자 개입의 확산은 원래 이데올로기 문제와 냉전 시대의 양극적 세력구조에서부터 시작되었다. 하지만 오늘날에는 주로 인본주의적 혹은 정치적 이유에서 근대적 분쟁을 조정하고 체제 안정을 강화하려는 노력에서 개입이 이루어지는 경향이 있다.

국민들이 자국의 군대가 다른 지역의 분쟁에 개입하는 것을 후원한다는 사실은 우리시대의 민주주의에 있어 매우 중요한 의미를 가진다. 클라우제비츠는 원초적인 폭력과 증오, 그리고 적개심의 근원으로서의 인간과, 그러한 인간에 의한 국가를 상정했는데, 폭력에 대한 관용과 후원은 그러한 클라우제비츠적인 국가관을 뒤흔드는 것이다. 이러한 현상은 아마도 이른바 'CNN 효과'라 불리는 미디어 주도 시대의 산물일 것이다. 오늘날 우리는 전쟁이라는 가장 참혹한 순간을 저녁 식사를 먹으면서 볼 수 있다. 하지만 보다 중요한 것은 국가간 폭력의 가해자들이 자기 자신을 비인간적으로 보려고 하지 않을 뿐만 아니라, 적들을 인간으로 바라보는 대신 자신들의 목적에 장애가 되는 인간 이하의 존재로 받아들이는 경향이 있다는 사실이다. 따라서 폭력에 대한 관용이 줄어들어야만 지구 반대편에서 발생하는 분쟁의 희생자들을 무의미하게 받아들이는 경향도 줄어들 것이다. 가장 커다란 패러독스는 위험스럽기 짝이 없는 평화 유지 활동이나 평화 조성 활동이 점점 더 많이 요구될수록 지구 반대편에서 발생한 희생자에 대해 민감하게 반응하는 것도 더욱 많아진다는 사실이다.

유엔은 오늘날 지구적 분쟁의 당사자들에게는 가장 중요한
제3자로서의 역할을 한다. 유엔의 개입은 정당성 전쟁의 폭력
성이 확대되는 것을 늦출 수 있지만, 거기에는 한계가 있어서
결과적으로 제3자가 분쟁에서 손을 떼어버리고 분쟁의 핵심
당사자들을 클라우제비츠적인 극단으로 치닫게 내버려둘 수
도 있다. 특히 최근에 있었던 여러 가지 형태의 평화유지 활동
이나 평화건설 활동의 성과가 실망스러웠다는 점에서 가까운
장래에 지구적 통치(global governance)의 행위자로서 유엔이 언
제든지 세계경찰의 대행자 역할을 충분히 수행할 것이라고
예측할만한 아무런 근거가 없다. 하지만 유엔의 도덕적 권위
를 낮게 평가하는 것도 잘못이다. 아주 훌륭한 사무총장이
나서서, 정말로 거대한 변화가 일어나게끔 영향력을 행사할
수도 있을 것이다. 중요한 법률적, 정치적 행위자로서 유엔을
더욱 강화시키는 것 말고 다른 대안이 없는 것 같다. 9월 11일
의 사건은 유엔이 부적절한 존재가 아님을 증명했다.

　　유엔이 계속해서 "벌거벗은 임금님"이 될지, 아니면 정통성을
대변하는 목소리를 가지고, 국제평화와 안보에 위협적인 무법
자에게만 위협적인 힘을 행사하는 "정중한 기사"가 될지는 오
직 미래만이 말해줄 것이다. "우리, 유엔의 연인들"로서의 책
무는 유엔이 후자가 되게끔 도덕적으로뿐만 아니라 지적으로
유엔을 후원하는 것이다. 왜냐하면 중세 유럽에서 오직 교황
만이 정통성 전쟁을 초월하는 영향력을 행사할 수 있었던 것
처럼, 우리 시대에 있어 오직 유엔의 이름으로만 가장 강력한
정통성의 방패를 제공할 수 있기 때문이다.

　　정통성은 무력 못지않은 중요한 힘의 근원이다. 정통성이

없는 무력은 그것의 지배를 받는 자들에게 있어서 폭정에 불과하다. 물론 충성심을 얻으려면 그만한 자질이 있어야만 한다. "국왕(King)은 몇 번이던 패배하더라도 국왕으로 남는다"라고 말했을 때, 나폴레옹은 자신의 자질이 충분하다고 믿었다. 하지만 실제로 나폴레옹이 황제(Emperor)에서 물러나는 데에는 단 한번의 패배만이 요구되었다. 나폴레옹이 말한 국왕과 황제로서의 나폴레옹 스스로와의 차이는 결국 정통성의 차이였다. 불거지는 외부의 위협에 대해 조기에 조치를 취하는 것에 우리의 안보가 결정되는 오늘날에 있어서 정통성은 더더욱 중요하다. 당장은 유엔이 우리의 지구적 정치 세계의 보편적 정통성의 근원으로 남을 것이다. 이것이 바로 정통성의 기반위에서 지구적 위기를 관리하는 데 있어 유엔이 무었을 해야 하고, 무엇을 할 수 있는가를 연구하는 작업을 한국과 일본의 학자들이 시도하는 이유이다.

이 책에 수록된 논문들은 2004년 9월 17~18일에 서울에서 개최된 제4회 한국유엔체제학회(KACUNS) 한-일 합동 학술회의에서 발표된 것들이다. 이번 회의에서는 '유엔의 지구적 위기 관리'(The United Nations and Global Crisis Management)라는 주제로 한국과 일본의 국제기구, 유엔 관련 전문가들이 모여 열띤 토론을 벌였다. 이 책의 제2장에서 제5장은 유엔의 제도적, 정책적, 기능적 임무의 관점에서 국제 안보 관리에 대한 유엔의 역할을 소개하고 있다. 제6장에서 제9장은 주로 북한의 인권과 동북아시아 환경 문제에 대한 유엔의 역할에 초점을 맞추어 동북아시아의 인간안보(human security)를 다루고 있다. 그

다음의 네 편의 논문들은 위기 지역에 유엔 체제 하에서 군대를 파병하는 문제에 대한 논쟁을 소개하고 있다. 그 가운데 두 편의 논문은 한국군의 이라크 파병을 다루고 있고, 다른 두 편은 일본의 자위대의 해외 파병 문제를 논의하고 있다. 마지막 세 편의 논문들은 유엔 및 국제기구의 기타 임무들에 대한 다양한 주제를 포괄한다.

"유엔의 기능강화와 안보리 개혁"이라는 제목의 논문에서 이서항 교수는 유엔의 구조가 오늘날의 국제정치 현실을 반영하지 못한다고 주장하고 있다. 이 교수에 의하면 오늘날의 국제 환경은 유엔이 처음 설립될 당시의 국제 환경과 매우 다르다. 따라서 유엔개편에 관한 다양한 프로그램이 논의되고 있는데, 안전보장이사회의 개편이 가장 중요한 핵심 이슈이다. 특히 유엔 상설군과 예방외교 및 분쟁 후 평화 구축에 관한 논쟁이 중요하다. 그런 점에서 이 교수는 유엔에 설치된 고위 패널(High-level Panel)이 국가 안보와 인간 안보에 관한 관심사의 조정, 유엔의 다자주의 달성 증진, 평화와 안보에 대한 위협에 관한 합의 도출 등에 대한 도전에 적절하게 대응하고 관리해야만 한다고 제안한다.

아오이 치유키 교수는 그녀의 논문, "평화유지에 있어서 유엔과 지역기구: 독트린의 공백 채우기?"에서 국제 평화와 안보의 유지에 있어 지역 기구의 역할이 확대된 반면, 국제 안보에서 유엔의 리더십이 축소되었다고 평가한다. 즉, 고급 무기와 군대의 신속한 배치와 자원 면에서 유엔은 다른 지역 기구들 혹은 동맹에 비해 한참 뒤쳐져 있다. 아오이 교수에 의하면 이는 유엔의 평화유지에 대한 전통적 규범과 원칙에의 집착,

유엔의 '불편부당' 원칙 고수, 그리고 유엔의 평화 집행의 의도에 대한 불명확한 고려 등에 기인한다. 이러한 문제점들을 해결하기 위해, 그녀는 유엔이 피상적인 제도적 개선만 시도할 것이 아니라 헌장 6장과 7장을 적절하게 운용할 수 있는 보다 근본적인 정책원칙상의 고려를 해야 할 것이라고 제안한다.

유엔의 임무 가운데 중요한 것으로서 가맹국들이 서명한 협정을 입증하는 것이 있다. "지구적 위기관리를 위한 조약이행의 준수 검증"이라는 제목의 논문에서, 전성훈 박사는 협정 이행 입증의 두 가지 특징을 제시한다. 하나는 그러한 입증이 완전한 군비통제를 이룰 수는 없다는 것이고, 다른 하나는 입증의 역할은 협정 위반에 대한 법률적 제재의 부가를 포함하지는 않는다는 것이다. 따라서 전성훈 박사는, 이러한 특징들을 감안할 때 유엔은 군사력 배제의 가능성과 점진적이면서 지속적인 접근, 그리고 군사력의 투명성 증대를 고려해야만 한다고 주장한다.

후쿠시마 아키코 박사의 논문, "새로운 위협에 대한 대응: 유엔과 글로벌 테러리즘"은 오늘날의 '글로벌 테러리즘'을 그 행위자와 방법 및 결과의 측면에서 20세기의 테러리즘과 다름을 보여주고 있다. 비록 유엔 헌장에는 '테러리즘'에 대한 언급이 없지만, 유엔은 헌장의 개정 없이 유연하게 테러리즘에 대처하고 있다. 특히 9·11테러 공격 이후, 유엔 안전보장 이사회는 테러분자에게 자금을 지원하는 것을 범죄로 규정하고, 테러 행위를 저지르는 사람들의 재원을 동결함으로써 테러리즘에 가담하는 것을 회원국들이 금지하도록 하는 결의안 1373

을 채택했다. 하지만 후쿠시마 박사는 그러한 조치들로는 글로벌 테러리즘을 해결하는데 한계가 있다고 주장한다. 현재 유엔 회원국들은 테러리즘에 대한 정의에 있어서도 서로 이견을 보이고 있고, 유엔은 테러리즘을 감시할 메커니즘을 갖추고 있지 못하다. 따라서 그녀는 다음과 같은 조치들을 제안한다. 유엔은 어떠한 조건 없이 테러리즘과의 투쟁에 나서야하며 그것을 최우선적으로 다룰 수 있는 기구를 설치해야 한다. 또한 유엔은 테러 공격을 받는 경우 회원국들이 개입하는 것을 정당화하는 것뿐만 아니라 테러리즘을 방지할 수 있는 법적 장치들을 제공해야 한다.

"북한과 인간안보: 유엔 체제의 역할"에서 요코다 요조 교수는 북한의 인권 침해에 대한 유엔의 인도주의적 임무에 대한 고찰을 하고 있다. 그는 북한의 열악한 인권상황은 잠재적으로 동아시아의 안보를 해칠 수 있다고 본다. '어떻게 해야 하는가?'라는 질문에 대해 그는 KEDO와 6자회담과 같은 지역 수준의 접근뿐만 아니라 유엔의 여러 가지 기구와 메커니즘을 통해 북한에 대해 다자적 압력을 가하는 방법을 해법으로 제시한다. 북한의 인권 문제는 정부의 효과적인 통제가 부재한 소말리아나 콩고 공화국 또는 수단 등의 인권 문제와는 다르다는 점에서, 요코다 교수는 북한에서의 인간 안보 문제를 해결책은 북한 당국을 포함시켜야 하며, 다자적이고 협조적이며, 비군사적이어야 한다고 주장한다.

1946년 유엔인권위원회가 설립된 이후, 수많은 인권 관련 이슈들이 다루어져왔다. "북한인권문제에 대한 유엔인권위원회의 활동"이라는 제목의 논문에서 오영달 박사는 인권위원회가 인권의 '증진 활동'으로부터 '보호 활동'으로 발전해온 과정을 북한의 인권 문제와 관련해서 살펴보고 있다. 비록 인권위원회가 오래 전부터 북한의 인권에 대한 문제 제기를 해왔지만, 북한은 그러한 문제 자체를 부인하거나 무시해왔다. 하지만 최근에 북한의 정책이 변화하는 조짐이 보인다. 오영달 박사는 북한은 외부의 지원에 적지 않게 의존하고 있는 현실이기 때문에 북한이 더 이상 주민의 시민권과 정치적 권리의 개선을 요구하는 국제사회의 목소리를 무시하기가 어려워지고 있다고 평가한다. 하지만 오 박사는 그러한 변화가 바람직하다고 진단하면서도, 아직 북한의 인권 상황에 대해 완전하게 낙관적인 관점으로 바라보기에는 시기상조라고 주장한다.

"동북아시아 안보 공동체 구축?: 6자회담과 그 이후"이라는 제목의 논문에서 사카다 야수요 교수는 6자회담의 '종합적 해결'을 전제하면서 6자회담의 성패가 동북아시아의 안보 공동체의 가능성을 예측하는 시험대가 될 것이라 주장한다. 비록 현안은 북한의 핵문제를 다루는 것이지만, 6자회담은 군사적 안보, 경제적 안보 및 인간 안보를 포함한 종합적 방법으로 안보문제를 다룰 수 있을 것이다. 이러한 관점에서 그녀는 현재의 북한 핵위기의 결과가 동북아시아의 안보 공동체 건설의 성공 여부를 결정하는 열쇠가 될 것이라 주장한다. 사카다 교수는 아울러 6자회담을 활성화시킴으로써 유엔이 동북아의 안보에 '유용한 버팀목'이 될 수 있을 것이라 전망한다.

"동북아 환경 거버넌스: 유엔 시스템으로부터 무엇을 배울 것인가?"라는 제목의 논문에서 이근 교수는 유엔의 환경 거버넌스를 구성주의적 시각에서 고찰한다. 현실주의와 달리 구성주의는 국제기구가 독립된 행위자로서 물리력뿐만 아니라 이상추구의(ideational) 메커니즘을 통해 독자적인 영향력을 만들어 낼 수 있다고 본다. 이러한 관점에서 이 교수는 환경이나 발전과 같은 하위 정치(low politics)의 이슈들에 있어서 유엔은 민족국가의 틀을 넘어서는 영향력을 행사할 수 있다고 주장한다. 그는 또한 지속가능한 성장에 대한 논의가 이미 국가의 환경 계획이나 정책을 디자인하는데 적용되고 있다고 언급하면서 UNCED의 이상과 활동이 회원국의 정책 방향에 깊은 영향을 주고 있음을 실례로 들었다. 아울러 그는 유엔의 이상 추구를 위한 개입과 지속가능한 성장 논의가 동북아시아에서 놀라운 변화를 일으키고 있다고 말한다.

이라크에서 군사작전을 전개하고 있는 미국은 한국 정부에 대해 연합군의 형식으로 이라크에 더 많은 군대를 파병할 것을 요청했고, 한국 정부는 추가 병력을 이라크에 보내기로 결정했다. 하지만 한국인들 가운데 반미 감정을 가지고 있는 상당수는 정부가 이라크에 추가 파병을 하지 않도록 압력을 가하고 있다. "한국의 이라크 파병의 목적, 역할, 전망"에서 홍규덕 교수는 노무현 정부가 외부적 압력과 국내 정치적 압력 사이에서 딜레마에 봉착했다고 평가한다. 그에 의하면 한국의 대외정책 실무자들 사이의 집단적 관료정치가 파병의 최종 결정을 지연시켰다. 한국 정부의 최종 결정에도 불구하고, 홍 교수는 한-미 동맹은 치유되지 못했다고 진단하고, 만약 미국이 다음 해에 이라크의 한국군의 주둔 기간을 연장할 것을 요구할 경우 노무현 대통령은 그의 지지자들로부터 신뢰를 잃을 수도 있다고 예상한다.

"일본 자위대 해외파병의 의미"에서 호시노 도시야 교수는 일본 자위대의 해외 파병 임무가 어떻게 발전해왔는지 고찰한다. 그에 의하면 자위대의 해외 임무는 두 가지 법률적 이니셔티브에 의해 구분된다. 첫째는 국가의 위급 상황에 보다 초점을 두는 것이고, 두 번째는 보다 넓은 개념으로서 국제적 위기 상황에 초점을 두는 것이다. 하지만 그는 그러한 이니셔티브는 자위대의 활동 영역의 측면에서 어떤 목적을 가진 것이라기보다는 의도하지 않은 결과라고 설명한다. 호시노 교수는 자위대의 해외 활동은 다음과 같은 사항들을 고려해서 이루어져야 한다고 조언한다. 즉, 목표에 대한 비군사적 대민 봉사, 주둔지 선택, 미군과의 협조, 한국을 포함한 아시아 인접국들과의 합동작전 등이 충분히 고려되어야만 한다.

"내키지 않은 약속: 한국군 파병의 결정과정"에서 김태효 교수는 이라크 문제에 대한 한국의 외교정책은 국내정치에 의해 희생되었다고 주장한다. 이라크 전쟁 이후 평화 구축 과정에서 한국의 공헌이 매우 컸음에도 불구하고, 지루하게 지연된 이라크 추가 파병에 관한 결정 과정이 그동안 쌓아 놓은 한국의 역할과 책임에 치명적인 손상을 입혔다. 이러한 문제들을 해결하기 위해서 서울과 워싱턴의 정책 결정자들이 장래에 한국의 반미 감정을 해소할 수 있는 조치들을 취해야 한다고 김 교수는 조언한다. 특히 한국 정부는 한미 동맹에서 발생하는 문제를 비판하는 것이 동맹의 존재를 부정하는 논리로 반드시 연결되는 것은 아니라는 점을 한국인들에게 설득해야 한다. 그는 또한 북한의 핵 문제가 한미 정부가 양국간 미래 안보 협력의 방향과 깊이를 결정짓는 매우 중요한 리트머스 테스트가 될 것이라 주장한다.

일본 자위대의 이라크 파병은 제2차 세계대전 이후 일본이 자국군을 군사적 분쟁이 계속 진행되는 국가의 영토에 파병하는 최초의 사건이다. 국제 안보에서 일본의 역할이 급속하게 증대됨에 따라 많은 일본인들은 일본 안보의 "보통화" 과정에 대한 논쟁을 시작했다. "소극적 태도에서 적극적 태도로: 일본의 평화주의의 변화와 자위대 이라크 파병"이라는 제목의 논문에서 카미야 마타케 교수는 그러한 변화를 수동적 평화주의에서 적극적 평화주의로의 전화 과정이라고 설명한다. 하지만 그는 일본 자위대의 이라크 파병은 군사적 강대국이 되기 위한 의도가 없다는 점을 강조한다.

아사다 마사히코 교수는 "선제 자위와 국제법: 역사적, 현시적 관점"이라는 제목의 논문에서 유엔의 선제적 군사력 사용에 대해 논의한다. 일방적인 군사력 사용의 금지에도 불구하고 유엔 헌장 51조는 군사적 침공이 발생하기 이전에 무력을 사용해서 그것을 방지하는 것을 허용하고 있고, 그러한 행위는 자위의 이름으로 이루어진다. 하지만 얼마나 이른 시점에서 그러한 행위가 자위권으로 법적으로 인정될 수 있는지는 논란의 여지가 많다. 아사다 교수에 의하면 "자위"라는 측면에서 아프가니스탄과 이라크에서 유엔의 군사 활동은 다른 점이 많다. 이라크 전쟁에서 미국은 자위를 주장하지만 테러분자에 의한 공격에 대한 자위의 새로운 규정은 9·11사건만으로는 설득력이 약하다. 따라서 그는 미국의 주장을 무조건적으로 따르는 것은 바람직하지 않다고 주장한다.

IMF는 가중투표시스템을 채택하고 있기 때문에 유엔이 추구하는 경제사회적 협력은 IMF가 지지하는 자유주의 경제 질서와 충돌하는 경향이 있다. 최영종 교수는 "IMF와 금융위기 그리고 유엔"이라는 제목의 논문에서 국제금융과 통화문제들을 통괄하는 권위체를 만드는 것이 이러한 문제점들을 해소하기 위한 대안이 될 것이라 주장하면서, 국제무역부문에서의 WTO를 예로 들었다. 아울러 최 교수는 문제점의 해결은 아마도 시장과 권위적 구조를 절충하는 데에서 찾아질 것이며, 그러한 작업은 IMF가 유엔의 관리 하에 놓여질 때 가능할 것이라고 주장한다.

　"유엔에 대한 새로운 도전과 대응"이라는 제목의 논문에서 우치다 다케오 교수는 유엔 사무국의 개편에 초점을 두어 유엔의 개혁 프로그램을 논의하고 있다. 우치다 교수는 유엔이 지구적 공공재를 제공하기 위해서는 사무국이 먼저 지구적 공공정책 형성의 중요한 리더십 역할을 할 수 있어야만 한다고 주장한다. 유엔은 회원국들의 행위를 조정하는 중심적 역할을 계속해야 할뿐만 아니라 국제 시민사회와 사적 부문과의 공조를 통한 유엔리더십을 만들어내는 것이 중요하다는 견해를 제시한다.

제 2 장
유엔의 기능강화와 안보리 개혁

이 서 항
외교안보연구원 교수

I. 서론

안전보장이사회(이하 안보리로 표기)를 포함한 오늘날의 유엔체제 구조는 사실상 제2차 세계대전 후반기의 상황에 의해 형성되었다고 할 수 있다. 미국 등 연합국을 중심으로 한 제2차 세계대전 말기의 국제정치 구조가 그대로 유엔체제에 반영된 것이다. 그러나 제2차 세계대전 종료이후 국제정치 상황은 엄청난 변화를 겪었음에도 불구하고 유엔의 기본 구조는 거의 변하지 않은 상태로 남아 있다. 많은 사람들이 지적하는 바와 같이, 당시 만들어진 유엔 구조는 오늘날의 국제정치 현실을 적절히 반영하지 못하고 있으며 이 때문에 유엔은 국제 분쟁의 해결을 위한 필요자원을 효율적으로 동원하는 데 있어서 무기력함을 여실히 드러내고 있다. 따라서 유엔이 21세기의 국제정치 현실에서 의미 있는 행위자로 계속 남아있기를 원한다면 헌장의 개정을 포함한 유엔의 구조조정 내지 개혁은 매우 불가피한 것으로 보인다. 그렇다면, 유엔의 구조조정 또는 개혁은 어떻게 진행되어야 할 것인가?

유엔의 개혁과 관련한 이러한 질문의 핵심은 국제기구의 역할과 직접 연계되어 있다. 잘 알려진 바와 같이, 유엔의 존재 이유는 이 국제기구가 평화와 인간복지를 증진할 수 있다는 믿음으로부터 출발하고 있다. 그러나 많은 분쟁지역에서 유엔의 실제적인 활동이 정치적 이유를 포함한 여러 가지 어려움으로 인해 제약받고 있음을 목격할 때, 유엔을 포함한 국제기구에 대한 긍정적인 신뢰와 믿음은 급격히 증발해 버리고 만다. 즉, 오늘날 유엔의 효율성에 대한 비판적 평가가 증대하고 있음에 따라 유엔의 존재이유는 더욱 더 의문시되고 다음과 같은 질문들이 제기되는 것이다. 즉, "유엔과 같은 국제기구들이 정말로 의미 있게 전쟁과 평화의 장래에 영향을 미칠수 있을까"라는 질문이라든지 또는 "과연 유엔이 있고 없음에 따라 국제정치의 차이가 만들어질 수 있을 것인가"라는 질문들이다. 이러한 질문들에 답하는 것은 곧 안보리를 포함한 유엔기구의 장래에 관해 논의하는 것과 똑같다고 할 수 있다.

새로운 세기가 시작되는 2000년대 중반부에 있어서 우리는 유엔에 대한 팽배하고 있는 비관주의를 극복할 필요가 있으며 오히려 유엔의 앞길에 놓여 있는 모든 도전과 장애를 제거하여 이 국제기구가 진정으로 국제평화와 안보에 공헌할 수 있도록 구조 개혁을 강구하거나 본래의 기능을 회복시켜 줄 필요가 있을 것이다.

이 글은 세계 평화와 안보 유지의 책임을 담당하고 있는 유엔 안보리에 대해 이미 10여 년 전부터 국제적으로 개혁 필요성이 적극 제기되고 있는 상황을 감안, 구체적인 안보리 개혁 방향을 모색하고 한국의 대응방향을 살펴보는 것에 목적이 있다. 특히 이 글은 유엔이 지난 2003년 제58차 총회 시 코피 아난(Kofi Anan) 사무총장의 제안에 의해 아난드 판야라춘(Anand Panyarachun) 전 태국총리를 위원장으로 한 각국의 저명인사 16명으로 구성된 고위패널(High-Level Panel)을 설립,[1] 최근(2004년 12월) 유엔의 기능강화와 안보리 개혁을 권고한 '보다 안전한 세계: 우리 공동의 책임'(A more secure world : Our shared responsibility)이라는 표제의 보고서를 발간함에 따라 상기 보고서의 주요 권고내용을 중심으로 유엔기능 강화와 안보리 개혁 방안을 살펴보고자 한다.

Ⅱ. 유엔 개혁 제기의 배경

유엔의 기능 강화를 포함한 안보리 개혁 필요성이 제기되고 있는 배경은 크게 다음과 같은 세 가지 이유를 들 수 있다.

첫째, 국제정치 환경의 근본적인 변화에 따른 안보리의 대

---

1) 고위 패널의 주요 임무는 첫째, 국제평화와 안전에 대한 현존 및 미래의 위협분석, 둘째, 인식된 위협요인에 대한 효과적인 집단적 조치(collective action)의 모색, 셋째, 유엔의 조직 및 조직간 기능 재검토 등을 포함하고 있다.

표성 저하에 대한 대다수 국가들의 문제 제기이다. 잘 알려진 바와 같이, 유엔이 창설되었던 1945년 당시 회원국은 모두 51개국이었으나 오늘날 유엔 회원국은 191개국으로 급격히 증가했다. 그러나 안보리 이사국수는 그동안 소폭 증가하여 당초 11개국(상임이사국 5개국)에서 1960년대 중반 15개국으로 단 한차례만 늘어난 것에 그치고 있다. 더욱이 상임이사국 수는 당초 5개국에서 지난 60년 동안 1개국도 늘어나지 않았다. 따라서 유엔 안보리는 우선 그 구성에 있어 국제정치 환경의 변화를 적절히 반영하지 못하고 있는 것이다. 또한 미국에 이어 유엔에 대한 최대 재정공여국이 되고 있는 일본(2004년 약 19.5% 기여)과 독일(약 8.7% 기여)도 재정기여에 걸맞는 책임과 지위를 요구하고 있다.

이와 아울러 유엔 회원국 다수는 안보리 운영의 비민주성과 투명성 결여에 대해서도 비판의 강도를 높이고 있다. 특히 냉전종식 이후 안보리 결정이 필요한 사안이 급증, 안보리 토의가 증대하자 안보리는 공식 회의에 앞서 비공식 회의 개최 및 상임이사국 협의 중심의 관행을 확립하게 되었는데 이러한 관행이 다수 국가들의 비판의 대상이 되고 있는 것이다. 즉, 안보리 협의과정에서 소외된 일반 회원국 중심으로 거부권 행사 등 안보리 의사 결정에 대한 민주화 요구 증대 및 상임이사국들에 의한 안보리 운영의 투명성 결여에 대한 불만이 고조되고 있는 것이다.

둘째, 새로운 안보의제의 대두와 국제안보 위협의 본질적인 내용 변화이다. 즉, 최근 수년간 9·11테러 사태를 비롯한 국제안보를 위협하는 요인들의 본질적인 내용 변화는 유엔 기능 강화 및 안보리 개혁 필요성을 제기하는 중요한 배경이 되고 있다. 오늘날 인류가 당면하고 있는 중대한 안보위협은 국가 간의 무력충돌 이외에 빈곤, 전염병, 환경파괴, 내전, 대량파괴 무기(WMD) 확산, 테러리즘, 초국가적 범죄까지 포함하는 등 광범위하게 확산되고 있다.

국제안보를 위협하는 이러한 요인들은 내용의 본질적 변화와 함께 발생연원에 있어서도 국가뿐만 아니라 테러단체 등 국가가 아닌 비정부 조직 및 행위자(non-state actor)까지 포함하고 있으며 이들 행위자들은 국가안보 및 개인 차원의 인간안보(human security) 모두를 위협하고 있다. 따라서 이러한 위협들에 대해 효율적으로 대처하기 위해 유엔의 기능강화와 안보리 개혁이 필요한 것이다.

셋째, 이라크 사태에 대한 유엔의 무력증 및 국제사회의 분열이다. 즉, 지난 2003년 3월 유엔의 직접적인 승인 없이 이루어진 미국 주도의 대(對) 이라크 군사행동에 대한 국제사회의 분열은 유엔기능 강화와 국제문제 해결을 위한 안보리 개혁 필요성을 제기하는 중요한 원인을 제공하고 있다. 미국의 대 이라크 군사행동은 국제사회에서 9·11사태 이후 국제평화 및 안보위협을 어떻게 정의하고 또한 어떠한 최선의 방법으로 대응하는 것이 정당한가에 대한 논쟁을 불러 일으켰으며 일부 국가는 미국의 일방적 군사 행동을 정당한 것으로 수용한 반면 다수 국가는 유엔의 직접적인 승인이 없었다는 이유를 들어 이를 강력히 비판한 바 있다. 미국의 행동은 국제사회에서의 무력 사용과 관련, '과연 한 국가가 유엔 및 안보리의 승인없이 긴박하지 않은 위협에 대해 예방적으로 행동할 수 있는가'라는 중요한 질문을 제기하고 있는 것이다.

한편 미국의 대 이라크 군사행동에 대한 국제사회의 분열과 함께 이라크 WMD문제를 포함한 주요 국제현안 해결에 대해 그동안 유엔이 보여주었던 무능과 무기력증도 유엔의 기능 강화와 안보리 개혁의 필요성을 절실하게 제기하고 있는 것으로 평가되고 있다.

Ⅲ. 유엔기능 강화방안 : 「고위패널」보고서의 주요내용

유엔 고위패널 보고서는 국제평화·안정 증대를 위한 유엔 기능 강화 방안으로서 다음과 같은 사항들을 제안하고 있다.

1. 국제안보 위협 요인의 분석과 대응

현재 인류가 심각하게 당면하고 있거나 미래에 나타날 수 있는 안보 위협들은 여러 묶음(clusters)들로 다음과 같이 다섯 가지로 분류될 수 있다. 이들 위협들은 상호 연관되어 있는 동시에 경계선이 없으며 이에 대처하기 위한 유엔의 목적과 역할을 강화하기 위해서는 우선 먼저 이들 위협에 대한 회원 국간의 '안보 인식 합의'(즉, security consensus)가 필요한 것으로 지적되고 있다.

고위패널 보고서가 첫 번째로 꼽고 있는 안보위협은 경제·사회적 요인이다. 국가안보를 위협하는 요인들의 상당부분은 경제·사회적 배경을 갖는 것들로서 이들은 대표적으로 빈곤

(poverty), 후천성 면역결핍증 및 에이즈와 같은 전염성 질병(infectious disease), 환경파괴(environmental degradation) 등을 포함하고 있다. 경제·사회적 요인으로부터 연유되는 이들 위협에 효율적으로 대처하기 위한 제1의 예방책은 저개발국 또는 '스트레스에 놓인 국가'(states under stress)들에 대한 개발(development)이 가장 중요하다. '스트레스에 놓인 국가'는 이른바 '실패한 국가'(failed states)들을 뜻하는 것으로서 이들 국가들은 테러분자의 발원지 또는 지역불안정의 근원지로서 국제안보·안정에 근본적 도전을 제기할 수 있는 것으로 지적되고 있다.

두 번째 안보위협은 국가간 분쟁 및 국내분쟁이다. 국가간 분쟁은 탈냉전시대에 비록 발생 빈도는 감소했으나 아직도 완전히 종식되지 않았으며 특히 남아시아, 동북아, 중동지역에서 지속되고 있는 국가간 분쟁은 국제 평화와 안보를 위협하는 심각한 요인이 되고 있다. 한편 국내 분쟁은 탈냉전시대에도 종교, 인종, 천연자원에 대한 지배권 등을 둘러싸고 내전(civil war)의 형태로 나타나고 있어 새로운 국제안보 위협으로 대두되고 있다. 국제안보를 위협하는 국가간 분쟁 및 국내분쟁을 평화적으로 해결하기 위한 유엔의 임무를 제고하기 위해서는 분쟁예방·중재노력의 확대에 대한 객관적 평가를 바탕으로 평화협상 결과가 반드시 이행되도록 강제하는 틀과 규범의 마련이 중요하다.

셋째, 핵·방사성 및 생·화학무기이다. 핵무기를 포함한 대량살상무기(WMD)는 국제안보의 가장 심각한 위협이 되고 있으며 핵확산 금지조약(NPT)의 부분적 성과에도 불구하고 이를 바탕으로 한 범세계적 핵 확산 금지체제는 붕괴위험에 처해 있다. 또한 플루토늄 또는 고농축 우라늄을 그대로 사용하는 방사성 무기(radiological weapons)는 대량살상보다는 공포감을 유발하는 '대량혼란'(mass disruption) 무기로 사용될 가능성이 있다. 이러한 상황에 따라 핵확산 금지체제의 취약성을 시정할 수 있도록 NPT 제6조에 의한 핵보유국의 진지한 핵군축 노력, 핵확산 금지의무 성실 이행국에 대한 유인책(incentive) 부여, 농축 등 핵관련 시설 건설의 자발적 동결 및 유예, 검증가능한 '핵분열물질 생산금지 협약'(FMCT) 채택을 위한 새로운 협상개시 등의 필요성이 제기되고 있다.

넷째, 테러리즘도 중요한 안보위협으로 대두되고 있다. 9·11사태 이후 급격히 부각된 테러리즘은 유엔헌장의 중심적 가치가 되는 인권존중, 법의 지배, 전쟁 시 민간인 보호, 분쟁의 평화적 해결 원칙 등을 무참히 파괴하는 비인도적 국제안보 위협 요인으로 등장하고 있다. 국제 테러리즘을 효율적으로 방지하기 위해서는 제반 국제법 원칙에 부합되는 방향으로 테러대응 노력이 진전되어야 하며 테러 행위를 억제하는 유엔의 '규범적 위상'(normative strength)의 제고와 유엔 사무총장의 역할 강화가 필요하다. 보고서는 테러리즘을 방지하기 위해 1차적으로 테러리즘 정의의 국제적 합의 필요성을 제기하고 테러리즘을 '기존 12개 테러관련 국제협약에 규정된 행위이외에 본질적으로 대중을 위협하거나 혹은 정부 및 국제기구로 하여금 특정행위를 하도록 또는 하지 못하게 할 목적으로 민간인 및 비전투원을 살상하는 모든 행위'로[2] 규정하고 있다.

---

2) United Nations, Report of the High-level Panel of Threats, *Challenges and Change, A more secure world: Our shared responsibility*, UN Document

다섯째, 국제조직범죄를 들 수 있다. 국제조직범죄 중 안보와 관련하여 의미를 갖는 행위는 마약 밀매(drug trafficking)로서 마약 밀매를 통해 국제조직범죄단이 벌어들이는 돈은 세계적으로 연간 3,000~5,000억불에 달하며 국제조직범죄는 국가의 권위, 경제발전, 법의 지배 원칙 등에 중대한 위협을 가하고 있다. 국제화된 조직범죄에 효과적으로 대응하기 위해서는 조직범죄에 대한 국제 통제 메커니즘의 강화와 국가별 대처 능력의 향상이 필요한 것으로 지적되고 있다.

2. 무력사용 원칙의 재확인

유엔기능 강화방안 모색을 위한 고위패널의 구성이 직접적으로는 미국의 2003년 3월 대 이라크 군사행동과 관련, '한 국가가 유엔의 승인 없이 긴박하지 않은 위협에 대해 예방적으로 행동할 수 있는가'에 대한 질문으로부터 제기되었던 만큼 보고서는 국제사회에서의 무력사용(use of force) 원칙을 제시하고 있다. 보고서는 유엔 헌장의 개정 없이 현행 헌장 제7장 하에서 안보리가 제반 국제안보 위협에 효과적으로 대응이 가능하며 무력사용 문제와 관련하여 자위권을 규정한 유엔헌장 51조의 개정(rewriting) 또는 재해석은 필요하지 않다는 것을 지적하면서 다음과 같은 방안을 제시하고 있다.

우선 먼저, 자위권 발동 원칙의 제정 필요성을 제시하고 있다. 어느 국가라도 긴박한 위협(imminent threats)에 대해서는 실질

A/59/565, 29 November 2004, 보고서 전문은 http://www.un.org/secureworld/ 에 수록.

적으로 무력공격이 없더라도 자위권 차원의 선제적(preemptive) 무력 사용이 가능하다. 그러나 실제로 존재하는 위협이라 하더라도 임박한 위협이 아닐 경우에는 예방적(preventive) 차원의 무력행사를 개별국가가 임의로 판단할 수 없으며 유엔 안보리의 승인이 필요하도록 제시하고 있다.

또한 보고서는 인도적 개입을 위한 '보호책임' 제도의 도입을 제안하고 있다. 즉, 각국은 피할 수 있는 재난으로부터 자국민을 보호해야 할 의무가 있으며 그러한 '보호의무'(responsibility to protect)를 수행할 의사나 능력이 없을 경우에는 국제사회가 인도적 차원에서 그 의무를 담당하도록 제안하고 있다. 다시 말해, 집단살상 및 인종청소 또는 중대한 인도적 차원의 범죄 발생시 해당국가가 이를 예방할 의사가 없거나 무기력할 경우 최종적 수단으로서 '보호책임' 이름아래 안보리가 무력 개입을 승인할 수 있도록 권고하고 있다.

이와 함께 보고서는 정당한 무력사용의 5대원칙을 제시하고 있다. 즉, 보고서는 안보리가 국제평화와 안보를 위한 무력사용을 승인하는데 있어서 다음과 같은 다섯 가지 조건을 고려해야 할 것임을 제시하고 있다.

첫째, 위협의 심각성(Seriousness of threats) : 무력을 사용할 만큼 피해와 위협이 분명하고 심각한지의 여부.

둘째, 무력사용의 합목적성(Proper purpose) : 무력사용이 당면한 위협을 제거하기 위한 목적인지 아니면 다른 동기가 내재되어 있는지의 여부.

셋째, 최후 수단으로서의 무력사용(Last resort) : 무력이외에 다른 대안은 없다고 판단할 합당한 근거가 있는지의 여부.

넷째, 무력사용 규모의 적정성(Proportional means) : 사용된 무력이 최소한도로 필요한 수준인지의 여부.

다섯째, 무력사용의 결과(Balance of consequences) : 무력 사용이 무력을 사용하지 않은 것보다 더 나은 결과를 가져올 수 있을 정도로 성공적일 것이라는 예측이 있어야 함.

보고서는 이상의 다섯 가지 원칙을 총회와 안보리의 선언적 결의로 승인할 것과 각국이 안보리의 회원국 여부와 관계없이 서명할 것을 제안하고 있다.

3. 안보리 개혁방안 제시

증대하는 국제안보 위협에 대응하기 위한 유엔의 능력, 효율성, 그리고 신뢰성 등을 높이기 위해서는 안보리의 개혁이 불가피하며 고위패널 보고서는 바람직한 안보리 개혁 방향으로서 첫째, 많은 기여를 하고 있는 회원국이 그에 합당한 많은 발언권을 갖도록 개편할 것과, 둘째, 안보리의 신뢰·정통성·대표성을 제고하고, 셋째, 지역기구와의 협력을 강화할 것 등을 지적하고 있다. 이러한 개혁방향을 위해 다음과 같은 두 가지의 안보리 확대 방안이 제시되고 있다.

'모델 A'로 불리는 첫째 방안은 거부권 없는 6개 상임이사국 증설 및 3개 비상임이사국을 증설, 안보리이사국을 총 24개국으로 확대할 것을 제시하고 있다(6개 신설 상임이사국의 지역별 배정은 아시아 2, 아프리카 2, 아메리카 1, 유럽 1개국으로 함). 한편 '모델 B'로 불리는 둘째 방안은 연임 가능한 4년 임기의 제3카테고리 이사국 8개국과 기존 2년 단임 비상임이사국

1개국을 신설, 안보리 이사국을 '모델 A'와 동일하게 총 24개국으로 확대하는 것이 주 내용이다(신설되는 제3카테고리 이사국의 선정기준으로는 첫째, 유엔 정규예산 기여, 둘째, 자발적 기여, 셋째, 평화유지활동 참여 병력 수 등을 우선 고려할 것을 권고).

보고서는 또한 안보리의 확대와 함께 유엔의 국제평화에 대한 기능을 강화하기 위해 '평화구축 위원단'(Peacebuilding Commission)의 신설과 이 위원단의 활동을 지원하도록 안보리의 보조기관으로서 '평화구축 지원사무소'(Peacebuilding Support Office)를 설립을 제안하고 있다. '평화구축위원단'의 주요기능은 실패한 국가로 분류되는 이른바 '스트레스에 놓인 국가'들에 대한 지원과 평화구축 임무를 수행하도록 되어 있다.

Ⅳ. 평가 및 주요국 입장

1. 평가

고위패널 보고서는 결론으로서 "어느 나라도 아무리 (군사적으로)강력하다 하더라도 혼자 힘으로 현존하는 안보위협으로부터 안전할 수 없다"라고 규정함으로써 무엇보다도 우선 다자협력에 기반한 유엔기능의 강화를 강력하게 권고하고 있는 것으로 평가된다.[3] 즉, 보고서의 근본 목적은 국제평화 및 안보에 대한 다양한 위협을 분석한 바탕위에서 유엔의 기능을

---

3) "The UN and international security: Threats, challenges and change," *Strategic Comments* 10(December 2004), p.2.

재검토, 효율적인 집단행동을 위한 명백하고도 실용적인 조치를 권고하는 데 있다. 보고서는 결국 현 국제안보 환경에서 불완전하나마 유엔을 통한 집단안전보장 체제(collective security)를 유지·발전시켜나가는 것이 국제평화·안전 확보에 보다 유리할 것으로 판단하고 있다.

두 번째 특기할 것은 보고서가 국제평화·안보 증진을 위한 집단안보체제 강화 방안의 일환으로 안보리 개혁 및 확대 방안을 제시하고 있는 바, 이 방안에 따라 안보리 개편이 이루어질 경우 국제정치 지형의 변화가 이루어질 가능성이 있는 것으로 평가된다. 즉, 안보리 개편은 상임이사국 수의 증가를 주요 내용으로 하며 이는 국제정치에 있어 힘의 분포에 중대한 영향을 미칠 뿐만 아니라 상임이사국으로의 선출 여부에 따라 국제적인 발언권과 위상의 변화를 초래할 수 있는 것이다. 그러나 이러한 상임이사국 및 비상임이사국의 증설을 포함한 안보리 확대는 국제정치 현실에 있어 기존 강대국의 독주를 어렵게 함으로써 유엔 내 의사결정 과정의 민주성을 강화할 수 있으나 이사국수 증대에 따른 합의의 어려움으로 유엔 활동의 비능률 초래 및 합의 도출 실패 시 집단안보체제의 마비 우려 가능성도 제기되고 있다.

한편, 유엔기능 강화를 포함한 안보리 개편방안은 금년 내내 유엔의 주요 토의 의제로 부각될 것이나(Annan 사무총장은 오는 3월 중 고위패널 보고서의 권고 내용 중 일부를 반영한 제60차 유엔총회 준비보고서 제출예정), 일부 권고 내용에 대한 주요 강대국의 입장이 일치되어 있지 않으며 특히 안보리 확대를 위한 유엔헌장 개정에는 유엔회원국 2/3 이상의 찬성이 필요함에 따라 보고서가 제시하고 있는 중요 제안의 실제 이행에는 시간이 오래 걸릴 뿐만 아니라 많은 어려움이 따를 것으로 지적되고 있다. 앞으로 안보리 개편 방안은 보고서가 제시하고 있는 두 가지 방안(모델 A 및 B)을 중심으로 토의가 이루어질 것이나 고위패널 자체도 안보리 확대 방법에 대해서는 합의된 견해가 존재하지 않았던 것으로 알려지고 있다.

2. 주요국 입장

이러한 유엔기능 강화와 안보리 개혁에 대해 세계 주요국들은 어떠한 입장과 정책을 취하고 있는 것인가?

우선 첫째, 보고서의 궁극적 운명은 앞으로 초강대국인 미국이 고위패널의 권고들을 어떻게 수용할 것인가에 달려있을 정도로 미국의 태도는 매우 중요하다. 미국은 1965년 제1차 유엔헌장 개정이후 전개된 국제환경 변화를 인식, 보고서가 제시하고 있는 유엔기능 강화 방향에 대해 일단 긍정적 태도를 보이고 있으나 효율적 집단행동을 강조하고 있는 보고서의 주요 권고 내용들이 미국의 2003년 3월 대 이라크 군사행동 비판에서 출발하고 있음을 감안, 보고서가 미국의 대외정책 노선을 비판하는 근거가 될 가능성을 조심스럽게 우려하고 있는 것으로 보인다.

한편 안보리 확대 방안에 대해서 미국은 첫째, 상임이사국 수가 너무 많아지면 안보리가 제대로 기능발휘 할 수 없다는 것과, 둘째, 유엔 정규예산 분담율이 20%선에 이르고 있는 일본의 상임이사국 진출을 지지하며(거부권 부여는 반대), 셋째,

안보리 확대 시 유엔회원국의 다수를 차지하고 있는 개발도상국의 입장도 반영되어야 한다는 태도를 밝히고 있으나 안보리 확대 방안이 유엔 회원국 2/3 이상의 찬성을 얻어 통과된다 하더라도 미국의 국익에 부합되지 않을 경우에는 상원에서 비준이 거부될 가능성은 항상 존재하는 것으로 평가되고 있다.[4]

미국을 제외한 여타 안보리 상임이사국의 경우, 대체적으로 유엔기능 강화와 안보리 확대를 지지하고 있으나 어느 국가가 상임이사국으로 진출할 것이냐의 문제에 대해서는 각기 다른 입장을 보이고 있는 것으로 알려지고 있다. 현재 영국·프랑스는 일본·독일·브라질·인도의 상임이사국 진출을 공개적으로 지지하고 있으며 중국은 일본의 진출에 우회적으로 유보적 태도를 보이고 있는 반면 개발도상국의 대표성이 제고되어야 한다는 견지에서 인도·브라질 등의 진출을 찬성하고 있는 것으로 보인다.

한편, 이른바 안보리상임이사국 진출 '지망국'(Aspirants)으로 불리는 일본과 독일은 2004년 9월 이후 인도·브라질과 함께 'G-4'를 구성, 공동으로 안보리 진출을 위한 적극적인 교섭을 추진하고 있다. 일본은 현재 2단계 접근 방법을 구사, 금년 여름 중 '모델 A'에 기초하여 국명은 정하지 않은 채 상임이사국 6개국 증설을 골자로 하는 총회 결의를 우선 통과시킨 뒤 금년 11월경 총회에서의 비밀투표를 통해 상임이사국 진출을

---

4) 유엔헌장 제108조 규정에 따라 기존 안보리 상임이사국 중 어느 한 나라라도 비준을 거부할 경우 안보리 확대를 위한 헌장 개정안은 발효될 수 없다.

확보한다는 계획을 추진하고 있는 것으로 파악되고 있다. 특히 일본은 11월 투표에서 미국의 지지가 확인될 경우 중국의 독자적 반대도 불가능할 것으로 판단하고 있다. 반면 독일은 일본과 달리 금년 9월 유엔 정상회의 이전(5~8월)에 G-4 및 아프리카 2개국이 포함된 6개 신설 상임이사국의 국명을 명기하여 총회 결의를 확보하겠다는 전략을 추진하고 있는 것으로 알려지고 있다.

끝으로, 비동맹을 포함한 다수 개발도상국들은 '유엔의 민주성 제고'라는 측면에서 안보리 개혁을 지지하고 있으나 기존 상임이사국(P-5) 및 선진국들과 달리 집단안보체제 문제와 관련한 유엔기능 강화에 보다 더 높은 관심을 표명하고 있는 것으로 나타나고 있다. 예를 들면, 다수 개발도상국들은 유엔기능 강화 및 안보리 확대가 유엔의 안보리 중심적 사고방식을 강화할 수 있으며 유엔의 목적 및 역할을 강화하기 위한 '안보 개념의 광역화'가 '안보리의 권한 광역화'로 이루어질 수 있다고 비판하고 있다. 특히 개발도상국들은 보고서가 안보위협을 '남·북 문제'의 시각에서 조명, 결국 '남반구'(the South)의 제 문제들이 세계 안보위협의 근원지가 되고 있다는 지적에 큰 불만을 터뜨리고 있다. 또한 개발도상국들은 보고서가 제시하고 있는 위급 사태 시 인도적 차원의 개입을 위한 국제사회의 '보호책임'(responsibility to protect) 제안도 유엔헌장이 보장하고 있는 회원국 주권 평등의 원칙과 국내문제 불간섭의 원칙을 침해할 가능성이 높음을 비판하고 있다.

V. 맺음말: 한국의 대응을 중심으로

고위패널 보고서가 제시하고 있는 유엔의 기능강화와 안보리 개혁에 대해 한국은 어떻게 대응해야 할 것인가? 우선 우리가 고려할 수 있는 것은 안보리 개혁 논의의 대(對)유엔외교 강화 계기로의 활용이다. 즉, 집단안보체제 강화 및 안보리 확대 등 고위패널 보고서 권고 내용에 대한 유엔에서의 토론이 금년 초부터 본격화됨에 따라 한국은 이를 계기로 국제적 발언권 및 위상제고를 위한 대(對) 유엔외교를 강화할 필요가 있을 것이다. 단·중기적 차원에서의 대 유엔외교 강화 방안은 평화유지 활동(PKO)의 적극 참여, 유엔본부 및 산하기구에 대한 인적 진출 확대, 그리고 기타 유엔활동에 대한 자발적 기여 확대 등을 포함하며 내부적으로는 유엔 및 국제문제에 대한 국민의 관심 증대 유도, 과거 폐지되었던 외교부내 유엔국(局)의 복원 등을 고려할 수 있을 것이다.

둘째, 유엔 정책자문단의 구성 및 운영 활성화이다. 고위패널 보고서는 유엔기능 강화 및 안보리 확대와 관련, 다양한 분야에서의 권고를 제안하고 있으므로 이에 대한 한국의 정책 및 입장을 개발·정립하고 효율적으로 의사표명을 하기 위해서는 외교부를 포함한 정부내 관련부서 및 연구소·학계의 전문 인사들로 구성된 20~30인 내외 규모의 유엔정책 자문단 또는 정책그룹을 구성하여 이의 운영을 활성화할 필요가 있다. 일본의 경우, 2003년 말 유엔 고위패널이 구성될 때 국내적으로 관·학계 인사로 이루어진 안보리 개혁 대책반을 설립하여 대책보고서를 발간한 바 있으며 캐나다도 '보호책임' 문제에 대한 집중적인 연구를 수행한 바 있다.

끝으로 한국이 고려해야 할 사항은 '모델 B'에 기초한 적극적 안보리 진출 추진이다. 국제적 발언권 및 위상강화에 직접 영향을 미칠 수 있는 안보리 확대문제에 대해서 한국은 보고서가 제시하고 있는 '모델 B'에 기초, 적극적인 캠페인의 한 방법으로 다른 관련국의 안보리 진출여부에 관심을 갖기보다는 우리의 자발적 노력에 의한 능동적인 안보리 진출 계획을 추진할 필요가 있을 것이다. 즉, '모델 B'는 4년간 임기의 연임 가능한 제3카테고리 이사국 8개국과 기존 2년 단임 비상임이사국 1개국을 신설하기 때문에 한국이 전략적으로 A안(거부권 없는 6개 상임이사국 및 3개 비상임이사국 증설)에 의존하는 것보다 이사국에 선출될 가능성이 높다고 볼 수 있다. 특히 '모델 B'에 기초한 안보리 진출을 추진하는데 있어서 한국은 이미 오래전부터 안보리 개혁문제와 관련하여 유엔 내에서 연합을 맺어 온 중진국들로 구성된 이른바 '커피클럽'(Coffee Club) 국가들과의 연대를 지속할 필요가 있을 것으로 판단된다.

제 3 장
평화유지에 있어 유엔과 지역기구:
독트린의 공백 채우기?

아오이 치유키 靑井千由紀

아오야마 가쿠인대학 교수

I. 서론

1990년대에는 국제평화와 안보유지에 있어 지역기구들이 보다 큰 역할을 수행하게 되었다. 특히 중요한 것은 지역기구들과 지역연합 사이에서 독자적인 평화지원능력을 개발하려는 경향이 나타나고 있다는 것이다. 유엔이 정당성을 제공하고 비군사적인 평화건설 역할을 수행하는 반면 지역 혹은 하위지역기구들이 비판적 억지력과 강제력을 제공하면서 유엔과 지역기구의 전략적 파트너십이 나타났다. 몇몇 지역기구들에게서는 법의 집행과 분쟁이후 상황에서의 제도 건설과 관련한 비군사적 평화유지 활동─이것은 상당히 오랜 시간을 필요로 한다─을 개발하려는 또 다른 경향이 나타나고 있다.

이 글의 목적은 그러한 경향을 설명하고 그것의 국제정치적 함의를 평가하기 위한 것이다. 그러한 흐름 뒤에는 여러 가지 정치적 요소들이 있지만, 이 글에서 논의하고자 하는 핵심적인 설명요인은 교리적(doctrinal) 관점에 기반하고 있다. 현재의 지역분쟁에 있어 개입의 완전한 전략적 전술적 요구는- 분쟁의 본질은 강력한 군사적 능력과 교리적 준비를 필요로 한다- 현존하는 국제기구 특히 유엔의 평화유지 기구들의 능력을 넘어서고 있다. 그래서 새로운 교리와 강력한(robust) 평화유지 활동에 대한 사고의 방식들을 형성하고 혁신시킬 수 있는 그리고 보다 광범위하게는 임시적이지만 필요한 전략적 파트너십의 구축할 수 있는 지역 또는 하위지역 기구들에 대한 요구가 증대되고 있다. 이 글에서 다루고 있는 지역적 메커니즘 부상의 또 다른 요소는 정치적인 것이다. 지역분쟁에 대한 일부 서방 국가들의 개입 의지 부족; 군사적 활동의 수행과 효율성에 대한 강대국들의 우려; 지역분쟁의 해결에 있어 거대한 강대국들의 라이벌 의식과 리더십 문제 등 견고한 지역 안보 메커니즘의 개발에 있어 유엔이 가지는 함의는 그다지 명확하지 않다. 일반적으로 평화지원 분야에 있어 유엔의 능력이 한계를 가지는 상황에서 만약 지역기구의 활동에 대한 유엔의 감독과 리더십이 동시에 보장되어야 한다면 이 분야에 있어 지역 기구의 능력 개발이 환영받을 것인가라는 점은 논란의 여지가 있다. 그럼에도 불구하고 현재 제기되는 물음들은 지역 안보 메커니즘들에 대한 부각이 실질적인 면에서 유엔의 리더십과 일상적인 활동들에 대한 실질적인 통제력의 쇠락을 의미하는가와 만약 그러한 경우라면 유엔 자체는 유엔 헌장 제6조에 근거한 전통적인 평화유지활동과 헌장 제7조에서 유추된 강제력 사이의 간격을 메울 수 있는 능력을 개발해야만 하는가 하는 것들이다. 이러한 물음에 대한 분명한 대답이 없다면, 지역기구와 유엔간의 새로운 파트너십은 다음과 같은 심각한 문제점들을 수반하게 될 것이다. 지역 강대국의 일방적 힘의 집중을 은폐하기 위해 지역기구가 이용될 수 있으며, 유엔 제도의 비용 측면에서 지역기구에 한정된 초점이 맞추어질 수 있으며, 그리고 유엔이 지역기구에 책임을 전가시킬 위험성이 있다.

II. 새로운 전략적 환경

냉전의 종식 이후, 유엔이 평화유지활동을 수행하는 전략적 환경이 극적으로 변화해왔다. 국가간 전쟁이 발생하고 유엔이 여전히 전통적인 평화유지 노하우와 역량을 제공하고 있는 반면, 현재 전쟁의 90퍼센트 이상이 국가 내에서 일어나고 있고 그와 관련하여 이제는 난민 문제, 국가 붕괴, 인도주의적 위기가 보다 광범위한 안보 가치 속에 포함되고 있다. 그리고 극단적인 경우 인도주의적 군사개입의 문제까지 발생시키고 있다. 유엔이 얻어낸 결과가 끝나지 않은 종족적 대결과 대학살적 공격과 관련한 불안한 상황에 휩쓸리게 되면서, 유엔이 평화유지를 위한 개입을 가장 쉽게 수행할 수 있거나 가장 어려움에 빠질 수 있는 전략적 환경은 이제는 유엔 개입에 대한 분쟁 당사국들의 변하기 쉬운 동의를 포함한 전략적 유동성에 의해 결정되어지고 있다. 이러한 경향은 정권교체를 위해 전략적 연합 형성과 일방적인 군사력의 사용이 나타나는 시대상황 속에서 보다 가속화되고 있다.

Ⅲ. 차이

새로운 전략적 환경의 등장은 전통적으로 유엔 헌장 제6조와 제7조의 활동으로 인식되어 온 것들 사이에 상당한 차이를 만들어내었다. 제6조의 평화유지는 모든 분쟁 당사자들의 동의를 필요로 하며, 자위의 경우를 제외하고는 어떤 군사력의 사용도 금하고 있으며, 어떤 편에도 서지 않으며 중립을 지키는 것으로서 전통적인 의미의 평화유지이다. 제7조의 평화유지는 전통적으로는 전투(war-fighting)와 유의어로 인식되었던 강제력을 가진 활동을 의미하는데, 1차 걸프전은 이 제7조에 의거한 평화유지활동이라고 볼 수 있다.

제6조에서 언급하고 있는 평화유지의 동의, 군사력의 불사용(혹은 최소한의 사용) 그리고 중립(불편부당)이라는 3가지 원칙은 새로운 전략적 환경 속에서 어려움에 놓이게 된다. 동의의 원칙과 관련하여 유엔이 전략적으로 유동적인 상황에 처하게 되면서, 핵심 개념은 완전하고 정적인 것이 아니라 "가변적 동의(variable consent)" 개념이 된다. 유엔은 민족분쟁 중에서도 민족대립이 격화되지 않은 지역에 제한적으로 배치됨으로써, 그 지역에서 종종 적대감을 극복하고 평화를 이루어냈다.

가변적 동의 상황 하에서 군사력의 불사용(혹은 최소한의 사용)과 중립(불편부당)의 원칙은 난관에 봉착하게 되었다.

지난 10여 년 동안 지역 분쟁당사자들로부터의 도전은 유엔으로 하여금 유엔 파견단과 그들의 위신을 보호하기 위해 보스니아, 소말리아 시에라리온과 같은 위험지역에서 제한된 군사력을 사용하도록 만들었다. 현대의 분쟁은 분쟁 당사자들이 유엔 주둔에 반대할만한 유인을 상당히 많이 가지고 있다. 지역 분쟁 당사자들 특히 그 지역 내에서 가장 강력한 힘을 가진 당사자들은 유엔의 통치나 권위보다는 유엔의 철수를 통해 자신의 이익을 실현시킬 수 있기 때문에 유엔의 주둔을 달가워하지 않는다.[1] 게다가 유엔은 또한 유엔 군대의 방어적(protective) 위치를 이용하여 약자들을 대해 왔었다.[2] 보스니아, 소말리아, 시에라 리온 등지의 평화유지 임무 수행에서 헌장 제 7조에 의한 강제조치가 계속적으로 사용(혼용)되면서 위임을 강제하거나 혹은 교전자를 상대해서 유엔 파견단의 방어를 위해 무력을 사용하거나 혹은 사실상 자위를 넘어선 군사력의 사용이 무엇을 의미하는 가를 결정해야 하는 오래된 문제들이 다시 논의되었다. 이러한 문제들 중 어떤 것들은 확립된 전략개념의 차원에서 재해석될지도 모른다: 어느 정도까지 확대되고, 그리고 유엔이 무력의 사용측면에 있어 신뢰성과 억지력 그리고 강제성을 어떻게 운영할 수 있을 것인

1) 종종 그 지역 내에서 가장 강력한 통제력을 가진 이들은 유엔 평화유지단에 도전해 왔다. 예를 들어 라이베리아 내전에서 Taylor, 소말리아의 Gen. Aideed, 캄보디아의 크메르 루즈, 보스니아 세르비아계 등이 있다.
2) 그래서 보스니아 유엔보호군(UNPROFOR)은 세르비아인들을 자극하면서 무슬림 정부군을 대해야 했다.

가, 그리고 이론적으로 둘 중 어느 것이 군사력 확대라는 우발적 결과를 가져오게 될 것인가?

게다가, "중립"의 원칙은 점차 실질적인 "불편부당"의 원칙으로 약화되어 지역 분쟁 당사자들이 유엔 결의안과 유엔 헌장 그리고 다른 국제법적 기준에 따라 어떻게 행동해야 하는가에 대한 판단을 내리는 기준이 되었다. 그러한 판단은 필수적으로 유엔이 불복종의 케이스를 어떻게 다루어야 하는가에 대한 또 다른 의사결정 수준을 유발시킨다. "불편부당"의 보다 실질적인 기준은 보스니아와 소말리아 그리고 다른 지역에서 머뭇거림과 뉘앙스의 정도의 차이에 따라 다르게 적용되었다. 과거 사례의 경우, 유엔이 불편부당을 운영하는 방법은 상당히 교묘했다.

Ⅳ. 지역 기구의 보다 정교한 수단들

이러한 전개는 현재 국제사회가 수행하기를 요구받고 있는 임무들이 안보전문가인 리차드 베츠(Richard Betts)가 "제국주의적 불편부당(imperial impartiality)"[3]이라고 명명했던 것을 수반할지도 모른다는 사실을 암시하고 있다. 그것은 국제 사회가 요구했던 규정을 위반한 쪽에 대해서 강압을 사용하는 것을 의미한다. 그러나 현실적으로 오늘날 개입에 있어 가능한 군사력의 수준은 예외없이 베츠가 말하는 "제국주의적 불평부

---

3) Richard Betts, "Delusion of Impartial Intervention," *Foreign Affairs*, November/December 1994.

당"보다 상당히 낮은 것이다. 그래서 어느 한쪽에도 치우침이 없는 불편부당한 방법으로 유엔의 명령을 수행하기 위해 제한된 군사력을 사용하게 된다.

보다 발전된 군사 조직과 동맹에서는 평화지원활동에 평화유지와 함께 평화강제(Peace Enforcement)가 함께 통합되는 독트린상의 전개가 나타나고 있다.[4] 이러한 새로운 독트린은 일반적으로 전쟁으로부터 평화강제의 개념을 분리시킨다; 전쟁이 적을 파괴시키려는 목적을 가진 편향된 행위라면, 평화강제는 불편부당한 행위로 개념화된다. 동의의 수준에 의하면, 개입된 군사력은 정치적 단계의 결정에 따라 비록 연속적이지는 못하더라도 평화유지에서 평화강제로 혹은 그 반대로 전환이 가능한 것이다. 이러한 새로운 독트린은 전통적인 유엔 평화유지와 관습적인 강제 사이에 존재하는 진공상태를 채워주고 있다.

1990년대 동안 발칸반도에서부터 동티모르, 서 아프리카까지 선진화된 군대에 즉각적인 접근이 가능한 지역 및 하위지역 기구와 동맹들은 유엔으로부터 승인을 받은 평화활동을 수행하는데 있어 필수적인 능력을 제공해왔다 : 보스니아에서는 미국이 주도하는 북대서양 조약기구(NATO)가 있었으며, 리베리아, 시에라 리온, 코트디부아르(Cote d'Ivoire)에서는 나이지리아가 주도하는 서아프리카 경제공동체 감시 그룹(ECOWAS

---

4) 이 영역에서 가장 발전된 독트린은 영국과 NATO가 가지고 있다. 미국 군대는 유사한 의미를 가진 평화활동 독트린을 가지고 있다. Chiyuki Aoi, "Explaining Peace Support Operations Doctrine," Paper Prepared for the Fellowship Programme at the Research Institute for Peace and Security(RIPS, Tokyo), 2004.

Monitoring Group : ECOMOG), 콩고공화국의 부니아(Bunia) 지역에 있는 프랑스가 주도하는 유럽연합 등이 대표적이 예이다. 유엔의 평화유지 임무를 보강하기 위한 양자적 혹은 연합 주도(coalition-led)의 지원 사례는 많이 있어왔다. 르완다에서의 프랑스 주도의 터키옥 작전(Operation Turquoise), 아이티에서의 미국의 개입, 시에라리온에서 유엔 시에라리온 평화유지군(UNAMSIL)를 지원한 영국의 개입, 동티모르에서의 호주 주도의 동티모르 다국적군(INTERFET) 활동 등이 그 예이다. 기본적인 논리는 분쟁당사국들의 행동을 통제하기 위한 것으로 억제나 강제를 통해서 그들이 유엔 안보리 결의안이나 일반적인 국제법 규범, 특히 국제 인도주의 법(international humanitarian law)을 따르도록 만드는 것이다.

V. 유엔의 도전

새로운 전략적 환경에 대처하는데 있어, 유엔은 비록 최근 몇 년간 유엔 사무국내에서 상당한 개선이 이루어져왔지만 진보된 군사 자원에 대한 즉각적인 접근이라는 측면에서는 지역 기구나 동맹에 상당히 뒤쳐져왔다. 브라히미 보고서(Brahimi Report)[5]의 발표 이후 유엔 평화유지국(UNDPKO)에서 몇 가지 제도적 개선이 이루어졌음에도 불구하고 유엔에는 교리적인

---

5) 이 보고서에서는 유엔 상비군(UN standby force)의 배치를 강화하는 것을 물론, 평화유지국의 인력수급과 계획능력을 향상시켜야 함을 담고 있다. 그러나 이 보고서는 상당한 저항에 부딪쳤다.

면에서 몇 가지 어려운 도전이 여전히 남아있다. 비록 동티모르, 시에라리온, 콩고공화국 등지에서 현재 진행 중인 유엔 평화유지 임무들이 "회색지대(grey-zone)" 활동이라고 불려졌음에도 불구하고, 유엔은 전략적으로 유동적인 상황에서 평화활동을 수행할만한 분명한 교리적 기준을 가지고 있지 않았다.[6] 유엔이라는 기구는 평화유지의 전통적인 규범과 원칙—모든 분쟁당사자들의 동의, 자위 외의 군사력 불사용, 중립—에 깊이 구속당하고 있다. 그러한 원칙들은 유엔 회원국들로부터 유엔의 개입에 대한 정치적 지지를 얻을 수 있는 타당한 기반을 제공해주었지만 현재의 실질적인 전략적 환경에는 전혀 적합하지 않다. "불편부당(impartiality)"에 대한 유엔의 언급은 아직까지도 여전히 부정확하다.[7] 또한 유엔은 평화강제 혹은 강제를 어떻게 사용할 것인지에 대한 분명한 교리적 사고도 가지고 있지 않다.

예를 들어 브라히미 보고서는 1990년대 동안 실패한 유엔 평화유지의 제도적 취약점을 개선하고자하는 신중한 권고가 담겨있는 인상적인 작업이다. 그럼에도 불구하고, 그것은 여전히 전통적인 평화유지의 원칙들에 구속됨으로써 나타나는 교리적으로 불명확한 부분이 상당수 존재했다. 그 문서는 유엔이 지금 과거와는 다른 환경에서 평화유지활동을 수행하고 있음을 인지하고 있으며 그것을 전략적 유동성과 가변적 동의

---

6) 전 유엔 평화유지국 관리와의 사적인 인터뷰에서 확인받았다.

7) 유엔의 neutrality/impartiality 용어 사용에 대한 분석은 다음을 참고. Dominick Donald, "Neutrality, Impartiality and UN Peacekeeping at the Beginning of the 21st Century" *International Peacekeeping*, Vol. 9, No. 4, Winter 2002, pp.21-38.

로 규정하고 있다.[8] 그 후 그 문서는 유엔은 적대세력을 마주
쳤을 때 자신들의 임무를 보호해야 할 필요가 있으며 확고한
교전원칙("robust" rule of engagement)을 적용할 필요가 있음을 언
급하고 있다.[9] 사실상 그 리포트는 유엔이 이러한 회색지대
활동에 참여해야만 한다고 주장하고 있다.[10]

그러나 그 문서는 평화강제(peace enforcement)를 전쟁뿐만 아
니라 평화유지에서도 분리된 카테고리로 명확하게 언급하지
않고 있다.[11] 평화강제를 언급하고 있는 곳에서도 "강제"는
"전쟁"과 혼용되고 있으며, 유엔안보리의 감독 하에 회원국들
혹은 지역기구 및 동맹들에 의해 강제적 조치들이 수행되는
국가와 혼용되고 있다. 리포트에서는 "패널들은 유엔이 전쟁
을 하지 않는다는 점을 인식하고 있으며, 강제적 조치들이 필
요한 곳에서 유엔은 시종일관 자발적 국가들의 연합에 유엔
안보리의 권한을 위임하여 유엔 헌장 제7조에 의거하여 행동
할 수 있도록 해왔다.[12]"고 밝히고 있다.

"강제"에 대한 위와 같은 처리는 불편부당(impartiality) 원칙
에 대한 유엔의 언급이 여전히 수동적인 "중립" 원칙과 혼합되
어 있음을 암시하는 것일 수도 있다. 도널드(Donald)는 유엔
주류에서는 적극적인 "불편부당" 개념을 선호함에도 불구하

---

8) Report of the Panel on United Nations Peace Operations (Brahimi Report), A/55/305,
   S/2000/809, para. 15−28.
9) Brahimi Report, para. 48−64.
10) 유사한 해석은 Trevor Findlay, the Use of force in UN Peace Operations
    (SIPRI, Oxford UP, 2002)를 보라.
11) 그 문서에서 언급하고 있는 다른 활동들은 평화구축(peace−building)과
    외교적 조치와 관련된 평화조성(peacemaking)이다.
12) Brahimi Report, para. 53.

고 유엔은 종종 "불편부당"과 중립을 혼용해서 사용하고 불편부당은 여전히 개입된 당사자의 견해와 관련된 것으로 이해되고 있다.13)

또한 유엔이 현재 자위를 제외한 군사력 불사용 혹은 최소한의 사용 원칙을 해석하는 방법도 명확하지 않다. 과거의 예들은 회색지대 활동의 경우 최소한의 군사력 사용 원칙은 상당히 유연하게 해석되어지는 것처럼 보였다. 보스니아에서의 NATO의 조치들을 고려해보면, NATO는 금지된 지역에서 보스니아 세르비아계가 발포하는 것을 막기 위해서 총포를 싣고 가는 무기차량에 폭탄을 투여해야 했다. 이것은 "동등(equality)"의 유사어나 문자적으로 해석되는 최소한의 무력사용보다는 "비례(proportionality)"에 더 가까운 의미이다.14) 여전히 군사력의 사용이 원하는 효과에 필요한 최소한으로 유지되고 있지만 비례 개념은 현재 발전된 평화지원활동 교리의 핵심적인 개념으로 보인다.15) 유엔 평화유지국은 임무별로 특화된(mission-specific) 교전원칙을 만들어, 일반적인 교전원칙에서 벗어나 각각의 상황에 따라 유엔군이 군사력/무기를 사용하는 가이드라인을 제공하고 있다. 그럼에도 불구하고 필요한 경우 지역 분쟁당사자들에 대해 무기를 사용하여 호전적 행위를 견제할 수 있는 최우선적인 원칙이 없다. 잠재적으로

---

13) Donald.

14) 비례(proportionality)에 대한 NATO의 아이디어와 예에 대해서는, Christopher Bellamy, *Knights in White Armour: The New Art of War and Peace* (London: Hutchinson, 1996), p.164 참고.

15) 이것은 유엔 군 관료와의 인터뷰(2004년 2월)에 기반한 저자의 해석이다.

유엔은 "비례"를 개념화하는데 실패함으로써 군사력의 최소한의 사용을 문자적 의미의 불사용과 뒤섞어 사용하고 있다.

물론 유엔의 어려움은 유엔이라는 기구가 모든 회원국을 대표하는 법적 단체이고 어떤 행동 특히 군사적 행동을 수행하는데 있어 그 정당성은 모든 당사자들의 정치적 동의로부터 출발한다는데 있다. 유엔의 분열된 구조는 교리적 발전을 위해 이상적인 포럼이 될 수 없다.[16] 게다가 평화활동에 대한 분명한 교리적 기반의 부족은 몇몇 회원국들이 중대한 군사적 개입이 가능한 강한 유엔을 허락하는데 주저하도록 만든다. 많은 국가들은 자신들의 주권에 대한 우려 때문에 여전히 유엔이나 다른 단체에 의해 수행되는 강력한 평화유지의 개념을 회피하고 있다.

유엔은 동의와 중립, 군사력의 최소사용에 기반을 둔 전통적인 평화유지와 총력전(full-out war) 사이에 퍼져있는 회색지대를 다룰 수 있는 교리를 개발해야 하는가? 아마도 그럴 것이다. 게다가 독트린의 정제(refinement)는 유엔의 회색지대 활동 특히 복잡하고, 잔혹한 평화활동의 상황에서 필수적인 것으로 보인다. 그러나 말할 것도 없이 이러한 유엔 교리의 개발은 다양한 방법으로 유엔 능력을 강화시키겠다는 회원국들의 자세가 준비되어야 가능한 것이다. 이러한 의지는 국제 사회에 또 다른 딜레마를 만들어낸다. 맥킨리(Mackinlay)가 지적하

---

16) 유엔의 교리적 사고에 대해서는 다음을 참고. Findlay; Simon Chesterman, "Review Essay: Blue Helmets Blues," *Security Dialogue* 34/3, 2003, pp.365-375. 1989년에 이전 30년간의 평화유지 경험에도 불구하고 유엔은 전통적인 평화유지에 대한 독트린 가지고 있지 않았다. Findlay, p.121.

는 것처럼, 브라히미 보고서에서 상술하고 있는 개혁은 비록 그것이 실현된다 하더라도 충분하지 않을 것이다.[17]

VI. 정치적 책임전가

지역 메커니즘들의 역할 증대에는 몇 가지 정치적 요인들이 관계되어 있다. 먼저 유엔이 세계의 모든 위기를 다룰 수 없다는 단순한 사실에 대한 인식이며, 또한 군사적 활동의 효율성에 대한 우려가 포함되어 있다. 즉, 유엔 사무국은 복잡한 군사적 활동에 대한 계획을 세우고 명령할만한 본부로서 적절치 못하다는 점에 대해 암묵적이지만 공공연한 인식이 퍼져있다. 마지막으로 지역안보문제 관리에 있어 강대국들 간의 경쟁이 있다.

일부 서구국가들이 지역분쟁 특히 아프리카의 지역분쟁에 개입할 의지가 부족하다. 그래서 지역 안보 메커니즘을 강화하려는 노력들이 있어왔다. 과거 몇 가지 명확한 결과들이 나타나는 것처럼 보였다. 2003년, 아프리카 연합(AU)은 처음으로 시작한 브룬디 평화유지 임무(African Mission to Burundi, AMB)에서 제몫을 다 해내었다.[18] 이러한 배치는 유엔의 군사적 지원

---

17) John Mackinlay, "Mission Failure" *The World Today*, November 2000. 유엔평화유지국의 제도적 구조 및 능력과 유엔의 임무 수립과 배치 절차는 유엔본부가 명령 지휘활동보다는 준비하고 지원하는 더 적합하다는 평가를 하게 만들었다. Stuart Gordon, "The Evolution of UN command and Control Structures" In D.S. Gordon and F.H. Toase, *Aspects of Peacekeeping*, (The Sandhurst Conference Series, Frank Cass:London, 2001), p.32.

이 준비되지 않은 평화과정을 지원하겠다는 아프리카 연합의 정치적 의지를 반영한 것이었다. 게다가 2003년 5월, 아프리카 지역 국방장관 모임에서는 궁극적으로 2만 병력을 가진 강력한 군대로 구성되는 아프리카 상비군(African Standby Force, ASF)과 군사참모모임(Military Staff Committee)의 창설안에 합의했다.[19] 평화유지 능력의 개발에 대한 남부 아프리카 지역의 주도권은 더뎌지고 있다. 그럼에도 불구하고 2003년 남아프리카 공화국은 나이지리아 평화유지 활동 이후 유엔의 아프리카 평화유지 임무에서 두 번째로 큰 병력을 파견하면서 다양한 아프리카 지역 활동에 평화유지군을 파견하기 시작했다.

아프리카 지역의 평화유지 임무는 지속적으로 요구되고 있지만 서구 국가들이 아프리카 분쟁에 개입을 꺼려하는 상황에서 아프리카의 평화유지 능력 강화는 유일한 실용적 대안이다. 그럼에도 불구하고 유엔은 동시에 아프리카의 분쟁이 단지 아프리카의 문제만이 아니라 국제적으로 중요한 문제라는 아프리카 국가들의 주장을 잘 깨달아야만 할 것이다.[20] 그러한 주장은 지역 메커니즘의 개발이 유엔과 서구 국가들이 아프리카로부터 이탈하는 핑계로 이용될 수 있다는 우려를 반영하고 있다.

유럽에서 안보 지역기구의 역할 증대에는 여러 가지 정치적 계산이 작용한 것으로 보인다.[21] 유럽의 기본 논리는 군사적

---

18) 이 활동은 2003년 2월 AU Central Organ에 의해 승인 받았으며, 3,335 병력이 투입되었다.
19) Cedric de Coning, "African Peacekeeping Trends, 2003," a paper presented at Swedish Peacekeeping Institute, July 2004.
20) Cited in De Coning.

개입의 효율성에 대한 우려는 물론 유럽 내의 안보문제를 관리하는데 있어 리더십과 자원의 문제에 대해 강대국과의 경쟁이다. 역사적으로 발칸반도에 대한 NATO의 개입은 유럽과 유엔에 대한 미국의 오만한 리더십의 결과로 생겨난 것이었다.[22] 발칸에서의 평화지원활동이 NATO에 의해 수행된다는 사실은 미국이 참여하는 까다로운 군사임무를 유엔이 아닌 NATO가 통솔해야 한다는 미국의 선호를 반영한 것이다. 게다가 최근에 보이는 NATO와 EU간의 경쟁은 유럽 안보관리의 리더십과 자원에 대한 미국과 유럽 강대국 간의 경쟁을 반영한 것이다. Berlin Plus package선언으로, NATO는 임무의 계획수립에 있어 EU를 지원하게 될 것이다. 분리된 EU 작전본부의 등장을 막으려는 미국의 선호를 반영하면서, EU는 몇몇 평화유지와 위기관리 임무를 독자적으로 수행하게 된 것이다. 최근 이유는 프랑스의 주도아래 콩고 공화국에 평화유지군을

---

21) 발칸에서 NATO는 평화지원활동에 깊게 관여해왔다. 게다가 OSCE와 EU는 평화유지에 필요한 민간(civilian) 능력을 적극적으로 제공해왔다. 또한 EU는 독립적인 군사능력 즉, 평화유지 및 위기대응 메커니즘뿐 아니라 신속대응능력까지 개발하고 있다. EU의 주도로 1992년 페테스부르그 선언 (Petersburg declaration)이 처음으로 명확히 해석되어졌는데, 거기에서 인도적 구조 임무, 평화유지임무, 평화조성을 포함한 위기관리에서 전투 수행임무를 EU의 역할로 규정하고 있다. 1999년 Helsinki Headline Goal아래 EU는 5~6만의 신속대응군 창설을 포함하는 페테스부르그 임무의 모든 범위를 이행할 수 있는 능력 개발을 약속했다. EU는 또한 보스니아에 경찰력을 투입함으로써 법과 강제 사이의 갭을 메우는 임무도 떠맡게 되었다. 첫 번째 EU의 평화유지활동은 마케도니아에서 이루어졌는데 EU 병력이 NATO 주둔군을 대체했다. EU는 또한 지난해 부니아와 콩고공화국에서 프랑스의 주도아래 독립적인 평화유지군을 통솔하였다.

22) Ivo Daalder, *Getting to Dayton: The Making of America's Bosnia Policy* (Brookings Institution Press: Washington D.C., 2000).

보냈다. 그것은 유럽 밖에서 NATO의 도움 없이 EU가 처음으로 수행하는 평화유지 임무이다.

리더십과 자원에 대한 유동적인 강대국 간의 경쟁의 한가운데에서 분쟁관리에 대한 유엔의 역할과 위치는 명확하지 않다. 지역적 메커니즘의 활용이 유엔 평화유지단이 배치되기 전에 진행 중인 심각한 사태를 해결하기 위한 미봉책을 제시하거나 유엔군에게 보다 강력한 군사력을 보강해주기 위한 필요를 반영한 것이지만, 사실 지역 메커니즘의 활용으로 인해 유엔 밖에서의 군사활동이 증가될지도 모른다. 추진 논리는 군사적 "효율성"이다. 지역 기구는 보다 작고, 보다 이동이 용이하며, NATO와 같은 경우 이미 만들어진 군사적 구조를 이용할 수 있는 혜택이 있다. 지역기구의 활용 증대는 일부 회원국들이 유엔의 강화를 꺼리는 결과이다.

Ⅶ. 결론

이 논문은 국제 평화와 안보 유지에 있어 지역기구 및 동맹의 증대된 중요성을 살펴보기 위한 것이며, 그러한 경향은 주로 교리적 관점에서 비롯된 것임을 설명하고, 더불어 몇 가지 정치적 요인도 고려하고 있다. 그러한 경향의 정확한 함의는 단언하기 힘들지만, 유엔이 자신들의 적실성과 신뢰성을 유지하기 위해 소위 "회색지대"라고 불려지는 어려운 평화유지활동 참여하는 것을 고려하고 있다는 것은 중요하다. 현재 지역 분쟁 관리에 있어 전략적 전술적으로 필요한 것은 유엔이 피상적인 제도의 개선에 힘쓰는 것이 아니라 제6조와 제7조 사이의 활동을 고려할 수 있는 교리적 사고에 초점을 맞추는 것이다. 그럼에도 불구하고 이 논문은 또한 유엔이 많은 회원국을 대표하는 단체이기 때문에 이러한 경향들이 교묘한 정치적 조치들을 필요로 하게 될 것임을 지적했다. 최근 평화유지에서 겪고 있는 유엔의 문제와 어려움은 안보문제에 대한 유엔의 역할, 궁극적으로는 유엔의 목적에 대한 국제사회의 합의 부족에 기인하는 것으로 현재 유엔은 국가주권의 보호와 인도적 원칙과 같은 다른 원칙들 사이에 방황하고 있다. 평화유지와 안보에 있어 유엔의 역할에 대한 포괄적이고 광범위한 재평가가 요구된다.

제 4 장
지구적 위기관리를 위한 조약이행의 준수 검증

전 성 훈
통일연구원 선임연구위원

I. 서론

유엔이 수행하고 있는 여러 가지 활동 가운데 각국이 체결한 국제조약의 이행여부를 확인하는 검증이야말로 위기관리와 분쟁방지를 위한 가장 중요한 임무의 하나일 것이다. 이와 관련, 중동과 같은 분쟁다발지역에서 유엔의 역할은 뛰어났다. 1960년대와 70년대에 유엔은 1979년 이스라엘과 이집트 간의 중동평화조약으로 이어지는 일련의 조약들이 제대로 준수되고 있는가를 검증하는데 깊숙이 성공적으로 관여했다. "유엔정전감독기구"(U.N. Truce Supervisory Organization: UNTSO), "유엔비상군"(U.N. Emergency Force II: UNEF II), 그리고 "다국적군"(Multilateral Force and Observers: MFO)과 같이 유엔에 기반을 두거나 유엔회원국들이 참여한 다국적 기구들이 정전체제의 이행에 대한 검증과 감독이라는 과정을 통해서 시나이반도의 위기를 관리하는데 깊이 관여했다.

1990년대에는 "유엔특별위원회"(United Nations Sepcial Commission: UNSCOM)와 "유엔감시검증검사위원회"(United Nations Monitoring, Verification and Inspection Commission: UNMOVIC)가 걸프전 이후 이라크의 대량살상무기를 폐기하고 검증하는데 있어서 두 개의 중요한 축이었다. 1991년 4월 3일 채택된 유엔안보리 결의안 제687호에 의거해서 유엔안보리는 걸프전을 종결하는 조건을 마련했는데, 이중 하나가 바로 이라크가 당시 보유한 대량살상무기와 사정거리 150km를 넘는 미사일 및 관련 생산시설을 국제적인 검증 하에 폐기하는 것이었다. 안보리결의안 687호는 또한 폐기된 무기의 생산을 재개하거나 외부에서 획득하지 못하도록 하는 방안을 강구하도록 명시했다. 이 결의안에 의거해서 국제원자력기구가 핵무기 관련 시설의 폐기에 대한 검증 임무를 부여받았고, 새로이 설립된 UNSCOM이 핵무기를 제외한 다른 무기의 폐기에 대한 검증을 관할했다.

UNMOVIC은 1999년 12월 17일에 채택된 유엔안보리 결의안 제1284호에 의거해서 창설되었다. UNMOVIC은 UNSCOM을 대신해서 UNSCOM의 임무를 수행함과 동시에 이라크 정부가 유엔안보리 결의안을 준수하고 있는지를 확인하기 위한 지속적인 감시검증 체계를 운영해나가는 임무를 부여받았다.

이라크에서 유엔의 이런 역할은 미국의 부시행정부로부터 불만을 사왔는데, 특히 2003년 봄 이라크전이 발발하기 직전에는 유엔이 이라크로 하여금 약속을 위반하게 허용함으로써 목표달성에 실패했다는 비판을 받았다. 그러나 전쟁이 끝난 후의 상황은 이라크에서 유엔이 수행한 검증역할이 일반의 예상보다 훨씬 성공적이었으며 미국의 비판은 대부분 근거가 없는 것이었다는 점을 보여주었다. 이라크가 대량살상무기를 보유하고 있다는 미국의 주장은 허위로 판명된 반면에 후세인 정권이 대량살상무기 프로그램을 제대로 가동하지 못한 주된 이유가 유엔의 사찰과 검증 때문이었다는 사실이 드러났기 때문이다. 뉴욕 타임지의 사설은 유엔의 노력이 얼마나 귀중한 것이었던가에 대해 다음과 같이 명확하게 지적했다:

> 부시 행정부는 이라크에서 일방적인 전쟁을 벌이면서 두 가지 이유를 제시했다. 하나는 사담 후세인이 대량의 무기를 보유하고 있다는 것이고 다른 하나는 제재와 사찰을 통해서 이를 막으려던 노력이 실패했다는 것이다. 시간이 지날수록 두 가지 주장이 모두 틀렸다는 것이 분명해지고 있다. 무기가 없다는 것이 판명되었을 뿐만 아니라 지난 10년에 걸친 국제적인 수입규제, 유엔의 검증활동 그리고 미국의 군사적인 억지가 생각보다 훨씬 효과적이었던 것으로 보인다. 이것은 미국이 깨달아야 할 중요한 교훈이다. …1)

Ⅱ. 검증은 성공적인 위기관리의 핵심

검증이란 일방적, 상호 협력적, 그리고 자발적인 수단과 방

---

1) "A success worth noting in Iraq," *The New York Times*, February 8, 2004.

법으로 상대방의 조약준수 여부에 대한 정보불균형을 해소하는 과정이다. 검증을 목적, 특징, 과정, 기능 및 효과로 나누어 분석하면 다음과 같다.

1. 검증의 목적

군비통제조약에서 협정의 준수문제가 제기되는 것은 협정 당사자간의 "조약준수 여부에 대한 정보불균형"(준수정보 불균형) 때문이다. 준수정보의 불균형이란 협정 참여자가 자신의 조약준수 여부에 대해서는 잘 알고 있는 반면, 상대방의 준수여부에 대해서는 확실하게 알지 못하는 상태를 말한다. 즉 상호간에 상대방의 준수행위에 대해 정확한 정보가 부족하다는 사실이 협정 체결과 이행에서 나타나는 일반적인 현상이다. 더욱이 조약 자체가 협정 당사자의 국가이익에 큰 영향을 미치는 경우 정보불균형은 반드시 해결되어야 할 과제이다. 어떤 국가도 상대방의 위반에 의해 정치·전략적 손실이 수반되는 조약을 체결하려 하지는 않을 것이기 때문이다. 따라서 검증은 준수정보의 부족을 메워주고 불균형을 해소하기 위한 군비통제조약의 이행과정이다.

2. 검증의 특징

검증문제와 관련해서 가장 범하기 쉬운 오류가 두 가지 있는데 하나는 검증을 조약 체결의 목적으로 보는 것이며 다른 하나는 조약 위반시의 제재문제도 검증에 포함된다고 보는 견해이다. 검증은 조약 체결의 궁극적인 목적은 아니며 검증에는 제재 기능이 부여되지도 않는다는 사실이 바로 검증의 특징이다.

가. 검증이 조약 체결의 목적은 아님

검증이 군비통제조약의 목적은 될 수 없다. 조약의 내용 자체에 대한 당사자들의 선호가 검증 문제에 대한 고려보다 우선하기 때문이다. 검증은 군비통제조약이 추구하는 목적을 달성하기 위한 한 가지 수단일 뿐이다.

검증을 조약의 목적으로 간주하는 경우, 상대방의 의사에 상관없이 무리한 검증방법을 추구하여 완벽한 검증, 상대의 일거수일투족을 100% 확인할 수 있는 철저한 검증을 요구하게 될 것이다. 그러나 이러한 자세는 협상자체를 방해하는 걸림돌로 작용하게 될 뿐이다.

여기에서 한 가지 역설적인 논리를 발견하게 되는데 검증을 요구한다는 사실이 당사자간에 불신이 존재한다는 것을 의미하지만 지나친 검증요구는 오히려 불신을 고착화 내지는 악화시킬 수도 있다는 "검증의 패러독스"(paradox of verification) 이다. 더 나아가 군비통제조약 자체가 상호 신뢰할 수 있는 당사국간에 체결 가능한 것이지만 서로 충분한 신뢰가 존재하는 우호적인 국가간에는 이미 군비통제조약 자체가 필요하지 않다는 "군비통제의 패러독스"(paradox of arms control)도 생각할 수 있다.

나. 조약 위반에 대한 제재는 검증과는 별개

대부분의 군비통제조약은 상대방의 조약준수 여부에 대한 의심이 제기되거나 해명을 필요로 할 때 정기적으로 혹은 수시로 개최되는 검토회의를 이용하도록 규정하고 있다. SALT I 조약의 상설협의위원회(The Standing Consultative Commission: SCC)와 같이 조약 내에 제도화된 특별협의기구에서 준수문제를 전담하여 풀어 나가는 방안도 활성화되고 있다.

그러나 군비통제조약의 검증에 조약 위반 시의 법적 제재가 포함되는 것은 아니다. 국내법에서와 같이 "죄형법정주의"에 의거하여 검증에 사법적 제재기능을 부여할 수는 없는 것이다. NPT를 위반한 북한에 대해 IAEA가 취할 수 있는 조치가 특별사찰 수용을 촉구하면서 IAEA의 원자력 기술협력 지원을 취소하는 정도였다. 쿠웨이트를 침공한 이라크에 대해 결의안 687호에 의거하여 유엔안보리가 실시한 대량살상무기의 파괴 및 사찰도 NPT 위반에 따른 제재는 아니다. 핵사찰에 관한 후속결의안도 NPT에 의거한 것이 아니라 국제평화를 위한 유엔차원의 결의였다.2) 일부 비핵지대조약에서 국제사법재판소에 소송을 제기하도록 허용하고 있으나 이것은 제재라기보다는 제재 여부의 판단과 실행 권한을 국제사법재판소로 넘긴 것으로 보아야 한다. 1998년 핵실험을 실시한 인도와 파키스탄에 대한 서방측의 경제제재도 NPT에 의거한 제재가 아니라 서방국가들의 단합에 의한 제재였다.

이러한 사실은 조약 위반이나 위반의 가능성이 탐지되어도 정치적 해결이 최상의 해결책임을 의미한다. 조약에 제도화

---

2) 물론 유엔안보리에 고발할 수 있도록 규정하고 있는 조약도 있지만 이는 엄밀한 의미에서 제재는 아니다. 한 예로서 1971년 해저비핵지대조약(The Seabed Treaty)의 제Ⅲ조 4항을 들 수 있다. Jozef Goldblat, *Arms Control Agreements: A Handbook* (Stockholm: SIPRI, 1982), pp.158-160.

된 대화창구나 외교경로를 통해 위반 문제를 시정할 수 없는 경우, 참가국의 독자적인 제재(예: 보복위반, 조약탈퇴, 외교관계 단절 등)만이 존재할 뿐이며 이러한 독자적인 행동은 검증과는 별개이다.

3. 검증의 과정

검증과정은 다음과 같이 세 단계로 구분될 수 있다.

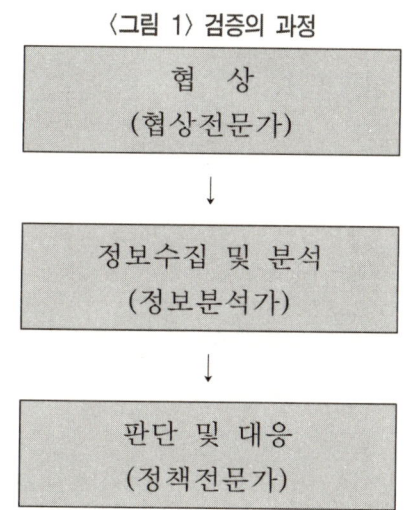

〈그림 1〉 검증의 과정

가. 협상과정

군비통제조약 협상 시에 검증에 관한 제반 문제들을 함께 협의하여 구체적인 검증방법이 조약의 일부로서 제도화된다. 예를 들면 검증이 필요한가 하는 기본적인 문제에서부터, 필요하다면 어떤 검증방법을 이용할 것인가, 검증하기 어려운 조항도 조약에 포함시킬 것인가 등의 문제들이 조약 협상 시에 제기될 수 있다. 조약의 내용과 이를 검증할 수 있는 수단에 대한 협상이 함께 이뤄져서 합의된 사항들이 조약으로 문서화되기까지의 과정이 협상과정에 해당된다.

이 과정에서 검증은 협상카드로서 군비통제조약의 다른 조항과 거래의 대상이 될 수 있다. 즉 검증에 회의적인 상대와의 협상에서 보다 확실한 검증방법을 조약에 포함시키기 위한 대가로서 이 상대에게 유리한 조항이 첨가되거나 불리한 조항이 삭제될 수 있을 것이다. 또한 확실한 검증방법을 보유하고 있지만 이를 상대방에게 노출시키지 않고 상대에게 엄격한 검증기준을 요구하다가 양보하면서 유리한 쪽으로 협상을 유도해 나가는 것도 정보수집능력이 우위에 있는 측에서 협상전략으로 삼을 수 있다.

나. 정보수집 및 분석 과정

정보수집 및 분석과정에서는 국가기술수단(National Technical Means: NTM),[3] 다국적 기술수단(Multinational Technical Means: MTM), 협력검증방안(Cooperative Verification Measures: CVM) 및 기타 정보소스를 통해 상대방의 조약준수에 관련된 자료를 수집·분석하고 조약당사자간의 준수정보 불균형을 해소하는 작업이

---

3) 국가기술수단은 국가의 일상적인 정보수집에 이용되는 기술적 수단을 통칭하는 개념으로서, 정찰위성, 정찰항공기, 레이더 및 안테나 등 영상정보 수집수단과 통신·전자정보인 신호정보를 수집하는 수단을 포함한다. Richard Kokoski, "National technical means," in Richard Kokoski and Sergey Koulik, eds., *Verification of Conventional Arms Control in Europe* (Boulder, Colorado: Westview Press, 1990), p.18.

이루어진다. 이 과정은 기술적 과정이라고도 하며 일반적으로 정보 분석가에 의해 실시된다.

다. 판단 및 대응 과정

분석된 정보를 기초로 상대방의 조약 위반여부를 판단하며 조약위반에 의해 초래된 정치·전략적 불이익을 만회하기 위한 조치를 취하는 것이 판단 및 대응과정의 임무이다. 그러나 포착된 행위가 불확실한 경우 조약위반의 가능성과 위반의 결과, 조약 자체의 중요성 등을 고려하여 위반여부를 결정해야 하고, 준수문제 발생 시 조약에서 제도화된 협의기구를 통해 평화적으로 해결해야 한다. 이러한 일련의 과정은 정치적 과정으로서 일반적으로 정책 전문가에 의해 다루어진다.

상대측의 조약 위반여부에 대한 판단근거를 제공하는 것은 바로 기술적인 정보수집 및 분석의 결과이다. 그러나 조약위반에 대한 판단은 다른 여러 가지 요소에 의해 영향을 받을 수 있다. 마이어(Stephen Meyer)가 언급했듯이, 조약위반을 판단하는 것은 기술적인 정보뿐 아니라 상대방의 군사적 능력에 대한 평가, 상대방의 의도 및 위반동기, 과거의 경험에 의해 형성된 상대방에 대한 이미지, 기존의 양국관계, 국제 및 국내 정세, 위반된 조항의 중요성 등 상대국과의 전반적인 정치·외교·군사적 관계에 의존하는 매우 주관적인 작업이다.[4] 결국, 수집된 정보가 동일해도 판단 및 대응 과정에서는 다른 결과가 나올 수 있는 것이다.

---

4) Stephen Meyer, "Verification and risk in arms control," *International Security*, Spring 1984, p.113.

4. 검증의 기능과 효과

검증을 실행함으로써 얻어지는 효과는 다음과 같이 네 가지로 파악된다.

〈그림 2〉 검증의 기능과 효과

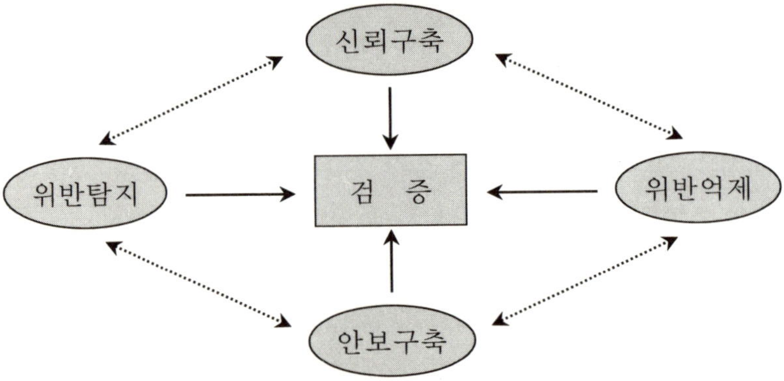

가. 신뢰구축기능

검증의 신뢰구축기능은 군비통제에서 일반적으로 언급되는 군사적 신뢰구축방안이 수행하는 기능의 일부에 해당된다. 검증의 신뢰구축기능은 다시 두 가지로 구분할 수 있다. 첫째, 국가간 신뢰구축기능(inter-state confidence building)으로서, 검증을 통해 상대방의 조약준수에 대한 확신을 가짐으로써 국가간 상호신뢰를 증진하고 다른 군비통제조약의 체결 가능성도 높이는 기능을 말한다. 둘째, 국내 신뢰구축기능(domestic confidence building)은 적절한 검증방법을 통해서 자국 국민들에게 군비통제조약으로 인해 국가안보가 위협받지 않는다는 확신을 주는 대국민 설득기능을 말한다.

나. 조약위반을 탐지하는 안전장치기능

상대측의 은밀한 조약위반을 탐지하고 조기에 경보함으로써 검증은 조약 당사자들의 국가안보가 상대방의 조약위반으로 인해 위협받지 않도록 하는 적절한 안전장치기능을 수행한다.

다. 위반을 억제하는 유도기능

구체적인 검증방법을 동원하여 조약 위반 시에 적발될 가능성을 증대시킴으로써 검증은 조약위반 가능성을 억제하고 협정준수를 유도하는 기능을 수행한다.

라. 새로운 안보구축기능

비밀성과 비공개에 기초한 기존의 국가안보개념에서 탈피하여, 개방과 투명도 및 예측가능성 증대에 기초한 안보라는 새로운 개념에 입각하여 안보체제의 질적 변화를 유도함으로써 보다 건설적인 안보관계를 설정하고 평화정착에 기여한다.

Ⅲ. 동북아 지역차원의 검증기구 설립을 위한 고려사항

만약 유엔이 검증을 동북아 지역에서 현재와 미래에 발생할 수 있는 위기를 관리할 도구로 활용하고자 한다면 다음과 같은 사항들을 고려해야 할 것이다.

가. 군부의 거부 가능성

군사적인 사안의 민감성과 동북아 역내 국가들 간에 겉으로 표출되거나 잠재해있는 경쟁감이 존재함을 고려할 때, 위기관리 도구로서 역내에 검증기구를 설립하는 것은 정치적으로는 수용될 수 있을지 모르나 각국 군부의 강한 반발에 직면할 가능성이 있다.

나. 점진적이고 단계적인 접근의 중요성

군사 분야에서는 불확실성이나 오해가 바로 긴장을 유발할 수 있기 때문에 점진적인 접근이 특히 중요하다. 따라서 초기의 협상전략은 합의된 내용의 전략적 중요성 보다는 "합의 자체와 합의된 사항의 이행"에 보다 중점을 두는 것이 바람직하다.

다. 군사적인 투명성의 증대

역사적인 불신과 경쟁감이 그대로 남아있음에도 불구하고 동북아 역내 국가들은 군사적인 투명성을 높일 수 있는 초보적인 방안을 실행할 수 있을 것이다. 군사 분야에서 투명성을 높이는 것은 위기의 발생을 사전에 예방하고 이미 발생한 위기를 성공적으로 관리하기 위한 가치 있는 투자이다. 과학적인 감시기술을 비군사적인 분야에 활용하거나 국방백서를 발간하고 국방예산을 공개하는 조치, 그리고 안보위험이 적은 다양한 신뢰구축방안을 합의·이행하는 것은 정치적·경제적 부담이 적은 방안들로서 충분히 동북아에서 실현될 수 있을 것이다. 이런 방안들은 검증이 할 수 있는 역할을 보완하는 것임과 동시에 향후에 구체적인 군비통제조약이 체결되었을 때 검증방안의 일부로 활용될 수도 있을 것이다.

제 5 장
새로운 위협에 대한 대응:
유엔과 글로벌 테러리즘

후쿠시마 아키코 福島安紀子

일본 NIRA 선임연구원

I. 서론

제2차 세계대전 동안 유엔 헌장 초안이 만들어질 때 초안 작성자들이 가장 중요한 것으로 염두에 두었던 것은 제3차 세계대전의 가능성을 포함한 국가간 전쟁의 위협이었다. 60여년 이 흐른 후, 국가간 전쟁의 위협은 완전하게 제거되지 않은 반면에 헌장이 처음 만들어질 때에는 생각하지 못했던 새로운 위협이 등장하기 시작했다. 유엔 인간안보위원회(Commission on Human Security)의 보고서인 *Human Security Now*는 이러한 새로운 위협을 다음과 같이 표현했다.

세계가 오랫동안 경험해왔던 기존의 문제들과 취약성들 이외에 새로운 천년으로 전환되는 시점에 아주 극적인 위기의 물결이 새롭게 등장했는데, 이것은 테러공격과 인종간 폭력, 전염병, 갑작스런 경제적 침체 등과 관련되는 것들이다. 아울러 기존의 제도들과 정책들이 다자주의의 약화에 대처하지 못하고 있고, 인권에 대한 존중의식이 저하되고 있으며, 가난과 기근 해결을 위한 노력이 약화되고, 교육 체계에 대한 인식이 낡은 편협성에 좌우되며, 증대하는 세계 상호관계에 대한 글로벌 책임이 무시되는 현상 등도 걱정거리가 되고 있다(Commission on Human Security 2003: iv).

이 보고서에서 테러공격은 새로운 위협이라고 명시되어 있다. 하지만 테러리즘은 결코 새로운 현상이 아니라는 점을 알아야한다. 사실 1930년대 중반 국제연맹(League of Nations)은 테러리즘 방지와 처벌에 대한 협약을 기초했는데, 이는 주로 정치적 암살에 대한 국제적 연루에 대응하기 위한 것이었다. 또한 국제형사재판소(International Criminal Court)의 설립을 위한 협정도 테러리즘 협약을 위반한 사람들을 기소하여 재판할 수 있도록 하는 내용을 담고 있었다(League of Nations, 1937). 하지만 테러리즘에 대한 서로 다른 견해들 때문에 이들 협약들은 각국의 비준을 충분하게 받지 못해 효력이 기능하지 못했다. 일부 국가들은 테러 범죄가 처벌받지 않는 것을 방지하기 위해 국제형사재판소 설립을 위한 협정을 채택할 것을 주장하였으나, 미국을 포함한 다른 국가들은 그러한 조치가 아직은 시기상조라고 보았다(Luck 2004: 97). 분명한 것은 테러리즘이 수십 년 동안 국제사회의 중요한 이슈들 가운데 하나였다는 사실이다. 하바드 대학 케네디 정부학 스쿨의 조셉 나이 학장은 "테러리

즘은 새로운 것이 아닐 뿐만 아니라 단일한 적도 아니다. 그것
은 공포의 확산을 목적으로 무고한 사람들에 대한 의도적인
공격으로 흔히 정의되는 갈등의 오랜 방식이다"(Nye 2004: 23).
사실 테러리즘은 수 세기동안 위협으로 남아있었는데, 시간과
공간을 달리해서 매우 여러 가지 형태로 나타났다.

　아래의 그래프들은 테러리즘이 새로운 것이 아니라는 사실
을 잘 보여주고 있다. 하지만 테러 공격의 지역적 분포는 변하
고 있으며, 대부분 무고한 시민들인 희생자의 수도 계속해서

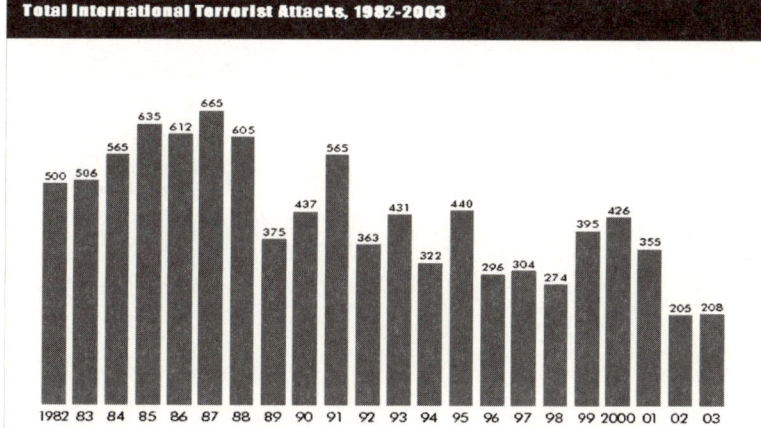

Total International Terrorist Attacks, 1982-2003

In past years, serious violence by Palestinians against other Palestinians in the
occupied territories was included in the database of worldwide international terrorist
incidents because Palestinians are considered stateless people. This resulted in such
incidents being treated differently from intraethnic violence in other parts of the world.
In 1989, as a result of further review of the nature of intra-Palestinian violence, such
violence stopped being included in the US Government's statistical database on
international terrorism. The figures shown above for the years 1984 through 1988
have been revised to exclude intra-Palestinian violence, thus making the
database consistent.

Investigations into terrorist incidents sometimes yield evidence that necessitates a
change in the information previously held true (such as whether the incident fits the
definition of international terrorism, which group or state sponsor was responsible, or
the number of victims killed or injured). As as result of these adjustments, the statistics
given in this report may vary slightly from numbers cited in previous reports.

출처: United States Department of States, *Patterns of Global Terrorism 2003*,
　　 May 2004

증가하고 있다. 오늘날의 테러리즘은 20세기의 테러리즘과 비교해서 그 방법이나 목적 및 충격 등에서 여러모로 다르다. 9·11사건에서 보였다시피 테러행위는 이제 더 이상 특정 지역의 사건이 아니라 글로벌 차원에서 전개되고 있으며, 따라서 적절한 대책이 요구된다.

이 논문은 오늘날 테러 공격에 의한 위협의 성격을 글로벌 테러리즘의 관점에서 분석하고, 유엔이 어떻게 글로벌 테러리즘에 대처해왔는지 살펴봄으로써 앞으로의 전망과 더불어 결론을 도출하고자 한다.

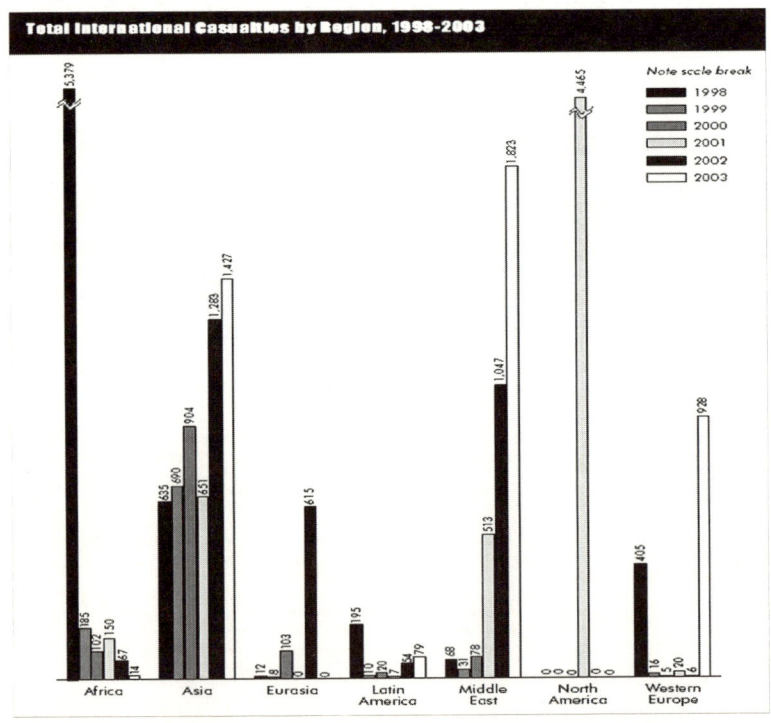

출처: United States Department of States, *Patterns of Global Terrorism 2003*, May 2004.

Ⅱ. 테러리즘의 정의

미국은 국무부에서 출간된 연례 보고서에서 다음과 같이
테러리즘을 정의하고 있다.

> 테러리즘이라는 용어는 일반적으로 청중들에게 영향력을 행사
> 하기 위해 국가하위집단(sub-national groups)이나 비밀 조직이 비전
> 투원을 대상으로 정치적인 의도를 가지고 계획된 폭력을 행사하는
> 것을 의미한다.
> 국제 테러리즘은 테러리즘이 한 국가 이상의 여러 지역(territory)
> 의 시민들을 포함하는 것을 의미한다(Department of State 2003: xii).

하지만 이것이 보편적으로 받아들여지는 정의는 아니다. 정
치적 입장의 차이가 테러리즘에 대한 공통된 정의에 동의하는
것을 가로막고 있다. 그래서 혹자는 "어떤 사람에게는 테러분
자이지만, 다른 사람에게는 자유의 전사"라고 말하면서, 글로
벌 공공재로서의 테러리즘에 대한 억압은 약자를 무력하게하
려는 강자의 위선이라고 주장한다. 러시아에서 있었던 일련
의 폭발사건과 지난여름 체첸 사태 때문에 발생한 북 오세티
아에서의 테러 인질사건, 그리고 2004년 9월 인도네시아의 호
주 대사관 폭발사건 등은 위의 기준에 의하면 테러리즘의 전
형적인 사례이지만, 보다 넓은 견지에서 본다면 인종적 혹은
민족적 자치와 관련한 갈등으로 해석될 수도 있다. 이처럼
테러리즘에 대한 서로 다른 해석은 테러리즘에 관한 보편적
협약을 명문화하는 것을 포함하는 국제적인 대테러 활동 노력

의 진행을 저해하고 있다. 이러한 협약의 명문화 노력은 다음 절에서 상술할 것이다.

　오늘날 글로벌 테러리즘은 행위자와 목적, 방법 및 결과의 측면에서 지난 세기의 테러리즘과 다르다. 행위자의 측면에서, 오늘날의 테러 집단들은 대부분 탈국경적인(transnational) 성격을 가진다. 일본 방위대학교(사관학교)의 미야사카 나오후미 교수는 테러리즘의 행위자와 조직 구조에 따라 글로벌 테러리즘을 세 가지로 구분한다. 첫째는 느슨하게 제휴된 조직이다. 11개의 그룹이 공통의 급진적 교리를 공유하며 제휴하고 있는 알 카에다가 대표적이다. 둘째는 서로 다른 테러조직들의 연합이다. 콜롬비아의 최대 정파이며 가장 잘 조직된 FARC(콜롬비아 혁명군)과 북아일랜드의 IRA간의 관계가 대표적이다. 이들 집단은 이념과 목적을 공유하지 않으며, 각각은 그 성격상 국내적인 조직이지만, 지구화와 근대 통신기술은 그들이 함께 제휴할 수 있게끔 만들고 있다. 셋째는 단일 이슈 테러리즘이다. 국제무역과 동물애호, 환경보호, 낙태문제 등에 초점을 두는 집단들이 여기에 포함된다. 첫째 유형이 오늘날 가장 활발하게 활동하는 테러리즘이다. 오늘날 테러분자들은 그들의 활동을 점점 더 국제적으로 조직화하고 있다. 그들은 해외에서 자금을 모금하고 무기를 구매하고 있으며, 지도자들은 해외에서 훈련 및 교육을 받고 있다. 테러분자들은 많은 사람들을 해치기 위해서 자기 자신들의 목숨뿐만 아니라 심지어 자신들의 후원자들의 목숨까지 건다. 종교적 극단주의 테러집단들은 죽음을 불사하므로 제어하기가 어렵다. 그들은 자신들의 행동을 신의 뜻을 따른 것이라 보고 있기 때문에 대규모 공격을 거리낌 없이 저지르고, 자신의 목숨을 신의 섭리에 바쳐야 한다는 사상에 깊게 빠져있다(Wilkinson 2003: 115).

목적의 측면에서 오늘날의 테러리즘은 초국경적인 정치적, 이념적, 종교적 목적을 추구한다는 점에서 다차원적이다. 20세기에 테러분자들의 행위는 전술적이었고 비교적 분명한 정치적 목적에 기반을 둔 것이었다. 21세기의 글로벌 테러리즘의 목적은 점점 더 복잡해지고 있다.

기술의 진보에 따라 테러분자들이 사용하는 방법 또한 변했다. 대량살상무기들을 구하기가 더 쉬워지고 비용도 저렴해졌다. 다용도 장비들이 무기로 사용되기 시작했는데, 예를 들어 휴대전화가 공격의 타이머로 사용되거나, 납치된 비행기가 공격용 무기로 사용되었다. 게다가 정보기술의 정교화가 심화되면서 초국경적 통신이 더욱 값싸고 쉬워졌으며 속도도 훨씬 빨라졌다. 그에 따라 테러공격의 결과도 훨씬 치명적이 되었고, 희생자의 범위도 과거보다 훨씬 광범위해져서 글로벌화 되었다.

따라서 오늘날의 테러리즘은 행위자 및 희생자의 국적의 측면에서, 그리고 테러공격의 충격의 측면에서 전 지구적인 것이 되었는데, 지구 어느 곳에서의 작은 공격도 그 사건이 발생한 나라 이외의 다른 지역에서의 대테러 활동에도 영향을 줄 수 있게 되었다. 9·11 사례에서 보이듯이 테러리즘은 이제 전 지구적 관심을 끌고 있다. 이러한 견지에서 필자는 오늘날 우리가 직면하고 있는 테러리즘의 위협을 이해하기 위해 "글로벌 테러리즘"이라는 용어를 사용한다.

Ⅲ. 테러리즘에 대한 대응

비록 테러리즘에 대한 보편적인 정의가 존재하지 않는다할지라도 테러행위가 비전투원을 대상으로 한 의도적인 폭력행위라는 사실과 테러를 예방해야 한다는 사실에는 폭넓은 공감대가 형성되어 있다. 대부분의 경우, 반드시 그런 것은 아니지만, 테러리즘은 오랫동안 뿌리 깊게 형성된 사회경제적, 정치적, 종교적 불화의 부산물이다. 한계상황에 처한 공동체의 열망이 무시되고 그들의 불만이 그들의 정부나 국제사회에 의해 표현되지 못하는 경우, 그 공동체는 만성적인 좌절감과 처절한 굴욕감을 느끼게 된다. 그에 따라 매우 악의적이고 무자비한 적대감과 폭력의 이데올로기로 발전한다.

앞 절에서 언급한 바와 같이 글로벌 테러리즘은 그 성격상 위협에 대처하는데 있어 전체 국제사회의 협력을 필요로 한다. 따라서 이러한 문제점에 대처하기 위해서 유엔은 매우 중요한 역할을 수행하는 행위자이다. 하지만 1930년대 국제연맹에서 테러리즘의 위협에 대해 인식했음에도 불구하고, 유엔 헌장에는 "테러리즘"이라는 구체적인 용어가 삽입되지 않았다. 이것은 헌장이 만들어질 당시 테러리즘이 국제평화와 안보를 위협하는 것으로 깊이 있게 고려되지 않았기 때문이다.

지난 60여 년 동안 유엔은 국제안보의 지형이 현저하게 변화하고 있음을 목격해왔다. 헌장에 구체적으로 언급되지 않은 현상에 직면해서 유엔은 헌장의 개정 없이 유연하게 대처해왔다. 평화유지활동(PKO)이 대표적인 사례이다. PKO는 냉전기간 중에 유엔의 집단안보 메커니즘이 무력화되어 있을 때 만들어진 집단안보시스템의 의붓자식이라 하겠다. 게다가 PKO는 분쟁 성격의 변화에 따른 새로운 요구에 대처하기 위해 끊임없이 진보해왔다. 이러한 유엔의 유연성이 테러리즘과의 전쟁에서도 예상될 수 있다. 2004년 2월 24일, 유엔헌장의 성격을 언급하면서 유엔 사무총장 코피 아난은 "헌장은 유엔활동의 대체되어질 수 없는 틀로 남아있다. 유엔은 정당성의 중심으로 남아있다"고 말했다(Kofi Annan, 24 February 2004).

글로벌 테러리즘과의 전쟁은 유엔의 역할과 전적으로 일치하는 것으로 생각되어질 수 있다. 유엔헌장은 국제평화와 안보의 유지, 평화 위협에 대한 집단적 조치 수행, 침략저지와 인권보호 등을 지향하는 국제기구를 명시하고 있다. 글로벌 테러리즘은 이러한 유엔의 원칙과 목적에 반하는 것이므로 글로벌 테러리즘에 대한 유엔의 대처는 합당하다.

유엔은 1960년대에 전개된 일련의 테러 사건들 이후 지속적으로 테러리즘에 대해 논의해왔다. 유엔사무총장 우탄트가 민간항공기 납치사건에 처음으로 중재역할을 한 것이 1968년과 69년이었다(Bailey 1993: 302-308, 317-318). 하지만 1960년대에 테러리즘은 그리 많지 않았고, 국지적인 것으로 간주되었다. 유엔총회는 1972년까지 테러리즘을 의제에 포함시키지 않았다. 유엔총회가 본격적으로 테러리즘을 논의하게 된 것은 1972년 뮌헨 올림픽 때부터인데, 당시 팔레스타인 극단주의자들이 선수촌을 습격하여 이스라엘 선수들을 인질로 삼고 살해했다. 당시 유엔사무총장이었던 쿨트 발트하임은 국제 테러리즘의 방지를 의제로 채택했다.

테러리즘에 대한 유엔의 대응 기록은 지금까지 꽤 오래되지만 성공과 실패가 혼재된 것이다. 테러리즘이 국내적이고 전술적인 경우에 회원국들은 테러문제를 국내적 혹은 지역적인 사건으로 간주함으로써 유엔의 관심사로 만들지 않는 경향이 있다. 테러리즘이 보다 확대되어 지구적인 사건이 될 경우, 회원국들은 테러리즘을 스스로 해결할 수 없다면 이에 효과적으로 대처하기 위해 유엔을 이용하지 않을 수 없다. 유엔은 테러리즘에 대해 주로 총회와 안보리에서 회의를 열어 의정서나 결의안을 채택하는 것과 같은 규범설정(norm setting)의 방식으로 대처해왔다. 유엔은 테러리즘 진압활동과 테러용의자 추적, 그리고 테러에 사용될 수 있는 도구들에 대한 불법적 접근을 제한하는 활동 등에 법적인 틀을 제공하고 있다.

1972년 이후에도 테러리즘에 대한 결의안을 유엔이 채택하는 사례가 몇 차례 더 있었는데, 회원국들은 그들의 입장에 따라 분열되었다. 미국과 유럽국가들, 대부분의 남미국가들, 그리고 일본은 테러리즘을 규탄함에 있어 비국가 행위자들의 테러리즘을 포함하였고, 이에 대한 대응방법을 우선순위에 둘 것을 주장하였다. 반면 아랍과 아프리카 국가들은 테러리즘의 근본적 원인을 명시할 것을 주장하였는데, 그들이 보기에 그러한 원인은 제국주의와 식민주의, 인종적 차별 등이었다. 소련 및 동유럽 국가들과 더불어 후자의 국가 그룹은 특정 인종적 집단에 의한 해방 투쟁의 일환으로 발생한 행위들은 자결권을 위한 행위이지 테러가 아니라고 주장했다. 이러한 균열은 6차 위원회의 논의가 진전되는 것을 가로막았을 뿐만 아니라 1976년부터(31/102) 1989년까지(44/762) 테러리즘에 관한 총회 결의안의 제목에도 영향을 주었다. 그 제목은 "무고한 인간의 생명을 위험하게 하거나 앗아가는, 혹은 근본적 자유를 위태롭게 하는 <u>국제테러리즘을 방지하는 조치</u>와, 급진적 변화를 촉진시키기 위한 시도에서 야기되는, 자신과 다른 사람의 생명을 희생하게 만드는 고통, 좌절, 불만 및 절망에 내재된 테러리즘과 폭력행위의 <u>근본원인에 대한 연구</u>"(Measures to <u>prevent international terrorism</u> which endangers or takes innocent human lives or jeopardizes fundamental freedoms, and <u>study of the underlying causes</u> of those forums of terrorism and acts of violence which lie in misery, frustration, grievance and despair which cause some people to sacrifice human lives, including their own, in attempt to effect radical changes)라는 것이었는데, 이것은 서로 상충적인 입장, 즉 "테러리즘 방지조치"를 채택하는 것과 "테러리즘의 근본원인을 연구"하는 것을 모두 포함하는 것이었다.

1976년에 테러리즘 결의안 초안이 제출되었을 때, 100개 국가가 찬성하고, 9개 국가가 반대했으며, 27개 국가는 결의안 초안이 균형적이지 않다는 이유로 기권했다. 1979년에 발의된 결의안 초안은 국제 테러리즘 행위를 무조건 비난하는 것이었는데, 22개 국가가 기권했지만 단 한 나라도 반대하지 않는 성과를 거두었다. 1981년 결의안은 합의에 기초해 채택되었지만 해방운동을 인정하는 문구가 삽입되었다. 1985년 결의안(UN Doc A/40/1003)은 전환점으로서 보다 진일보한 것이었다. 여기에는 "국가간의 우호적 관계와 안보를 해치는 행위가 어디에서 발생하던 간에 그리고 누구에 의해서든 간에, 테러리즘의 모든 행위와 수단 및 훈련을 범죄행위로 간주하여 무조건적으로 비난한다"는 문구가 포함되었다. 이러한 결의안이 통과될 수 있었던 이유는 소련이 미국의 입장에 동조했기 때문이었다. 하지만 시리아를 포함한 일부 국가들은 국제 테러리즘을 정의함에 있어 해방운동과 테러집단 간의 구분이 필요하다고 주장하였다.

유엔은 또한 12개의 국제 反테러리즘 협약과 의정서를 성공적으로 마련할 수 있었다. 이들 문건들은 항공기 납치, 인질 억류, 핵물질의 물리적 보유, 해운 항법 장치, 플라스틱 폭탄의 제조 및 테러리즘에 대한 자금운용 등과 같은 다루는 내용이었다.[1] 이러한 협약들은 각 사안들에 대한 행동의 기본 골격을 마련하였고 일부 특정 테러집단 행위의 정당성을 박탈하는 데 도움을 주었다. 과거에는 앞서 언급한 것과 같이 국가들 간의 균열로 인해 직접적으로 명시되지 못했던 "테러리즘"이

---

1) 유엔에서 통과된 테러리즘에 관한 12개의 주요 협약과 의정서는 다음과 같다.

협약 / 의정서	내 용	연 도
Convention on Offences an Certain Other Acts Committed on Board Aircraft (Tokyo Convention)	비행안전에 영향을 줄 수 있는 행위에 적용; 조종사에게 항공기 안전을 위한 조치를 취하는 권한을 부여; 체결국은 범죄인을 구속하고 항공기를 조종사에게 되돌려주어야 함을 명시	1963
Convention for the Suppression of Unlawful Seizure of Aircraft (Hague Convention)	항공기 운항을 협박하는 행위 금지; 항공기 납치범은 "최고형"에 처해짐; 납치범은 반드시 기소되어야 하며 송환되어야 함; 각국은 범죄행위 처리에 상호 협력함	1970
Convention for the Suppression of Unlawful Acts Against the Safety of Civil Aviation (Montreal Convention)	기내 폭력, 기내 폭발물 설치 및 이에 협력하는 행위 불법화; 이를 어긴 범인은 반드시 "최고형"으로 처벌받아야 하며 기소 혹은 송환되어야 함	1971
Convention on the Prevention and Punishment of Crimes Against Internationally Protected Persons	국제적으로 보호되는 인물에 대한 정의; 보호 대상자와 그들을 도와주는 활동에 대한 공격을 가하는 자들에게 엄중한 형벌을 내려야 함	1973
International Convention Against the Taking of Hostages (Hostages Convention)	인질 석방을 위한 제3자를 억압하려는 목적으로 사람을 구속하는 행위로서의 인질을 잡는 행위를 정의	1979
Convention on the Physical Protection of Nuclear Material (Nuclear Materials Convention)	불법적인 핵물질 소유와 사용을 금지; 핵물질의 불법적 소지, 사용, 전용 등의 행위와 핵물질 탈취행위 및 인명을 해치거나 상하게 하려는 목적으로, 혹은 재산에 대한 심각한 해를 끼치기 위한 목적으로 핵물질 사용을 위협하는 행위를 범죄로 규정	1980
Protocol for the Suppression of Unlawful Acts of Violence at Airports Serving International Civil Aviation, Supplementary to the Convention for the Suppression of Unlawful Acts against the Safety of Civil Aviation	국제공항에서 테러활동에 대처하기 위해 항공 안전에 관한 몬트리올 협약을 확대 및 개정	1988

라는 단어가 1997년과 1999년에 채택된 가장 최근의 두 협약의 제목에 포함되었다는 점은 의미심장하다.

2001년 9월 11일에 열린 안보리는 "이 날의 공격과 모든 테러 행위를 절대로 용서하고 정당화할 수 없을 것"이라고 선언하고, 9·11 공격을 "모든 인류의 비극이며 인류에 대한 도전"이라고 규정하였다. 유엔헌장 제7조에 따라 9·11이 있은 후 2주 반만 개최된 안보리는 결의안 1373(S/RES/1373)을 채택하였는데, 이것은 매우 의미심장한 것이었다. 이것은 9·11 공격에 의해 촉발된 것이지만 글로벌 테러리즘을 포괄적으로 다루는 것이었다. 결의안 1373은 회원국이 테러분자들에게 자금을 제공하는 것을 불법화하고, 테러 행위를 저지르는 자들의 자금을 동결하며, 테러리즘에 참여하는 자들에게 편의를 제공하

Convention for the Suppression of Unlawful Acts against the Safety of Maritime Navigation	국제항공안전과 유사한 내용의 국제해양항해안전에 관련한 법적 레짐 마련; 선박 항해에 영향을 줄 수 있는 사람들에 대한 선상 납치, 폭파, 폭력 행위를 불법화	1988
Protocol for the Suppression of Unlawful Acts against the Safety of Fixed Platforms Located on the Continental Shelf	국제항공 및 해양항해에 관한 레짐과 유사한 내용의 대륙붕 시추선 안전에 대한 법적 레짐 마련	1988
Convention on the Marking of Plastic Explosives for the Purpose of Detection	1988년 팬암 폭파사건과 관련한 조치로서의 항공기 업무에 대한 방해 행위에 엄중 대처함; 검색되지 않은 플라스틱 폭발물에 대한 통제 및 사용제한; "표시되지 않은" 플라스틱 폭발물에 대해 당국이 효과적인 조치를 취할 것을 명시-기술적 부록에 명시된 검색요원은 포함하지 않음	1991
International Convention for the Suppression of Terrorist Bombing (UN General Assembly Resolution)	치명적인 인명피해를 일으키려는 목적으로 혹은 공공장소의 광범위한 파괴를 목적으로 공공장소로 규정된 곳에서 혹은 그러한 곳에 대해 폭발물이나 다른 치명적 수단을 사용하는 것에 대한 국제사법 레짐을 마련	1997
International Convention for the Suppression of the Financing of Terrorism	각국이 테러리즘의 재정적 활동에 대처하고 예방할 것을 명시; 테러자금을 조달하는 자를 구류; 테러리즘 행위를 위한 자금 규명, 동결, 압류를 허용; 이에 대한 협력을 거부하는 은행에 대해 은행의 비밀유지를 인정하지 않음	1999

출처: Conventions Against Terrorism, United Nations Office of Drugs and Crime, http://www.inodc/en/terrorism_conventions.html

Note: 도쿄 협약은 1963년에 최종적으로 이루어졌고 테러리즘 관련 협약으로 구분되지 않았다. 회원국이 협약에 참여하기로 하는 결의안은 1976년의 GA 49/60이었다.

는 것을 금지하도록 의무화하였다. 또한 결의안 1373은 反테러 위원회(CTC)를 설치하여 회원국들이 이 결의안의 입법적, 행정적 조치가 결의안의 의무조항을 잘 따르는지 보고서를 수집하도록 하였다. CTC는 유엔 안보리의 15개 이사국으로 구성되어 있다. 위원회가 설치되면서부터 CTC는 각 회원국으로부터 반테러 조치들과 테러리즘과의 전쟁에 유용한 매우 다양한 정보를 수집하였다. 그 결과 대량살상무기의 불법 거래 및 초국경적 범죄조직과 테러리즘과의 연계를 밝혀내기도 하였다. CTC는 기술적 협력을 통해 반테러 활동의 능력을 강화하는데 매우 중요한 역할을 수행한다. CTC는 또한 입법부 혹은 행정부 차원에서 테러자금을 논의하도록 하는 나라가 어떤 나라인지 명시하고, 결의안의 이행에 협조적인 국가를 기술적으로 도울 수 있는 국가들의 명단을 발표하였다. CTC는 직접적으로 기술적 지원을 하지는 않지만 도움을 필요로 하는 국가들과 도움을 줄 수 있는 국가들을 서로 연결시켜 주는 역할을 하였다.

하지만 9 · 11도 지금까지 채택된 부분적 협약들 사이에 존재하는 간극을 채워줄 수 있도록 테러리즘에 대한 포괄적 협약을 채택하게끔 만들지는 못했다. 테러리즘과 싸우기 위해 법적 구조를 조정할 것을 명령하는 총회 결의안 51/210(1996년 12월 17일)에 의해 테러리즘에 대한 임시 위원회(Ad Hoc Committee on Terrorism)가 구성되었다. 이 위원회는 테러리즘에 대한 논의를 지속시키기 위한 도구로 만들어졌는데, 이는 1972년 이래 유엔에서 테러리즘에 대한 논의의 진전이 이루어지지 못했음을 반영하는 것이다. 그 결과 두 개의 협약이 성공적으로 이루어졌는데, 하나는 1997년에 채택된 폭탄테러 억제를 위한 국제협약(International Convention for the Suppression of Terrorist Bombings) 이고, 또 하나는 1999년의 테러자금지원 억제를 위한 국제협약 (International Convention for the Suppression of the Financing of Terrorism)이 다. 하지만 테러리즘에 대한 포괄적인 협약이 만들어지지는 못했다. 2000년 2월 인도가 포괄적 협약에 대한 문건을 제출했 으나 회원국들은 테러리즘의 정의와 해방운동과의 관계, 조약 의 예외 가능성, 군사적 조치 및 자결권 등에 대한 입장의 차이 를 보여주었을 뿐이었다. 따라서 9·11 이후 회원국들은 테러 리즘과의 전쟁을 어떻게 수행할 지를 논의했지만 그것을 어떻 게 정의 내릴지에 대해서는 합의를 찾지 못했다. 이러한 입장 의 차이는 결국 테러리즘과 핵 테러리즘 방지에 대한 포괄적 협약을 채택하는 것을 어렵게 만들었다(Press Release L 3073).

또 다른 실패는 이러한 조치들이 헌장 7조의 실천 조항에 부합되지 않을 경우 그 규범을 집행할 수 있게끔 힘을 실어줄 수 있는 감시 기구를 유엔이 만들어내지 못했다는 것이다. 심지어 CTC도 조치들을 따르지 않는 경우에 대한 처벌이나 금수조치 등을 할 권한이 없었다. 이러한 협약들의 기준에 이르지 못하는 회원국들은 다른 나라들의 외교적 합동 조치에 의해서 외교적 압력을 받을 뿐이었다. 강제력을 가지지 못한 유엔에 의한 제재는 불가능했다.

유엔은 국제평화와 안전의 유지라는 본연의 목적을 분명히 확신시키기 위해 테러리즘에 대한 조치를 취해야만 했으나, 글로벌 테러리즘에 대한 직접적인 대응을 충분히 강구하지는 못했다. 예를 들어, 사무총장의 정책실무그룹(Policy Working Group)도 "유엔이 테러집단을 효과적으로 억제하거나, 특정 테러공격에 대해 선제적 조치를 취하거나, 혹은 복잡한 정보 수집 능력을 개발하는 등의 적극적인 임무를 수행하는 역할을 잘 해내리라고 보지 않는다"고 언급한 바 있다(United Nations, Report of the Policy Working Group 2002: para.9, 4). 유엔이 글로벌 테러리즘에 보다 적극적으로 대처하지 않았다는 사실은 당혹 스럽다. 그것은 아마도 오늘날 글로벌 테러리즘의 행위자들 이 종종 비국가 행위자이기 때문일 것이다. 이러한 사실은 비단 테러리즘뿐만 아니라 유엔이 씨름하고 있는 다른 갈등들 에서도 나타나는 것이다. 그럼에도 불구하고, 국가와 개별 인 간에 대한 글로벌 테러리즘의 충격은 엄청나다. 이에 대해 럭(Luck)은 다음과 같이 표현했다. "정치는 정부간 조직에 의 해 그것에 대한 고려를 묵살하고 변질시켜 버렸다.… 9·11의 드라마와 그 후과는 적어도 당분간은 … 유엔에서 벌어지는 당파와 극성(polarizing) 정치를 덮어버릴 수 있는 反테러리즘 투쟁을 불러일으켰다. 하지만 기존의 정책을 어떤 질적인 변 화로 대체한 것이라기보다는 테러리즘에 대한 전쟁이라는 새 로운 경향은 단순히 기존의 관심을 확대하고 과거의 걱정거리 를 재확인하는 것이었다"(Luck 2004, 103).

Ⅳ. 나아갈 길 …

어떻게 국제사회가 글로벌 테러리즘의 위협에 효과적으로 대처할 수 있을까? 유엔은 지금까지의 미완성의 진보에도 불 구하고 대응할 수 있을까? 최근 이라크와 러시아에서 보여진 것과 같이 테러리즘에 의해 나타나는 위협은 실로 엄청나다. 이러한 폭력적 행위의 뒤에 숨은 동기는 매우 복잡한데, 그것은 민족주의, 표출되지 못한 분노, 그리고 열광적인 극단주의자들의 목적 등과 얽혀있다.

유엔은 테러리즘과의 투쟁에 무조건적으로 나서야 하며, 그것을 기구의 최우선 과제로 두어야 한다. 만일 회원국들이 글로벌 테러리즘에 잘못 대처하는 경우, 문제를 더욱 악화시키게 될 것이다. 만일 그들이 공동의 전략을 따를 수 있다면, 국가들은 테러리즘의 위협을 완전히 없애지는 못해도 확실히 줄일 수는 있을 것이다.

유엔은 글로벌 테러리즘에 대한 논의의 법적인 틀을 만들었다. 그럼에도 불구하고 국제법은 대규모 국제 테러리즘에 대처하는 데 충분한 규범에 뒷받침되지 않고 있다(Nishii 2002: 20). 만일 각 회원국이 테러범을 기소하지 못하고, 국제사회가 테러범 기소를 위한 협력에 대한 동의를 이끌어내지 못한다면, 개별 국가들로 하여금 국내법 하에서 특정 테러행위를 범죄로서 규제하고 범인을 국내법으로 처벌하라고 요청하는 것은 근본적으로 제한적일 수밖에 없다. 국가는 테러리즘 행위에 대해 자위 혹은 보복의 방식을 취한다. 만약 대테러 조치가 자위로 제한된다면, 국가들은 안보리가 필요한 조치를 취할 때까지 그들의 행동을 자제하게 될 것이다. 유엔에서 학습된 지혜는 테러리즘에 대한 논의가 정치화된다면 테러리즘에 대한 정의 자체를 유보하는 것이다. 유엔은 단순히 테러리즘 방지의 법적인 틀을 제공할 뿐만 아니라, 공격을 받을 경우 개별 국가의 필요한 개입을 정당화해야 한다.

하지만 법적인 틀을 제공하는 것이 유엔이 테러리즘에 대해 실제로 취할 수 있는 유일한 방법일 뿐이다. 사무총장 직속의 유엔과 테러리즘에 대한 정책실무그룹(PWG)은 유엔이 구체적으로 공헌할 수 있는 세 가지 영역을 제시했다. (1) 설득(dissuasion) (국가나 집단 혹은 개인이 테러를 저지르지 못하게끔 설득하는 것을 도와줌); (2) 거절(denial) (회원국들이 테러범들에게 평화와 안전을 위협할 수 있는 자금과 장소 및 도구들을 제공할 것을 거절하는 것을 지원함); (3) 협력(cooperation) (지구적 및 지역 수준에서 反테러 협력을 촉진하게끔 유엔이 논의의 장을 제공함) (UN 2002). 이러한 조치들은 가능한 것들이다. 이 가운데 특히 공적인 입장과 인권의 법적 보호 및 외교적 노력 등을 통해 유엔은 설득의 능력을 가지고 있다. 2002년 1월 코피 아난은 다음과 같이 말했다.

테러리즘은 소외되고 절망적인 사람들의 무기이며, 종종 절망의 산물이다. 만약 모든 곳의 인간이 평화적인 방법에 의해 자존심과 풍요로운 삶을 누릴 수 있는 진정한 희망을 가지게 되면, 테러분자가 되려는 사람은 점점 더 줄어들 것이며, 전체 사회로부터 동정과 협력을 점점 더 구하기 어려울 것이다 (Kofi Annan, 18 January 2002).

유엔은 테러리즘을 정의하려는 성과 없는 시도에 얽매이기보다는 테러행위에 대처하기 위한 규범과 메커니즘을 개발하는데 힘써야 할 것이다. 더욱이 이러한 노력들은 테러리즘의 근본적 원인을 제거함으로써 본연의 인간 안보를 증진시키려는 노력과 함께 이루어져야 할 것이다. 비록 테러리즘에 대한 과거 노력에 대한 기록은 기껏해야 그저 그런 수준이지만, 유엔은 국제평화와 안전을 지키는 것이 가장 중요한 임무이며, 그것을 해치는 테러분자들의 시도에 대처하는 실제적인 행위자로서의 능력을 가지고 있다.

■ 참고문헌 ■

Annan, Kofi, "United Nations of Twenty-First Century Needs Japan's Wisdom, Experience, says Secretary-General in Tokyo Address," 24 February 2004, Address to the Japanese Diet in Tokyo, Japan, available at http://www.un.org/News/ press/docs/2004/sgsm9167.doc.htm

Bailey, Sydney D., "The UN Security Council and Terrorism," *International Relations*, 9(6) (December 1993): 536

Boulden, Jane and Weiss, Thomas G.,Weiss, eds., *Terrorism and the UN: Before and After September 11th*, Bloomington, Indiana: Indiana University Press, 2004.

Commission on Human Security, *Human Security Now*, New York 2003

League of Nations, *Convention for the Prevention and Punishment of Terrorism* L546(1).M.383(1). 1937. V (Geneva, November 16, 1937)

League of Nations, *Committee for the International Repression of Terrorism* C.222.M.162.1937.V (Geneva, April 26, 1937): Appendix II

Luck, Edward C., "Another Reluctant Belligerent: The United Nations and the War on Terrorism," in Richard Price and Mark Zacher, eds., *The United Nations and Global Security*, New York: Palgrave Macmillan, 2004.

Miyasaka, Naofumi, "Canada-Japan Cooperation in Combating Global Terrorism," in *The 3rd Canada-Japan Symposium on Peace and Security Cooperation*, Vancouver, Canada, November 23-24 2002

Miyasaka, Naofumi, "Terorizumu Taisaku ni okeru Kokuren no Yakuwari [The Role of the United Nations in Terrorism countermeasures]" in ed., Nihon Kokusai Rengo Gakkai, *Kokusai Shakai no Aratana Kyoi to*

Kokuren *[New Threats to the International Community and the United Nations,]* Kokusai Shoin, 2003.

Miyasaka, Naofumi, "Kokusai Terrorism to Toransugovamentarizumu [International Terrorism and Trans—governmentalism]" *Gaiko Jiho[Revue Diplomatique]*, June 1998, No.1349, pp.4—20.

Nishii, Masahiro, "Daikibo Kokusai Tero to Kokusaiho [Large—scale International Terrorism and International Law]," *Kokusai Mondai*, April 2002.

Nye, Joseph S. "Cooperation key to winning the war," *The Asahi Shimbun*, Thursday, September 2, 2004, Opinion, p.23.

Report of the Secretary—General, *Strengthening the Terrorism Prevention Branch of the Secretariat*, A/57/152, July 2, 2002

Sura, Virkram with Morgan, V. Maria, "A Comprehensive Action against Terrorism," United Nations Chronicle, On Line Edition, available at http://www.un.org/Pubs/chronicle/2002 issue1/0102p64.html, last accessed on September 1, 2004.

United Nations Press Release L/3073, available at http://www. un.org/News/Press/docs/2003/L3073.doc.htm

United Nations Press Release L/3030, available at http://www. un.org/News/Press/docs/2003/L3030.doc.htm

United Nations, *Report of the Policy Working Group on the United Nations and Terrorism*, A/57/273, S/2002/875, (August 6, 2002): Annex 4.

United Nations Committee on Counter—Terrorism, documentation available at http://www.un.org/Docs/sc/committees/1373

United States Department of State, *Patterns of Global Terrorism 2001*, May 2002.

United States Department of State, *Patterns of Global Terrorism 2002*, April 2003.

United States Department of State, *Patterns of Global Terrorism 2003*, April 2004.

Watanabe, Akio, "Atarashii Senso no jidai no anzenhosho toha [Security in the Age of New War]" *Gaiko Forum*, September 2004, No.194

Wilkinson, "Why Modern Terrorism? Differentiating Types and Distinguishing Ideological Motivations," in *The New Global Terrorism: Characteristics, Causes, Controls*, ed. Charles W. Kegley, Jr. Upper Saddle River, NJ Prentice Hall 2003.

제 6 장
북한과 인간안보 : 유엔 체제의 역할

요코다 요조 橫田洋三
추오대학 교수

Ⅰ. 인간안보의 개념

"인간안보"의 개념이 1994년 인간개발보고서에 소개된 이후, 그것은 세계의 정책결정자와 학자들 사이에서 많은 관심을 받아왔다. 일본정부는 이 개념을 일본외교정책의 주요 대상의 하나로 받아들이게 되었고, 유엔 내에 "인간안보기금"을 설립하기 위한 견고한 주도권을 갖게 되었다.

이 개념의 보급 과정에서, "인간안보" 용어의 의미는 광범위해지고 모호해졌다. 따라서 Sadako Ogata와 Amarya Sen을 포함한 저명한 국제적 인물을 공동의장으로 하는 인간안보위원회는 특히 실제적 관점에서의 이 개념을 명확히 해야 할 시점이다.

인간안보 개념에 대한 인간안보위원회의 접근은 두 가지

기본적 자유를 강조함으로써 시작한다. 즉, 공포로부터의 자유와 욕구로부터의 자유가 그것이다. 아울러 위원회는 다음에서처럼 "국가안보"로부터 "개인인간안보"의 패러다임으로 변화의 필요성을 강조한다.

국제사회는 새로운 안보 패러다임이 절실히 필요하다. 왜 그러한가? 그것은 17세기에 처음으로 국가안보가 옹호된 이래, 안보 논쟁이 급격하게 변화되어 왔기 때문이다. 전통적 관념에 따라, 국가는 시민을 보호할 권리와 수단을 독점해왔다. 국력과 국가안보는 질서와 평화를 유지하기 위해 수립되고 확대되었다. 그러나 21세기에 들어서, 안보에 대한 도전과 그것의 보호자는 둘 다 더욱 복잡해지게 되었다. 국가는 안보의 근본적 조달자로 남아있다. 그러나 국가는 종종 안보책무를 이행하는 데 실패하기도 하고 심지어 때때로는 자국 국민들에게 위협의 요소가 되기도 한다. 그것은 현재 국가안보로부터 사람에 대한 안보-인간안보로 관심이 옮겨지고 있는 이유이기도 하다.[1]

이런 인간안보의 개념에 대한 이해를 기억하면서, 나는 다음과 같이 인간안보를 정의하고자 한다. "인간안보는 국제적, 국내적 전쟁과 폭력적 갈등, 테러리즘, 범죄, 인권 남용, 학살, 가난, 전염병, 환경 쇠퇴, 심각한 사고 그리고 자연재앙 같은 다양한 위협으로부터 개인의 삶, 건강, 자유 그리고 재산을 보호하는 것을 의미한다."[2]

---

1) Commission on Human Security, *Human Security Now: Protecting and Empowering People*, Commission on Human Security, New York, 2003.

Ⅱ. 인간안보 그리고 유엔

인간안보의 개념이 유엔을 통해서 활동과 정책 논쟁 뿐 아니라 사고를 통해서도 발전되어 왔다는 것은 명백한 일이다. 그러므로 인간안보의 개념이 유엔의 산물이라고 말하는 것은 과장된 것이 아니다. 이것은 인간안보의 표현이 1994년 유엔 개발계획(UNDP) 보고서에서 처음 사용되었다는 사실 이상의 것을 의미하는데, 그것은 유엔 문헌 속에서 국가보다 인간의 다양한 문제 측면에 초점을 둔 성향이 일찍부터 발견되었기 때문이다.

예를 들어, 국가의 권리, 의무와 분리된 인권 개념은 이미 유엔 헌장에서 발견된다.[3] 국가의 대표라는 표현 대신 "유엔의 사람들(the peoples of the UN)"로 시작하는 유엔 헌장 서문은 유엔 설립에 동의해왔다. 그런 이유로 유엔 헌장의 창시자는

---

2) 이 정의는 또한 1994년 인간개발보고서의 주장에 요약된 인간안보의 본래 정의와 다르다. 안보 개념은 오랫동안 편협하게 해석되어 왔다; 외부적 공격으로부터의 영토 보호 혹은 외교정책에서의 국익보호 혹은 핵파괴의 위협으로부터 지구적 안보. 이것은 사람보다 국가에 더 관련이 있는 것이었다. 패권국들은 세계 전역에서 이념적 투쟁인 냉전 속에 갇혀 있었다. 최근 독립을 이루어낸 개발도상국들만이 그들의 부서지기 쉬운 국가 정체성에 대하여 어떤 실제적이고 인지된 위협에 민감했다. 그들의 일상 삶에 안보를 추구했던 초기 국민들의 본격적인 관심은 사라져갔다. 그들 대다수에게, 안보는 질병, 가난, 실업, 범죄, 사회적 갈등, 정치적 억압 그리고 환경해악의 위험으로부터의 보호를 상징했다. 멀어지는 냉전의 어두운 그림자와 함께, 누군가는 현재의 많은 갈등이 국가들 사이보다 국가 내부에 있다고 본다.(Human Development Report 1994, p.22)

3) 예를 들어, 유엔 헌장 전문은 주장한다; "우리는 결연한 유엔의 사람들이다. … 근본적 인권에서, 인간의 존엄과 가치에서, 크고 작은 나라의 남성과 여성의 동등한 권리에서 믿음을 다시 확인하기 위해…"

이미 국가 대신에 사람과 인간 개인에 초점을 둔 국제관계의 새로운 패러다임을 만들어내는데 뜻을 갖고 있었던 것이다.

1960년대에, 유엔은 다시 국가보다 사람에 관심을 둠으로써, 자연적 요소 이상의 영구적인 주권 원칙과 인간 자결권의 원칙에 영향을 미치는 주요 후원자가 되었다.[4] 1970년대에, 유엔은 1972년 인간 환경에 대한 스톡홀름 회의에서 예시된 것처럼, 인간 환경문제를 다루기 시작했다. 그리고 1980년대에 유엔개발계획과 세계은행은 그들이 일찍이 자료와 모델에 근거한 국가의 거시경제 성장에 접근했던 것과는 대조적으로, 인간개발 측면에 좀 더 관심을 기울이게 되었다.

세계은행은 인간의 "기본적 인간 욕구(BHNs)"의 개념을 명시했고 유엔개발계획은 "인간 대면 개발" 개념을 내놓았다. 1990년 이래, 유엔개발계획은 국가보다는 인간에 초점을 둔 지표와 척도를 보여주는 인간개발보고서를 매년 출판해오고 있다.

간단히 말해, 일찍이 유엔은 국가 중심적 방식보다는 인간 중심의 관점으로부터 권리, 개발 그리고 환경을 살펴볼 필요가 있음을 강조해왔다. 그러나 국제관계를 바라보는 인간중심적 방식이 초기에는 일반적으로 경제적 그리고 사회적 문제에 제한되어 있었다는 것이 지적되어야 한다. 국제평화와 안보 유지에 대한 정치적 질문에 관한 한, 유엔 헌장 뿐 아니라 이어지는 활동들은 항상 그런 것은 아닐지라도, 국가가 주요

---

[4] "식민국과 국민들에 대한 독립 인정에 대한 선언"은 1960년 12월 14일 유엔총회의 15번째 장에 의해 채택되었다. 그리고 "자연권을 초월하는 영구적 주권에 대한 재해결책"은 1962년 12월 14일 유엔총회의 17번째 장에 의해 채택되었다.

행위자로서 지배적이었음을 입증한다.[5]

유엔이 비국가적 폭력문제를 소개하기 시작한 것은 냉전구조의 붕괴와 많은 내부적 그리고 인종적 갈등의 출현이 있은 후이다. 아프리카(소말리아, 나이지리아, 라이베리아, 수단, 우간다, 앙골라, 모잠비크 등)의 갈등, 이전의 유고슬라비아와 동티모르가 그러한 예이다.[6]

이것은 1994년 유엔개발계획이 인간안보의 새로운 개념을 도입했던 이유이다. 그러나 오늘날까지도 대부분의 전문가와 정책결정자들이 국가간 맥락에서의 국제관계를 바라보는 평화와 안보를 전문적으로 다루고 있다.

Ⅲ. 북한과 인간안보

오늘날에조차 우리는 북한의 정치적, 경제적 그리고 사회적 상황에 대해 충분한 정보를 갖고 있지 않다. 그러나 우리는 지금 북한주민들의 삶이 가혹하고 비참하다는 것을 외국 보조

---

5) 모든 유엔 헌장 조항은 국가간 무기 갈등을 다루는 국제적 평화와 안보에 관련되어 있다. 예를 들어, 다음의 기본 조항을 볼 수 있다. "제3조 3문단: 모든 구성원(구성국가들)은 국제평화 그리고 안보, 공정성이 위험에 처하지 않는 그러한 방식으로 평화적 수단에 의한 그들의 국제적 논쟁을 설정할 것이다." "제2조, 4문단: 모든 구성원은 어떤 국가의 영토 통합 혹은 정치적 독립에 대한 힘의 사용 혹은 위협으로부터 그들의 국제관계를 정련하거나 또는 유엔의 목적과 위배되는 어떤 다른 방식으로부터 국제관계를 정립한다."

6) 다양한 탈냉전의 국제적 갈등과 유엔의 역할에 대해서 필자의 다른 글을 참고. "The UN Action for the Maintenance of Peace and security: Basic Documents with Introductions," *Kokusai shoin*, Tokyo, 2000. 아프리카의 갈등에 대해서 필자의 다른 글을 참고. "Internal Conflicts in Sub-Saharan Africa and Preventive Diplomacy," *Kokusai shoin*, 2001.

노동자와 관광객 뿐 아니라 북한의 공관, 주민들의 증언으로부터 잘 알 수 있다. 북한사람들은 자유도 경제적, 사회적 그리고 문화적 권리도 누릴 수 없다. 인구의 많은 숫자가 영양부족과 약품과 의약치료 부족을 겪는다. 그리고 아이들은 기아로 사망한다. 간단히 말해, 인간안보 측면에서 볼 때, 북한 주민들의 상황은 주민들의 대다수가 두려움과 욕구의 삶을 살고 있기 때문에 인간안보가 심각하게 피폐된 전형적인 경우라고 할 수 있다.

북한의 인간안보 불안정의 원인은 가뭄과 홍수 등의 이상재해 같은 다양한 이유가 있다. 그러나 가장 중요한 요소는 주민들의 북한정부의 정책이 인간안보에 거의 관심을 두지 않고 있고 국가안보에 절대적인 중요성을 부과하고 있다는 점이다.

만약 누군가 북한의 상황을 전통적 국가 중심적 안보관점으로부터 바라본다면, 그것은 어떻게 보이겠는가? 아마도 북한은 그들의 국가안보가 한국과 미국, 그 다음으로 일본에 의해 위협을 받고 있다고 여길 것이다. 중국과 러시아는 그들의 안보를 위협하지 않는 것처럼 보인다. 다른 한편에서, 북한의 대량살상무기 개발 가능성을 가진 거대한 군대 건설과 적대적인 정책은 한국과 일본에 위협적이고 미국에는 그 정도가 덜 위협적이다.

그러므로 오늘날 북한의 상황은 국가안보 측면과 인간안보 측면 둘 다의 측면에서 매우 불안정하다. 이런 점에서, 비록 이론적으로는 국가안보와 인간안보가 분리되어 있을지라도, 사실 그들은 밀접하게 연결되어 있다. 예를 들어, 북한의 인간

안보 불안정은 한국과 중국 뿐 아니라 결국 일본에까지 영향을 주고 있고, 난민 유출 형태에서도 북한 국가안보의 잠정적 불안정 요소가 되고 있다. 북한이 느끼는 국가안보 불안정은 북한이 주민들의 삶의 희생으로 군대 건설에 더 많은 돈을 사용하고 있기 때문에 인간안보 불안정의 요소가 되는 것일지도 모른다. 한국, 일본, 미국의 국가안보 불안정은 경제적 봉쇄가 북한의 인간안보 단계에 영향을 주는 것에서 기인한 것이다. 북한과의 관계에서 인간안보와 국가안보 사이의 연결회로는 북한이 갖고 있는 안보문제가 이중으로 다루어져야 할 필요성을 요구한다. 우리는 국가안보 문제와 인간안보 문제 둘 다를 다루어야만 한다.

Ⅳ. 북한 안보문제와 유엔의 역할

우리는 동북아시아의 안보에 대한 북한의 잠재적인 위협을 어떻게 다룰 것인가? 여러 가지 가능한 시나리오가 있다.

한 가지는 현재 힘의 균형을 유지하는 것인데, 만약 그것이 현재상황을 변화시키는 어떤 힘으로 작용한다면 좀 더 심각한 문제 발발을 촉발할 수 있기 때문에 어떠한 극적인 상황도 만들지 않는 것이다. 이러한 무위 무책주의 접근의 어려움은 인간이든 국가든, 지역 안보에 대한 잠재적 위협을 해결하지 못한다는 것이다. 그리고 우리는 불안정한 안보 상황에서 계속 살아가야 한다.

두 번째 시나리오는 좀더 강력한 제재를 적용시키는 것이다. 이것은 좋은 해답으로 보일 수도 있으나, 우리가 미얀마와 쿠바의 경우에서 관찰했던 것처럼, 경제제재가 조정된 방식으로 주요 경제적 세력들에 의해 협조되지 않는다면 그들이 원하는 만큼의 효과는 기대할 수 없다. 게다가 경제제재는 종종 일반 주민들에게 더욱 비참한 삶을 가져다주기도 한다. 이것은 물론 경제제재가 목표국가의 국민들의 인간안보에 기여하지 못한다는 것을 의미한다.

세 번째 시나리오는 군사적 행동을 포함하는 강력한 조치를 적용하는 것이다. 이것은 어떤 경우에 효과적으로 보일 수 있지만, 북한의 경우에는 매우 위험한 일이다. 북한은 작지도 않고 쉽게 패배할 국가는 아니다. 만약 북한이 관여하는 무력 갈등이 발생한다면, 인적·물질적 손해가 너무 클 것이기 때문에 이런 시나리오는 자멸적인 것이 될 것이다.

네 번째는 아마도 최상의 시나리오가 될 것인데, 한반도에 너지개발기구(KEDO)와 현재 진행 중인 6자회담 같은 지역적 협정을 통해서 뿐 아니라 유엔의 다양한 기구와 메커니즘을 통해서 북한에 연합으로 그리고 공동작용할 수 있는 방식으로 다양한 압력과 관여를 하는 것이다. 예를 들어, 안전보장이사회나 총회는 북한의 상황이 지역 안보와 평화에 잠재적 위협이 된다고 주장하고, 급박하게 음식과 물 그리고 약품이 필요한 북한 주민들에 대해 유엔 인도주의자의 지원을 허용하게끔 하는 것과 같이 쉽고 실행 가능한 권고를 만들면서 매우 유순한 해결을 택할 수도 있다. 한국, 일본 그리고 미국처럼 북한을 국가안보 위협요소로 간주하는 지역의 주요 세력들은 그러한 유엔의 재정적 물질적 활동을 지지하여 북한이 이 국가들에서 신뢰감을 갖도록 할 것이다. 2004년 4월 인권위원회에 의해 채택된 해결책과 같은 분리된 특정문제 해결책은 반길만한 것이나, 그것이 공동작용할 수 있는 방식으로 다른 유엔 해결책, 활동들과 연합하여 실행될 수 없다면, 위원회에 의해 채택된 다른 많은 비슷한 해결책들처럼 효과적이지 않을 수도 있다.

V. 결론

인간안보의 관점에서, 북한이 심각한 문제인 것은 분명하다. 상황은 너무 심각해서 우리는 단순히 바로 앉을 수도 기다릴 수도 없다. 또한 우리는 북한 정부의 단독 행동을 통해서 상황이 어떤 중요한 개선을 가져오리라고 기대할 수도 없다.

한편으로 북한은 정부의 효과적 통제가 부재한 공고나 수단 공화국, 소말리아 같은 상황도 아니다. 그러므로 간단히 안보 기반 혹은 인도주의적 기반에 대해 간섭하거나 중재한다는 것은 좋은 대답이 아니다. 북한 인간안보 문제에 대한 어떤 해결책도 (a) 북한 정부에 관여해야 하고 (b) 다자적이어야 하고 (c) 조정되어야 하며 (d) 비군사적으로 해결해야 한다.

제 7 장
북한인권문제에 대한 유엔인권위원회의 활동

오 영 달

고려대학교 평화연구소 연구교수

인권문제가 사람들의 유엔에 대한 기대에 있어서
중심사항이라는 것이 새천년정상회의의 지역청문
회와 여론조사에서 공히 분명하게 강조되었다.

- 유엔사무총장 코피 아난[*]

I. 서론

유엔은 광의의 국제위기관리에 있어서 중심적 역할을 수행
한다. 유엔 산하의 전문기구, 제반 특별사업들, 기금 등을 유엔
체제 전체 활동의 범주에 넣을 때 그러하다. 보편적 국제기구

---

*) Linda Fasulo, *An Insider's Guide to the UN* (New Haven: Yale University Press, 2004), p.16.

로서 유엔은 세계안보문제의 초점, 토론의 장, 보편적인 국제 규범과 기준의 발전을 위한 연결망, 세계 각지의 인도주의적 지원을 위한 견인차 역할을 한다. 유엔은 1945년에 설립된 이후 국제사회의 새로운 도전에 끊임없이 적응해왔다. 그리하여 진 크라스노(Jean E. Krasno)가 지적하는 것처럼 오늘날 유엔은 그 주된 관심분야는 이제 '국가안보' 뿐만 아니라 국가 안의 '인간안보'까지 포함하게 되었다.[1] 여기서 '인간안보'의 주된 내용 중의 하나는 인간의 존엄성을 염두에 둔 인권개념이다. 이러한 움직임과 더불어 주목할 만한 추세는 그동안 국제관계 유지의 핵심 규범으로서 역할 해 왔던 국가주권개념도 진화하여 이제 단순히 외부의 간섭 또는 개입에서 자유로와야 한다는 전통적인 개념에서 벗어나 그 국민을 제대로 보호해야 한다는 의무도 포함하게 되었다.[2] 많은 나라들에서 주권을 보호막 삼아 인권유린을 지속적으로 자행함을 감안할 때 이러한 추세는 매우 고무적이라 할 수 있다. 비록 유엔의 창설자들이 인권의 중요성을 인식하면서도 개인들의 고통보다는 국가간 침략행위를 다루는 일에 초점을 두었던 것도 사실이다. 그러나 국가간 전쟁이 현저히 감소하면서 유엔의 역할에도 변화가 생기고 있는데 인권이 국제관계에 있어서 중요한 의제로 부상했음을 보여주는 한 예는 오늘날 유엔이 감당해야 할 가장 중요한 임무는 인권의 보호라는 것을 보여주는 1999년의 한

---

1) Jean E. Krasno, "The UN Landscape: An Overview," in Jean E. Krasno, ed., *The United Nations: Confronting the Challenges of a Global Society* (Boulder: Lynne Rienner Publisher, 2004), p.3.

2) *Ibid.*

여론조사이다.3) 실제 인권분야에 있어서 유엔의 점증하는 역할은 인권관련 국제조약 수의 증가와 관련 감독기구 수의 증가에 의해 예시되고 있다. 뿐만 아니라 유엔은 이전처럼 단순히 인권관련 국제규범의 마련에 머무는 것이 아니라 이제 국제적으로 합의된 인권규범을 회원국들이 그 국민들에게 적용하게 하는 한층 더 민감한 과제를 수행하고 있다.

국제인권문제와 관련하여 일어나고 있는 유엔의 이러한 변화는 북한 인권문제의 개선과 관련하여 매우 고무적인 추세라할 수 있다. 그 효과성에 대해 많은 비판이 있음에도 불구하고 유엔인권기관들은 북한인권문제에 대하여 보다 적극적인 활동을 수행하고 있기 때문이다. 북한은 세계에서 인권상황이 가장 열악한 국가들 중의 하나이다. 전제 및 전체주의적인 정치체제를 유지하고 있는 북한의 정권은 빈번히 북한주민들을 육체적, 정신적으로 유린하며 전체 공동체를 위해 개인의 희생을 강요하기도 한다. '주체사상'과 '위대한 유일영도력'을 강조함으로써 끊임없이 북한 주민들의 일상생활을 통제하고 있다. 1990년대 중반 이후 자연재해로 인한 식량난 등으로 많은 탈북자들이 발생하고 있다. 따라서 점차 지구촌화되어가고 있는 오늘날 국제사회에서 북한의 인권문제가 하나의 중요한 의제로 부상하게 된 것은 이해할 만한 일이다. 그리하여 최근 들어 국제사면위원회를 비롯하여 적극적으로 활동하는

---

3) *We the Peoples: The Role of the United Nations in the Twenty-First Century* (New York: United Nations Department of Public Information, 2000), pp.15~16. Joe Sills, "The United Nations and the Formation of Global Norms," in Krasno, ed., *op. cit.*, p.61에서 재인용.

주요 국제비정부기구들(INGOs)은 북한인권상황에 대하여 계속적으로 성토하고 있다. 뿐만 아니라 유엔의 인권기구를 중심으로 한 정부간국제기구들(IGOs)도 이제 북한인권문제를 보다 적극적으로 다루고 있다. 반면에 북한인권문제에 대하여 가장 잘 알고 있고 따라서 어떤 행동을 보일 것으로 기대되는 한국정부는 매우 소극적인 자세를 견지하고 있다. 남북양자간 회담에서 이를 의제를 다루지 않는 것은 물론이요 유엔을 비롯한 국제회의에서도 적극적으로 이에 대한 문제제기를 회피하고 있다. 심지어 한국정부의 여권 국회의원들은 미국의회에서 통과된 북한인권법(North Korea Human Rights Act)에 대하여 저지 결의안을 고려하는가 하면 미국정부에 이의 반대 입장을 전달하기도 하였다.4) 이들은 '민족의 대단결'이라는 명분아래 북한정부 당국자들의 체면을 세워주고 나아가 다른 남북협상 의제들이 순조롭게 진행되는데 더 많은 관심을 갖는 것으로 해석된다.5) 미국정부는 그 국무부를 통해 각국의 인권 상황에 관한 연례보고서를 발간할 만큼 국제인권상황에 대하여 관심이 많지만 북한인권문제를 양자간 협상의제로서 적극적으로 다루기는 쉽지 않은 상황이다. 북핵협상이라는 의제만도 매우 힘겨운 것으로 보이기 때문이다. 물론 최근에 미국의회는 북한인권법을 최종적으로 통과시켜 북한인권문제에 대하여 적극적인 입장을 취하고 있다. 이러한 행동이 북한의 격렬한 반발을 초래한 것은 당연하다. 또 한 가지 중요한 사실

---

4)『동아일보』, 204년 8월 24일자
5) Cho, Woong Kyu, "North Korea's Human Rights Situation and Seoul's Role," *Korea Focus*, Vol. 12, No. 2 (March–April 2004), p.4.

은 유럽연합(European Union)이 북한의 인권문제에 대하여 적극적으로 행동을 취하고 있다는 점이다. 이는 유럽연합의 공동외교안보정책의 일환으로 볼 수 있는데[6] 북한과 인권문제에 관한 정치적 대화를 유지하며 유엔인권기구에서도 적극적인 태도를 보이고 있다. 북한은 서구와 북미의 이러한 움직임들에 대하여 북한정권을 전복하기 위한 음모이며 주권국가의 내정에 대한 간섭이라고 항의한다.[7]

이처럼 북한의 인권문제를 다루기 위한 여러 가지 접근과 노력이 있지만 본 논문은 유엔인권기구에 초점을 두겠는데 특히 유엔인권위원회의 역할을 중심으로 고찰하겠다. 왜냐하면 전 유엔인권고등판무관 메어리 로빈슨(Mary Robinson)이 지적하다시피 유엔인권위원회는 인권분야에 있어서 유엔 활동에 대한 중심적 기관이기 때문이다. 이 기관은 국가 대표들로 구성되어 있음에도 불구하고 인권에 기초한 세계평화와 발전을 위한 인류의 양심을 대변하는 곳이라 할 수 있다.[8] 유럽처럼 동아시아에는 지역인권기구가 없기 때문에 이 지역 인권문제를 다루는 데 있어서 유엔인권기구의 역할은 중차대할 수밖에 없다. 따라서 본 논문은 북한인권문제와 관련하여 최근 유엔인권위원회가 취해온 주요 활동들을 검토할 것이다. 본 논문은 5개의 장으로 구성되는데 서론에 이어 제2장에서 유엔

---

6) Ramses A. Wessel, *The European Unon's Foreign and Security Policy: A Legal Institutional Perspective* (The Hague: Kluwer Law International, 1999), p.68.
7) Choi, Sung-Chul, "The Reality of Human Rights in North Korea," *Korean Observations on Foreign Relations*, Vol. 6, No. 1 (April 2004), p.103.
8) 유엔인권위원회의 홈페이지, www.eda.admin.ch/geneva_miss/e/home/confonu/cdh.html 에서 재인용(2004년 9월 4일 검색).

의 헌장을 중심으로 인권에 관한 유엔의 위상을 고찰하고 제3장에서는 국제인권문제를 다루기 위한 유엔인권위원회의 주요 체계 및 절차를 살펴본다. 이어서 제4장에서는 본 논문의 중심적 내용으로서 최근 유엔인권위원회가 결의의 형식을 통해서 북한문제를 어떻게 다루었는지 순서별로 고찰하고 마지막 제5장에서는 전체 내용을 요약, 논의를 마감하면서 주요 정책적 시사점을 제시하겠다. 논문 전체를 통하여 유엔인권위원회의 인권 관련 활발한 활동들을 제시함으로써 북한인권문제를 다룸에 있어서도 조심스런 낙관을 가져도 될 것임을 말할 것이다.

Ⅱ. 유엔과 국제인권

1. 유엔헌장과 인권

유엔의 출발 당시부터 그 주요 관심 중의 하나는 인권과 기본적 자유에 대한 존중을 증진하는 것이었다. 그리하여 유엔헌장은 인권문제에 대하여 새롭고 진지하게 접근하고 있는데 이는 2차 세계대전과 같은 전쟁의 원인이 독일의 경우에 있어서처럼 인권에 대한 무시와 상관관계가 있는 것으로 봤던 당시 국제사회의 이해를 반영하고 있다. 이는 인권이 주권국가의 국내문제에 속한다는 전통적 관념에 변화가 일어나고 있었음을 보여준 것이었다.[9] 관습국제법은 국가들이 그 영토 안의 시민에 대하여 어떤 인권을 향유할 수 있는가에 대하여

---

9) Leland M. Goodrich, *The United Nations* (New York: Thomas Y. Crowell Company, 1959), p.242.

자유롭게 결정하는 것을 당연시했기 때문이다.

유엔은 인권문제와 관련하여 그 헌장의 전문과 제1조에서 뿐만 아니라 그 68조에서 경제사회이사회(Economic and Social Council)로 하여금 인권문제를 보다 적극적으로 다룰 인권위원회를 설립하도록 규정하고 있다. 이 외에도 유엔은 인권이라는 대의를 신장시키기 위하여 총회, 안전보장이사회, 그리고 사무총장 등에게도 여러 가지 임무를 부여하고 있다. 총회는 여러 가지 인권관련 의제를 제안하기도 하는데 실제의 경우에 있어서 인권위원회에 의뢰하게 된다. 이 과정에서 경제사회 이사회는 이전의 주도적 역할 대신에 총회와 인권위원회간 중간자 역할을 하는 쪽으로 변하고 이다. 이러한 기구들은 소위 헌장규정 기관(Charter-based Organs)이라고 할 수 있는데 이에 더하여 이러한 기관들에 의하여 조약을 바탕으로 설립된 다른 기관들, 즉, 일반적으로 조약규정 기관들(Treaty-based Organs)이 있어서 국제인권문제를 보다 효과적으로 다루기 위한 노력을 기울여왔다. 이러한 기관들은 인권관련 감독기능을 주로 수행하고 있는데 필요에 따라 그 하부기구들을 추가적으로 설립해 왔다. 예를 들면 유엔인권이사회(Human Rights Committee)는 구체적인 보고서를 바탕으로 국가대표들 간의 대화를 통해 이러한 감독기능을 수행해오고 있다. 이러한 연유로 유엔인권기구 체계는 서로 분리되어 있으면서도 서로 중복되는 임무를 수행하기도 하는 다양한 기관들로 구성되어 있다.

이러한 유엔인권기구의 발전은 체계적인 제도화에 기인한다기 보다는 어떤 구체적인 상황에서 주어진 기회를 효과적으로 활용하는 과정에 의존하고 있기 때문에 나타난 현상이기도

하다.[10] 그리하여 유엔의 초기에 인권에 관한 유엔의 역할은 인권에 대한 원칙의 선언 등 지극히 소극적인 수준에 머물러 있다가 시간이 흐르면서 점차 보다 활발한 활동을 해오고 있다. 이러한 발전과정을 크게 세 시기로 구분한다면 첫째 시기는 1945년부터 1967년에 이르는 기간으로 유엔은 주로 인권 기준확립(standard-setting)에 중점을 두었다. 이 시기에 유엔의 인권관련 의제는 주로 동서간 냉전적 대결과 제3세계의 등장에 의하여 크게 영향을 받았다. 둘째 시기는 1967년부터 구소련에 고르바쵸프(M. Gorbachev)가 등장하는 1980년대 중반까지로서 이 기간에 국제인권협약에 규정된 바에 따라 특정국가에 대한 조사활동, 인권관련 특정문제라 할 수 있는 고문, 실종자 등에 대한 연구의 수행, 인권침해에 관한 개인들의 불평에 대한 접수, 회원국들에게 인권관련 전문적 조언의 제공 등으로 인권증진활동이 보다 적극화되었다. 1980년대 중반 이후 오늘날까지를 세 번째시기로 분류할 수 있는데 보다 적극적으로 인권침해 사례 대한 보호활동에 초점이 주어지고 있다.[11] 이제 동서냉전이 종식되어 인권에 대한 보편적인 인식이 심화되고 유엔은 인권의 보호활동에 보다 더 적극적으로 나오고 있기 때문이다. 바로 북한 인권문제는 위의 시기 구분상 세 번째 시기에 다루어지고 있기 때문에 보다 강력하고 실질적인 논의

---

10) Philip Alston, "Appraising the United Nations Human Rights Regime," in *The United Nations and Human Rights* (Oxford: Clarendon Press, 1992), p.3.
11) David p. Forsythe, *The Internationalization of Human Rights* (Lexington: Lexington Books, 1991), p.56. 알스톤은 이와 달리 인권기준수립시기 (1947~54), 인권가치증진시기(1955~66), 그리고 인권보호시기(1967년 이후) 등으로 시기구분을 하고 있다. Alston, 상게서, p.3 참조.

가 가능하게 되었음에 유의할 필요가 있다.

2. 유엔 인권위원회

1) 제도적 시작과 발전

경제사회이사회는 유엔헌장 68조에 따라 1946년 2월에 열린 그 첫 회기에 인권위원회를 설립하였다. 그리하여 인권위원회는 1947년 1월과 2월에 그 첫 회기를 가졌다. 바로 이 인권위원회에서 인권의 의미에 관한 합의 등 여러 가지 어려움에도 불구하고 1948년 6월 10일까지 인권의 일반적 원칙에 관한 선언안을 작성하였는데 이것이 경제사회이사회의 승인을 얻은 후 1948년 12월 10일 총회에 의해 채택되었다. 이 유엔인권선언은 역사상 국가간 합의된 최초의 국제인권선언이다. 이 선언은 국제법상 법적 구속력은 결여하고 있지만 포괄적인 내용을 담고 있어서 이후 유엔 내의 인권관련 논의에서 빈번히 언급되어왔다. 또한 구드리치(Leland M. Goodrich) 교수가 지적하듯이 이 유엔인권선언은 그동안 순수히 국내문제에 속하는 것으로 간주되어왔던 인권이 국제화되는 계기가 되었다.[12] 그럼에도 불구하고 유엔의 초창기에 아직 대부분의 회원국이 인권을 국내문제로 보았기 때문에 인권위원회 그 자체는 큰 힘을 발휘하지 못했다. 그 결과 유엔인권선언의 채택 직후에 보다 실행지향적인 유럽지역만의 인권제도가 추진되어 나온 것이 유럽인권협약이다.

---

12) *Ibid.*, p.250.

2) 활동의 확대

그러나 유엔인권위원회는 시간이 흐르면서 유엔체제 내에서 인권문제에 관하여 오랫동안 중심적 조정역할을 추구하면서 수직적이고 수평적인 관계를 발전, 강화시켜왔다. 우선 수직적인 면에서 총회, 경제사회이사회, 인권위원회 그리고 인권소위원회의 위계서열 속에서 기능하고 있다. 수평적인 면에서는 다른 유엔 기구 및 기관들 그리고 지역인권기구들과 관계를 가진다. 그 결과 오늘날 인권위원회는 국제인권문제와 관련하여 유엔 내에서 중심적 정책결정기구가 되었는데 인권보호를 위한 가장 강력한 절차를 실행하고 있다.[13] 인권위원회의 권한 확대는 유엔헌장에 의하여 규정된 그 자체 그리고 그 감독기관인 경제사회이사회의 결정을 통하여 이루어졌다.[14] 그리하여 알스톤은 인권위원회에 대하여 평하기를 인권분야에 있어서 유엔에서 가장 중요한 기관으로 서게 되었다고 하였다.[15]

인권위원회는 유엔설립 초기에 일반적인 임무를 부여받았지만 이후 약 20년 동안 그것은 매우 제한적인 모습을 보여주었다. 이 시기에 인권위원회는 주로 기준설정의 역할을 했는데 위의 유엔인권선언과 두 인권협약이 구체적인 예이다. 반

---

13) Alston, *op.cit.*, pp.126, 200-201.; 김병로, 『북한인권문제와 국제협력』 (서울: 민족통일연구원, 1997), p.14. 최의철, 『북한인권과 유엔인권레짐: 시민, 정치적 권리를 중심으로』 (서울: 민족통일연구원, 2002), p.45.

14) Henry Steiner, "Individual Claims in a World of Massive Violations: What role for the Human Rights Committee?" in Philip Alston and James Crawford, eds., *The Future of UN Human Rights Treaty Monitoring* (Cambridge: Cambridge University Press, 2000), p.20.

15) Alston, *op.cit.*, p.126.

면에 인권위원회는 구체적인 위반사항을 다루는 데 있어서는 적극적이지 않았다. 예를 들면 1947년 인권위원회가 취한 기본 입장으로 종종 되풀이 확인되었던 원칙은 "인권관련 불평에 대하여 어떤 행동도 취할 권한이 없다"는 것이었다.16) 이러한 현실은 당시에 유엔이 독자적인 행위자라기보다 다른 행위자들을 위한 하나의 틀에 불과하다는 일반적 인식을 반영하고 있었다.17) 즉, 유엔인권위원회의 소극적 태도는 당시 국내외 정치상황을 반영한 결과이기도 하였는데 공산권은 그 체제의 특성상 인권침해에 관한 불평들이 있을 것을 염려하였고 미국은 나름대로 국내의 인종차별문제 등을 안고 있었기 때문이다.

1960년대 중반에 이르러 몇 가지 중요한 변화가 일어나 인권문제를 대하는 분위기가 바뀌어 앞에서 얘기한 1947년의 원칙은 포기되었다. 유엔에 새로운 국가들이 대거 가입함에 따라 경제사회이사회는 인권위원회의 이사국수를 32개국으로 늘리기로 결정했는데 이중에 20개국은 제3세계에서 선출되었다. 제3세계 국가들은 특히 남아프리카공화국에서 보여졌던 인종차별 그리고 다른 지역의 식민지 정책에 대해 투쟁하기 위하여 일반적인 그리고 조약에 의거하지 않는 통보 (communication) 형태의 절차가 추가적인 수단으로서 유용할 것이라는 데 합의하였던 것이다. 이러한 상황에서 총회는 인권위원회에 그 어디든 인권침해의 종식을 위해 유엔의 능력을 향상시킬 수 있는 방법과 수단에 관하여 긴급히 고려할 것을 부탁하였다.18) 이러한 노력이 발전되어 경제사회이사회 1235

---

16) ESC Res. 75(V) (1947) Alston, *op.cit.*, p.139에서 재인용.
17) Forsythe, *op.cit.*, p.55.

(XLII) 그리고 1503(XLVIII) 절차들로 각각 나타났다. 1235절차는 인권위원회가 인권위반사례에 대해 검토, 대응할 수 있게 하였으며 이 문제와 관련하여 해마다 공개토론을 할 수 있는 권위를 부여하였다. 1503절차는 좀더 조심성 있고 제한적인 절차를 규정하였는데 지속적이며 확증적인 인권위반사례에 대하여 당사국정부에 거론할 수 있도록 하였고 비공개를 원칙으로 하였다.[19] 경제사회이사회의 이러한 결의들은 인권위원회가 인권위반을 다룰 수 있는 준거조건(terms of reference)의 확대효과를 가져왔다. 이것이 가능했던 것은 1967년 이후 인권위원회가 그동안 의도적으로 취했던 비정치적 입장을 포기했기 때문이다. 이 1235절차와 같은 기능의 확대는 총회, 경제사회이사회, 인권위원회 그리고 소위원회의 종합적인 노력을 통해 가능했다. 이에 따라 인권위원회는 어떤 특정국가에 대해 특별보고관의 임명 등의 행동을 취할 수 있게 되었을 뿐만 아니라 어떤 특정국가에 대하여 특별절차에 약간 미치지 못하는 결의안이나 결정을 채택할 수 있게 되었다. 나아가 인권위원회는 비자발적 실종 등 여러 가지 주제별 절차를 운용한다. 따라서 인권관련 유엔의 활동을 전체적으로 볼 때 인권위원회는 일반적으로 인권이라는 대의의 증진활동(promotional activities)으로부터 직접적 보호활동(protection activities)으로 그 역할을 전환시켜 왔음을 알 수 있다.[20] 이러한 활동전환에 있어서 대체로 네 가지의 구체적 기능확대가 있었음을 주목할 만하다:

---

18) Alston, *op. cit.*, pp.143-4.

19) *Ibid.*, p.144.

20) *Ibid.*, p.181-7.

조언기능사업(Advisory Services Programme)의 창설과 1950년대에 미국이 규범창설의 기능을 막으려 했을 당시 주요 활동이었던 정기적 보고 및 세미나 등의 실행, 둘째, 제3세계 국가들의 대거 유입시 1235와 1503절차의 채택, 셋째, 제3세계 국가들에 의해 추진된 것으로 인권침해의 저변에 흐르는 구조적, 경제적 원인에 대한 적극적 접근노력, 넷째, 비동맹국가들의 인권위원회 대표권 증가 요구.[21]

3) 인권위원회의 운용

인권위원회는 매 3년마다 선출되는 53개의 회원국들로 구성되어 있다. 연례 정기회합은 유엔의 제네바 사무소에서 3, 4월에 6주간 갖는다. 인권고등판무관실이 인권위원회의 회의 준비를 조력하고 그 자체가 임명한 전문가들을 지원해준다. 인권고등판무관실은 또한 인권위원회를 위해 연구를 수행하며 연례보고서를 준비하여 이 위원회로 하여금 고려하게 한다. 인권위원회는 특별한 인권문제나 상황을 집중적으로 다루는 실무그룹, 전문가들, 대표자들, 그리고 보고관들의 조력을 받는다. 인권위원회의 연례회의에는 이사국, 옵저버국, 그리고 비정부기구들로부터 약 3,000명의 대표자들이 참석한다. 정부들, 경제사회이사회에 협의지위를 갖는 비정부기구들, 유엔관리들, 그리고 초청된 고위인사들은 인권에 관련되는 일반적이며 특별한 관심사에 대하여 이 인권위원회에서 연설한다. 이 인권위원회는 매년 약 100여건의 결의안과 결정사항을

---

21) *Ibid.*, pp.197-200.

채택한다. 인권위원회의 활동은 그 하부 두뇌집단으로서 인권 증진 및 보호 소위원회(Subcommission on the Promotion and Protection of Human Rights)에 의하여 추가적으로 지원된다. 이 소위원회는 인권에 대한 연구를 수행하고 인권에 관련되는 광범위한 문제와 상황에 대하여 특별한 권고안을 작성한다. 이 소위원회는 인권위원회 전체회의에서 선출되는 26명의 전문가들로 구성되어 있다. 이들은 8월경에 제네바에서 4주간 회합을 통해 약 20개 정도의 실제적인 문제를 의제로 하여 논의한다.[22] 이들 소위원회의 전문가들은 전체회의가 개최되기 1, 2주 전에 6, 7개의 실무그룹으로 나뉘어 회의를 가진다. 이 소위원회의 연구는 폭넓은 주제들을 다루며 여러 가지 기능을 수행한다. 요컨대 이들은 아직까지 연구 또는 실제 행동을 통해 충분히 얻을 수 없었던 엄청나게 풍부한 정보의 원천이 된다.[23]

　인권위원회는 특징적으로 정부대표들로 구성되어 있기 때문에 그 결정은 전통적으로 정치노선에 따라 내려지는 경향이 있다. 그리하여 각 이념진영이 언제나 인권위원회의 결정에 결정적 영향을 미치곤 하였다. 하지만 알스톤이 주장하는 것처럼 인권위원회는 이제 대부분의 경우 더 이상 어떤 이념진영의 볼모가 되지 않는다. 알스톤에 의하면 이러한 이유는 점점 다루어지는 주제의 폭이 넓어지고, 여론 및 정부간 압력의 증가, 많은 나라에 있어서 국내정치에 대한 인권요소의 현

---

22) Charles Norchi, "Human Rights: A Global Common Interests," in Jean E. Krasno, ed., *The United Nations: Confronting the Challenges of a Global Society*, p.92.

23) Asbjorn Eide, "The Sub-Commission on Prevention of Discrimination and Protection of Minorities," in Philip Alston, *The United Nations and Human Rights: A Critical Appraisal* (Oxford: Clarendon Press, 1992), p.230.

저한 영향 증가, 그리고 새롭게 만들어진 절차상의 점증하는
세련성 등 때문이다.24) 최근 그 이사국수의 증가에도 불구하
고 인권위원회는 계속하여 효과적인 행동에 대한 장애물들을
제거하고 때로는 좌절스러울 정도로 느리겠지만 어려운 사례
에 대응할 때 필요한 선례를 발전시켜갈 것으로 기대된다.
이러한 인권위원회의 활동 결과물은 주로 결의나 결정들이
다. 점증하는 참가자수와 결의안수로 인하여 인권위원회는
합의에 의한 결정에 의존하는 경향이 있다.25)

4) 인권위원회에서 비정부기구의 역할

유엔의 정책과 행정과정에 있어서 비정부기구들은 어디에나
존재하며 그들의 역할은 증가, 심화되고 있다. 이들의 이러한
법적 역할에 대한 유엔 헌장상 규정은 제71조에 있다. 헌장은
이 조항을 통해 경제사회이사회로 하여금 그 권한 내에서 비정
부기구들과 협의를 할 수 있는 제도적 장치를 마련하도록 권위
를 부여한 것이다. 따라서 경제사회이사회는 그 결의
1296(XLIV)호에 의하여 비정부기구들에 대하여 제1범주, 제2범
주, 그리고 명부지위 등의 협의지위를 부여하여 유엔의 활동에
참여하게 하고 있다.26) 인권관련 비정부기구들은 실제 유엔의
설립당시부터 인권분야에 있어서 유엔의 발전을 돕는 견인차

---

24) Alston, *op.cit.,* p.195.
25) *Ibid.,* p.197.
26) Leon Gordenker and Thomas G. Weiss, "Pluralizing Global Governance:
    Analytical Approaches and Dimensions," in Thomas G. Weiss & Leon
    Gordenker, eds., *NGOs, the UN, & Global Governance* (London: Lynne
    Rienner Publishers, 1996), pp.21−2, 43.

역할을 해왔다.[27] 예를 들면 유엔헌장을 개인들의 인권에 관심을 갖는 국제법문서가 될 수 있도록 한 것은 1945년 샌프란시스코의 창립회의에 있어서 미국 대표단에 대한 상담역(consultant)으로 참석을 초청받은 미국의 42개 단체들에게서 비롯되었다.[28] 이들은 인권관련 국제회의에 참석하여 인권유린사례에 대한 문서자료 등을 제공하고 발언기회를 통하여 구체적인 인권유린국가들에 대하여 국제적인 망신을 동원함으로써 영향력을 행사한다. 이들은 인권위원회의에서 구체적인 자료들을 제시하기도 하는데 주로 그 전체회의 연설을 통해서이다. 예를 들면 1980년 실종자에 대한 실무그룹 구성 문제가 인권위원회에서 토론되고 있었을 때 정부대표들이 발언할 기미가 보이지 않자 의장은 비정부기구들에게 발언을 요청하였었다. 경제사회이사회에 의하여 승인된 인권위원회 위임사항에 따라 인권주제관련 제도장치(thematic mechanism)들은 정부들, 전문기구, 그리고 정부간, 비정부간기구들로부터 신뢰할만한 정보를 요청, 접수하는 권위를 부여하고 있다.[29] 가에르(Felice D. Gaer)에 따르면 사실상 인권주제관련 제도장치들은 거의 배타적으로 비정부기구들의 정보에 의존하고 있음을 지적한다.[30] 인권관련 비정부기구들에 의하여 구사되는 전술은 흔히 인권유린사실을 공표하고, 국제적인 망신을 동원하며 정책결정자들과 의

---

27) Flice D. Gaer, "Reality Check: Human Rights NGOs Confront Governments at the UN," in Thomas G. Weiss & Leon Gordenker, eds., *NGOs, the UN, & Global Governance* (London: Lynne Rienner Publishers, 1996), p.51.

28) *Ibid.*

29) *Ibid.*, p.55.

30) *Ibid.*

견을 교환할 뿐만 아니라 나아가 법적인 지원을 제공함으로써 개별 인권침해 희생자들을 보호하는 데 초점을 맞춘다.[31]

Ⅲ. 유엔인권위원회와 북한인권

냉전기에 북한의 외교는 주로 구소련과 중국에 의지하는 진영외교에 중점을 두고 있었다. 따라서 국제관계는 동서진영간의 경쟁에 의하여 지배되어 인권문제는 의제로서 중요시되지 않았고 북한도 인권문제에 대하여 그다지 큰 신경을 쓰지 않았었다. 그러나 북한은 1980년대에 들어서면서 보다 적극적으로 인권문제를 그 외교에서 거론하기 시작했는데 이는 당시 한국에 광주민주화 운동의 유혈진압과 전두환 일당의 쿠데타 군사정권 등장의 상황 하에서 였다. 바로 이 시기에 북한은 두 유엔인권협약에 가입하여 적극적인 인권외교를 전개하였다. 반대로 한국은 수세의 입장에 있었는데 사실상 한국은 당시에 인권위원회의 인권문제국가 명단에 올라있었고 반대로 북한은 그렇지 않았었다. 하지만 최근의 상황은 다시 전변되었다.

1. 인권위원회의 북한인권상황에 대한 적극적 취급

유엔 내에서 북한인권 취급에 대한 기념비적인 발전으로서 인권위원회는 2003년과 2004년에 연이어 북한 인권과 관련하

---

31) *Ibid.*, pp.57-8.

여 결의안을 통과시켰다. 이러한 결과는 북한인권문제에 대하여 꾸준히 문제제기를 해온 비정부기구들과 몇몇 서방 국가들에 의하여 가능하였다. 사실 미국무부는 1977년 이래 각 국가의 인권상황에 대한 보고서를 발표해오고 있는데 여기에 북한도 포함되어왔다. 1980년대 후반 이래 국제인권관련 비정부기구들, 예를 들면 국제사면위원회(Amnesty International), 아시아인권감시기구(Human Rights Watch/Asia) 등은 북한에 있어서 정치범 수용소 문제, 정치적 권리의 극도 제한 등을 문제제기하여 왔다. 1990년대에 들어서 북한인권문제는 유엔인권위원회에서 주로 미국과 유럽연합의 대표들에 의하여 간헐적으로 제기되곤 했었다. 특히, 유엔인권소위원회는 1992년 이래 북한인권문제에 관한 의견통보사항들(communications)을 접수하고 검토하기 시작했다.[32] 이러한 노력들에 있어서 하나의 중대한 전환점은 1995년 이래 북한의 식량부족에 대한 원조제공을 위해 북한에 국제인도주의 비정부단체들이 북한에 머물기 시작하면서 나타났다. 이들 비정부기구들은 인도주의적 활동의 한 원칙으로 북한당국에 대하여 식량부족에 고통받고 있는 지역을 그들이 직접 방문해 상황을 평가하고 구호물자를 직접 전달할 수 있도록 해달라고 요청했다. 그러나 이러한 요구가 받아들여지지 않자 국경없는 의사회(Medicins Sans Frontiers) 등 몇몇 비정부기구들은 북한으로부터 철수하기도 하였다.[33]

---

32) 제성호, "북한인권 개선과 NGO의 역할," 바른사회시민연합 주최 북한인권 세미나 발표 논문, 2004년 1월 28일 (서울), pp.68-9.
33) 이금순, "북한인권개선을 위한 방안," 바른사회시민연합 주최 북한인권 세미나 발표 논문, 2004년 8월 31일 (서울), p.31.

북한인권문제가 유엔인권위원회에서 처음 공식적으로 다루어진 것은 1994년 제50차 회기에서이다. 유럽연합, 호주 그리고 스웨덴 대표들이 발언을 통해 북한인권문제에 대하여 강한 우려를 표명하였는데 그들은 북한에 대하여 국제인권규범을 준수하고 국제사회의 북한인권상황에 대한 현장조사 요청의 수락을 촉구하였다. 이때부터 유엔인권이사회 이사국들은 거의 매년 북한인권문제를 거론해왔다.[34] 예를 들면 1997년 3월에 개최된 제53차 회기의 유엔인권위원회에서 유럽연합 대표는 북한에 있어서 노동수용소, 표현의 자유, 강제노동, 주민과의 접촉에 대한 통제, 경제적 고통에 대하여 깊은 우려를 표명하고 북한에게 국제인권규약들을 준수할 것을 촉구하였다.[35] 같은 해 8월 21일 유엔인권소위원회는 유엔역사상 처음 만장일치로 결의안을 통과시켜 북한인권에 대하여 깊은 우려를 표명하고 개선을 요구하였다. 이러한 결의안 통과를 문제삼아 북한은 1997년 8월 25일 국제인권규약 B의 탈퇴를 선언하였다. 하지만 인권위원회, 인권이사회, 그리고 국제사면위원회 등은 이러한 반응을 강하게 반박하였다.[36] 이후 유엔인권위원회와 소위원회는 매년 서로 북한인권문제를 번갈아 다루어왔다. 2001년의 인권위원회 57차 회기에서 미국, 유럽연합, 캐나다, 그리고 노르웨이의 대표들은 북한인권문제를

---

34) 박홍순, "북한인권과 정부간 국제기구의 역할," 경상대학교 통일문제연구소 엮음, 『남북협력과 북한인권』(부산: 금정, 2001), p.163.
35) 최성철, "북한인권개선을 위한 국제협력 방안," 2001년 12월 10일 북한인권개선본부 주최 세미나 발표논문, p.10.
36) A/52/507. (의장단 회합) (21/10/97) (http://www.unhchr.ch/tbs/doc.nsf/); 최성철, 위의 논문, p.10.

국제인권 의제항목으로 올려놓았는데 이때 한 가지 흥미로운 사실은 북한이 이 회의에서 그 대표를 통해 서방 국가들의 북한인권문제 제기에 두 번 응답하였다는 것이다.[37] 이 시기에 북한은 유럽연합 국가들과 외교관계를 수립하였는데 유럽연합은 이를 계기로 북한과 인권을 의제로 한 정치대화를 시작했다. 2002년 6월 유럽연합은 북한과 인권문제에 대한 지속적인 논의를 합의하였다. 그러나 유럽연합은 현장조사와 여러 가지 인권관련 보고를 통해 북한인권상황에 대한 부정적인 이미지를 강화할 수 있을 뿐이었다.[38] 그 결과 유럽연합은 북한을 이라크, 쿠바 다음으로 인권상황이 가장 심각한 국가로 지목하였다. 이러한 노력에도 불구하고 북한의 인권상황에 호전의 기미가 보이지 않자 58차 유엔인권위원회에서 유럽연합의 의장국인 스페인은 만약 북한의 인권상황이 향상되지 않을 경우 다음 해 대북결의안 채택이 있을 것임을 시사하였다. 그 결과 2003년 제59차 유엔인권위원회는 북한인권상황에 대한 최초의 결의안을 채택하였다.[39] 이 결의는 북한당국이 국제사회로 하여금 북한의 인권상황을 검증할 수 있는 환경을 조성하지 않았음에 유의하고 북한당국에 대하여 조속한 응답을 요청하였다. 또한 이 결의는 유엔인권고등판무관으로 하여금 북한당국과 포괄적인 대화에 임하여 그 결과물과 건의안을 제60차 인권위원회에 제출해줄 것을 부탁하였다. 이 결의

---

37) 최성철, 같은 논문, p.12.
38) 이인호, "국제사회의 북한인권문제 제기 동향과 대책과 정책방안," 『국제문제연구』, Vol. 3 (Autumn 2003), p.242.
39) Commission on Human Rights Resolution 2003/10

는 또한 제60차 인권위원회에서도 북한인권문제를 우선 의제로 다룰 것을 결정하였다. 2004년 제60차 유엔인권위원회는 새로운 결의안을 채택, 북한인권 특별보고관을 임명하여 북한 인권상황에 대하여 가능한 모든 정보를 수집하도록 하였다.[40] 이 특별보고관은 그의 활동결과물과 관련 건의안을 제59차 총회와 제61차 인권위원회에 보고하도록 하였다. 나중에 태국의 문타본(Vitit Montarbhorn)씨가 이 특별보고관에 임명되어 2004년 10월 20일 유엔 총회에 북한주민의 인권개선을 촉구하는 최초의 북한인권보고서를 제출하였는데 그는 종교 및 정치적 자유 허용 등을 촉구했다.[41] 이 특별보고관의 활동기한은 구체적으로 정해지지 않았다. 북한은 물론 이러한 인권위원회의 결의에 대하여 미국에 의한 정치적 음모의 산물이라며 강하게 반발하였다.[42]

유엔인권위원회에서 북한문제를 적극적으로 다루고 있다는 사실은 여러 가지의 의미를 갖는다. 첫째, 국제사회가 공개적으로 북한문제를 다루고 있다는 사실 그 자체는 그 실제적 효과를 떠나 중요성을 지닌다고 할 수 있다. 달리 말해, 북한인권상황은 이제 유엔 인권레짐의 중요 의제로 올라있는 것이다. 둘째, 첫째 의미와 관련된 것으로 북한인권상황은 계속하여 국제사회의 면밀한 검토하에 놓이게 될 것이다. 셋째, 법적 구속력이 결여되어 있음에도 불구하고 유엔인권위원회의 결

---

40) Commission on Human Rights Resolution 2004/13 (E/2004/23-E/CN.4/2004/127)
41) http://www.ohchr.org/english/bodies/chr/special/countries.htm; 중앙일보 2004년 11월 1일 6면 참조.
42) 주간 『북한동향』, 2004.7.23.-2004.7.29 통일부

의 채택은 여러 가지 실무그룹 및 특별보고관 등을 운용하게 함으로써 북한에 커다란 압력으로 작용할 것이다. 넷째, 이러한 결의 채택은 미국과 유럽연합이 북한인권문제에 대하여 강경 외교노선을 선택하는 데 있어서 정당성을 강화시켜 줄 것이다.[43] 최근 미국 의회에서 통과 되어 2004년 10월 19일 서명, 발효된 북한인권법은 그 좋은 예이다.

2. 유엔인권위원회의 활동이 북한인권에 미치는 영향

북한은 그 인권외교에 있어서 2중적 전략을 취해왔다. 한편으로 그동안 국제사회에 대하여 인권과 관련 취해오던 입장을 표면적으로나마 바꾸었다. 즉, 오랫동안 북한은 국제사회의 그 인권상황에 대한 비판을 근거없는 것으로 부인하였다. 특히, 유엔헌장의 주권국가 내부문제 원칙을 원용하여 이를 무시해 왔다. 하지만 북한은 다소 변화된 태도를 보이고 있는데 이미 1980년대 초에 인권문제를 담당시키기 위하여 외교부 국제기구국 산하에 별도의 인권과를 설치, 전문가로 구성된 상무조를 운용해오고 있다.[44] 또한 1998년 그의 헌법을 일부 수정하여 거주 이전의 자유를 삽입하였고 형법을 개정하기도 하였다.[45] 최근에 북한은 유엔인권기구의 요구를 융통성 있게 수용하고 있어서 2000년에 오랫동안 지연돼온 두 인권협약에 대한 보고

---

43) 최의철, 『북한의 인권부문 외교의 전개방향』(서울; 민족통일연구원, 2003), pp.76-7.

44) *Ibid.*, p.58.

45) *Ibid.*, p.87.

서를 제출하였으며 2001년에는 이에 대하여 유엔인권이사회의 검토를 받았다. 2002년 5월에 북한은 인권이사회의 건의를 반영하여 취한 조치들을 인권이사회에 보고하였다. 나아가 스웨덴에서 2002년 2~3월 유엔에 의해 주최된 인권관련 교육프로그램에 참가하였다.[46] 또한 영국과 독일에 인권관련 교육을 위해 6명을 파견하기도 하였다.[47] 이러한 북한의 태도변화는 실질적인 변화를 뜻한다기 보다는 부분적으로 대외원조와 관련해서 이해할 수 있을 것 같다. 북한은 경제, 사회, 문화의 권리 분야에서 국제사회의 원조를 받아들이면서 시민 및 정치적 권리분야에서의 문제제기를 전적으로 무시할 수 없었을 것이다. 하지만 인권분야에서 실질적인 변화는 북한정권의 체제 유지에 부정적인 영향을 미치는 것으로 보기 때문에 정책적 곤경을 부인하기 어려운 상황이다. 국제사회로부터 고립을 피하기 위한 노력을 기울이면서도 인권문제로 인하여 많은 정치적 외교적 비용을 지불하고 있는 것이다. 따라서 북한인권문제의 개선에 대하여 단기적으로는 상당한 정도의 낙관적 전망을 하기에는 아직 이르다고 할 수 있다. 다만 장기적인 견지에서 조심스런 낙관은 정당화될 수 있을지 모르겠다.

Ⅳ. 요약 및 결론

본 논문은 북한인권문제와 관련하여 유엔 및 그 인권위원회

---

46) *Ibid.,* pp.59-60.
47) 박경서, 『인권대사가 체험한 한반도와 아시아』(서울: 우림사, 2002), p.51.

의 역할을 고찰하였다. 이를 위해 제2장에서 국제인권문제와
관련한 유엔의 헌장 및 제도적 발전을 살펴보았다. 즉, 유엔은
설립당시부터 국제인권문제를 중요한 목적의 하나로 헌장에
삽입하였으며 이를 위해 유엔인권위원회를 설립했었다. 처음
에 유엔인권위원회는 인권에 대한 표준적 규범을 수립하는
정도의 역할을 하는 등 매우 소극적인 자세를 견지했었지만
차차 결의나 결정을 통해 그 기능을 확대, 강화시켜왔음을 보
였다. 제3장에서 유엔인권위원회가 북한인권문제에 대하여
어떤 활동을 해오고 있는지 살펴보았다. 유엔인권위원회는
해당 이사국들뿐만 아니라 국제인권 관련 비정부기구들이 모
여 인권상황이 열악한 국가들에 대해 집중적으로 문제를 다룬
다. 북한 인권문제도 최근 이곳 유엔인권위원회에서 활발히
다루어지고 있는 의제로 부상하였는데 2003년에 이어 2004년
에 통과된 결의안은 이를 잘 증명한다. 지금까지 살펴본 바와
같이 인권에 대한 유엔의 역할 그리고 유엔 인권위원회가 북
한인권에 대해 취한 조치들을 고려해볼 때 다음과 같은 이해
를 도출할 수 있다.

첫째, 먼저 인권문제는 이제 유엔의 주요의제이며 유엔은
인권문제를 다루는 데 있어서 보다 적극적인 활동을 전개하고
있다. 이러한 측면의 중요성은 일반적으로 유엔이 현실주의
적 국제정치에 의하여 좌우되는 경우가 많음에도 불구하고
인권과 같은 인도주의적 원칙이 그 운용에 중요한 역할을 하
고 있다는 점을 확인시켜 주는 것이다. 따라서 유엔 인권기관
은 북한인권문제를 다루데 있어서 중심적 역할을 수행할 수
있을 것이다. 둘째, 따라서 유엔의 여러 기구 중에서도 국제인

권이라는 문제와 관련하여 유엔인권위원회 같은 인권기구들의 역할이 점차 중요해지고 있다. 셋째, 북한인권은 이제 유엔인권기구의 면밀한 관심 및 감독대상이 되어 있다는 사실이다. 이러한 상황전개는 북한인권문제가 이제 기존의 은폐나 회피 그리고 임기응변으로만 지나칠 수 없게 되어 있다는 것을 의미하는 것이다. 넷째, 한국정부의 북한인권 관련 대유엔 정책도 이러한 이해를 바탕으로 보다 적극적으로 접근되어야 할 것이다.

한국은 지난 김대중 정부와 현재의 노무현 정부 하에서 북한인권문제에 대하여 공식적인 거론을 꺼려왔는데 2003년 유엔인권위원회에서는 표결에 아예 불참하였고 2004년 표결에서는 기권표를 행사하였다. 특히 한국정부는 2004년 10월 초에 북한인권법이 미 상원에서 통과되자 소위 북한인권문제 4원칙을 제시하였다.[48] 즉, 현재 한국정부의 입장은 북한의 인권문제를 직접적으로 보다는 간접적으로 다루겠다는 것이 분명하다. 실제 한국정부는 남북 양자회담에서나 유엔과 같은 다자기구에서 북한인권의 거론을 회피함으로써 많은 논란을 야기하고 있다. 보수층에서는 정부의 이러한 태도를 강하게 비판하고 있는 반면 진보층에서는 남북관계의 우호적 전개, 그리고 이념적 친근성 등을 명분으로 내세워 찬성하는 것으로 보인다. 이러한 가운데 통일 관련 중요 국책연구기관인

---

48) 4원칙은 1) 인권은 인류의 보편타당한 가치, 2) 나라마다 처한 상황에 따른 특수성 인정, 3) 평화번영정책을 통한 긴장완화에 따른 북한 인권 점진적 실질적 개선 도모, 4) 남북관계에 미치는 악영향 최소화 등이다. 『동아일보』 2004년 10월 20일자 A5면 참조.

민족통일연구원에서 나온 보고서는 이제 정부가 북한인권문제에 대하여 침묵을 지키기 보다는 적극적으로 문제제기를 하도록 건의하고 있다.[49] 이는 한국의 소극적 기존태도가 국제사회에서 고립 내지 그 입지를 좁힐 것이라는 이유 때문이다. 분명히 북한인권문제에 대하여 한국정부가 어떤 입장을 취해야 하는지의 문제는 간단하지 않다. 현재 집권 여당의 관계자들은 과거 재야에서 또는 야당으로 있을 때 당했던 인권침해 사실을 기억하고 있으면서 현재 야당으로 또는 보수층으로 전락한 사람들이 북한인권문제를 거론하는 것 자체에 대하여 부정적으로 보고 있는 듯하다. 하지만 과거의 그러한 사실이 북한의 인권문제에 대하여 눈감고 지나가야 하는 정당한 이유는 될 수 없다. 물론 어떤 국가 안에서 발생한 인권문제에 대한 문제제기는 당장의 무력개입을 정당화할 만큼 대량적인 살상의 상황이 아니기 때문에 점진적이고 평화적인 수단에 의존할 수밖에 없다. 현재 유엔인권기구와 비정부인권단체들이 취하고 있는 조치들이 그 실례가 되고 있다. 한국정부가 그동안 북한인권문제에 대하여 취한 태도는 어떤 면에서 이해가 가는 일이기도 하지만 문제는 인도주의적인 면에서 북한에 많은 사람들이 심하게 고통받고 있다는 사실이며 나아가 북한 자체가 동북아뿐만 아니라 국제사회에서 계속 고립되고 지탄의 대상이 됨으로써 국제평화의 장애가 되고 있다는 것이다. 따라서 한국정부는 유엔인권위원회에서 인권이라는 원칙에 입각하여 보다 적극적으로 북한인권문제를 다루어야 할 것이다.

---

49) 『동아일보』 2004년 10월 19일자

제 8 장
동북아시아 안보 공동체 구축?:
6자 회담과 그 이후

사카다 야수요 阪田恭代

칸다 국제학대학 교수

Ⅰ. 서론: "안보공동체" 형성을 왜 토의해야 하는가?

탈냉전 시대에 접어들면서 세력 균형(Balance of Power)이나 동
맹과 같은 전통적인 안보 개념뿐만 아니라 "안보협력"(cooperative
security), "인간안보"(human security)와 같은 새로운 개념들이 등
장하여 자리 잡게 되었다. 전문가 집단들과 연구진들의 노력
으로 아시아-태평양지역 역시 이러한 새로운 개념들이 수용
되었고, 지역의 실정에 맞는 용어와 정책들로 수용되어 사용
하게 되었다.[1] 또한 "안보 공동체"(security community)라는 새로

---

1) David Capie and Paul Evans, *The Asia-Pacific Security Lexicon* (Singapore: Institute
of Southeast Asian Studies, 2002). The Japanese version, by Akiko Fukushima, *Lexicon:
Ajia Taiheiyou Anzenhoshou Taiwa* (Tokyo: Nihon Keizai Hyouronsha, 2002).

운 개념도 등장하였다.

최근 수년간 동아시아 각국의 정부들은 미래정책의 목표로 "동아시아 공동체"(East Asia Community)라는 개념을 수용하였다. 1997년의 아시아 금융 위기와 2001년 9·11테러는 경제, 안보의 불안정 문제를 해결하기 위한 지역적 노력의 필요성을 불러일으키는 촉매제가 되었다. "안보 공동체"를 포함하는 "공동체"의 형성은 아세안(ASEAN, Association of Southeast Asian Nations)의 목표이다. 2003 아세안발리협약 II (2003 ASEAN Bali Concord II)에서 2020년까지 안보, 경제, 사회, 문화적 공동체를 포괄하는 아세안 공동체의 건설이라는 분명한 목표를 세웠다.2) 한국, 일본과 중국은 광범위한 동아시아 공동체 형성을 위한 아세안의 노력에 참가하고 있다. 아세안+3이라는 틀을 통해, 정치, 안보, 경제와 사회·문화적 영역에서의 실질적 협력을 심화함으로써, 협력 회원국들은 장기적인 목표의 하나로 광범위한 동아시아 공동체 구축을 계획하고 있다.3)

---

2) Declaration of the ASEAN Concord II "Bali Concord II", October 7, 2003, http://www.asean.org Joint Communique of the 37th ASEAN Ministerial Meeting, Jakarta, Indonesia, 29-30 June 2004.

3) 중국은 2003년에 일본은 2004년에 동남아 우호 협력 조약(TAC; the Treaty of Amity and Cooperation in Southeast Asia에 가입하였다. 한국은 가입을 고려 중이다. Chairman's Press Statement, Fifth ASEAN+3 Foreign Ministers Meeting, 1 July 2004, Jakarta, Indonesia,"Tokyo Declaration for the Dynamic and Enduring Japan-Asean Partnership in the New Millenium," Japan-Asean Summit, December, 2003, Japan Ministry of Foreign Affairs, http://mofa.go.jp. 김대중 전 대통령은 아세안 +3의 틀 내에서 민간 전문가 기구인 EAVG(the East Asia Vision Group)와 정부기구인 EASG(the East Asia Study Group)의 설립을 통하여 동아시아 공동체 형성에 관한 연구를 제안했다 The Council on East Asian Community (CEAC) (http://www.ceac.jp) was established May 2004, as a Japanese counterpart to platforms in other countries.

동아시아 공동체를 위한 아세안+3안은 동북아시아 국가들에게도 의미를 가진다. +3의 협력국을 이루는 중국, 한국과 일본은 동북아시아 구성(component)을 형성하며, "동북아시아 지역 공동체" 형성은 이들 나라 모두에게 이익이 된다. 동북아시아는 4강대국인 중국, 일본, 러시아, 미국과 이들 사이에 내재적으로 얽혀있는 남북한 모두의 이해관계가 있는 하위지역(subregion)이며, 광범위한 지역적인 협력이나 "지역 공동체"의 사고가 동아시아에서 가장 결여되어 있는 지역이다.[4] 길버트 로즈먼(Gilbert Rozman)은 광범위한 동북아시아 연구를 통해 지역주의는 탈냉전 시기 중 지난 15년 동안 각 회원국들이 계속 추구해왔으나, 지금까지는 실패한 것이라고 결론 내렸다(북한은 제한적 고립을 선택했고, 지역주의를 추구하지 않았다).[5]

로즈먼에 의하면 동북아시아에서의 지역주의 추구는 민족주의, 국경 간 중첩성, 역사적인 불신, 강대국 간의 경쟁, 안보 딜레마와 최근 미국의 단일주의와 이중성에 의해 "위축" 되어

---

4) 지정학적으로 "동북아시아"는 몽골과 대만도 포함이 되지만, 한반도에 논의의 초점을 맞추므로 언급된 6개국으로 제한한다. For an overview of security dialogues in the Asia–Pacific see Akiko Fukushima, "Ajia Taiheiyou Seiji/Anzenhoshou Taiwa— Sajou noroukaku ka, chiiki kikou e no josouka," in Fukushima, *Lexicon: Ajia Taiheiyou Anzenhoshou Taiwa*, pp.277–310; Akiko Fukushima, "Track Two Dialogues at the Crossroads: Challenges and Options–The Case of the Hokkaido Conference for North Pacific Issues," *NIRA Seisaku Kenkyu (NIRA Policy Research)* 17:2(2004), pp.14–19(in Japanese)

5) Gilbert Rozman, *Northeast Asia's Stunted Regionalism: Bilateral Distrust in the Shadow of Globalization* (Cambridge: Cambridge University Press, 2004); Gilbert Rozman, "Toward a Breakthrough in Northeast Asian Regionalism: Overcoming U.S. Ambivalence," *NIRA Seisaku Kenkyu (NIRA Policy Research)* 17:2(2004), pp.24–28 (in Japanese), English summary, pp.85–86. I would like to thank Dr. Akiko Fukushima of NIRA for recommending his work.

왔다. 로즈먼은 이러한 실패의 요인들이 존재하지만 동북아시아 지역적 공동체 형성의 토대는 존재한다고 지적하고 있다. 하지만 실현 가능성은 희박해 보인다. 위와 같은 현상을 타개하기 위해서 로즈먼은 동북아시아 지역 국가들이 지역주의와 균형을 맞추며 특히 경제발전 과정이라는 측면에서 세계화를 좀 더 전면적으로 받아들여야 한다고 주장하고 있다. 북한을 이러한 세계화 추세로 끌어들이기 위해 협력해야 하며 이 과정에서 한국의 중추적인 역할을 인정해야 한다고 지적하고 있다. 그리고 (미국은) 중국과 일본이 리더십을 공유하도록 조절(compromise)해야 하고, 러시아의 적극적인 역할과 함께 장기적인 비전에 초점을 맞추도록 해야 한다고 주장하고 있다.

한국이 1990년대 중반에 제안했던 동북아시아안보대화(NEASED, Northeast Asian Security Dialogue)와 같은 동북아시아를 위한 공식적인 정부간(Track-One) 안보 포럼이 존재하지는 않지만, 비공식적으로 동북아시아협력대화(NEACD, Northeast Asia Cooperation Dialogue)와 같은 비정부간(Track-Two) 포럼은 계속해서 정부의 지원을 받으며 지속되고 있다. 2002년 이후 지속되고 있는 북핵 위기 해결을 위한 새로운 협상은 북한 문제 해결을 위한 지역적 노력에 새로운 추진력을 제공하고 있다. 북한 문제는 동북아시아에서 공동체 형성의 중대한 방해물 중 하나이다. 북한이 핵을 보유하고 있다는 전망은 동북아시아 뿐만 아니라 광범위한 동아시아 지역의 안보 위협을 가중시킨다. 이러한 맥락에서, 동북아시아의 국가들은 마침내 2003년 이후 6자 회담의 형태로 지역 문제를 해결하기 위해 회동했다. 비록 6자

회담의 미래는 아직 불확실하지만, 이제까지의 성과는 주목할 만하다. 6자 회담을 통해 지역적 협력의 중요한 기회를 제공했고, 따라서 미래 동북아시아 안보 공동체 형성을 기회를 제공했다. 6자 회담이 성공한다면, 로즈먼이 표현했듯이 이는 동북아시아 지역을 위한 "획기적인"(breakthrough) 일이 될 것이다.

동북아시아에서 안보 공동체의 기반이 공고화될 수 있을까? 이 논의를 위해 우선 "안보 공동체"가 무엇인지를 정의하고, 안보 공동체 형성에 있어서 동북아시아의 위상을 검토할 것이다. 그 이후에 NEACD, 6자 회담과 NEASED의 개념에 초점을 두고, 동북아시아 안보 공동체를 위한 잠재적 초석을 선별할 것이다. 이러한 과정에서 제 삼의 조력자인 유엔의 역할에 대해서도 논의하겠다.

Ⅱ. "안보 공동체"란 무엇인가?

독일식 의미에서 "복수의 안보 공동체"라는 경우에 있어서 "안보공동체"는 회원국들이 상호관계에 있어서 평화적인 전환의 신뢰할 수 있는 기대를 공유하고, 문제 해결의 수단으로서 무력의 사용을 배제하는 주권국가들의 단체로 정의된다.6) 즉, 카피에(Capie)와 에반(Evan)에 의하면 "안보 공동체"는

---

6) 독일인은 안보공동체를 두 가지의 융합과 다자(amalgamated and pluralistic)라는 두 범주로 구분한다. 융합된 안보공동체는 "두 개 이상의 독립된 단위가 먼저 합체되어 융합이후 하나의 공통된 정치형태를 띄는 단일한 거대 단위체로 변화하는 것"을 말한다. 이러한 예로는 미국을 들 수 있다. 다자적 안보공동체는 미국과 캐나다, 서유럽의 예처럼 각각의 정부가

회원국들이 공동체감을 형성하거나 무력에 의존하지 않고 문제를 해결하는 집단적 정체성을 형성할 때 존재 한다.[7] 안보 공동체는 동맹이나 집단적 안보 방어 집단들과 동일하지 않지만 이들은 잠재적으로 이러한 군사적 관계에서 파생하거나 공존할 수 있다.[8]

애들러(Adler)와 바넷(Barnett)은 다원적인 안보 공동체들의 발전에 관하여 "초기"(nascent), "성장기"(ascendant), 그리고 "성숙기"(mature)라는 3단계 모델에 대한 개념적인 틀을 제공했다. **초기** 국면에서, 정부는 안보 공동체 형성만을 명확하게 추구하지 않지만 정부들이 상호 신뢰와 안보를 증대시키기 위해서 그들의 관계를 어떻게 재정비할지에 대해 탐구한다. 이러한 과정에서, 각국의 정부들은 제3자 기구나 기관의 형성을 통하여 그들이 체결한 협정이나 의무에 대한 준수를 감시하고, 더욱 친밀한 관계를 유지하도록 하는 것을 용이하게 한다. 격변적인 사건이나 위기는 아마 더욱 긴밀한 안보 협력과 공통의 정체성을 증진시킬 수 있고, 이런 안보 협력과 정체성은 더욱 많은 수의 조직과 기구의 형성으로 이어지고, 안보 공동체를

독립된 법적지위를 유지하는 것을 말한다. Karl Deutsch, et. al., *Political Security Community and the North Atlantic Area: International Organization in the Light of Historical Experience*(Princeton, NJ: Princeton University Press, 1957). For a more recent work see, Emanuel Adler and Michael N. Barnett, eds., *Security Communities* (Cambridge: Cambridge University Press, 1998), "Security Community" in Capie and Evans, *The Asia-Pacific Security Lexicon*, pp.198-206.

7) Capie and Evans, *The Asia-Pacific Security Lexicon*, p.198.

8) Capie and Evans, *The Asia-Pacific Security Lexicon*, p.198, Amitav Acharya, "The Association of Southeast Asian Nations: 'Security Community' or 'Defense Community'?" *Pacific Affairs* 64:2 (Summer 1991). See also Adler and Barnett, *Security Communities*, pp.50-57.

형성하고자 하는 바람을 형성할 수 있다. **성장단계**의 특징은 증가적으로 긴밀한 네트워크의 형성, 더욱 공고한 군사 협력과 협조를 반영하는 새로이 등장하는 기관과 기구들, 상대방에 대한 두려움의 감소, 상호 신뢰의 심화, 평화적 변화에 대한 신뢰할만한 기대를 일으키는 집단 정체성의 대두 등이다. 성장단계에서는 초기 단계에 수립된 사찰이나 검증의 메커니즘의 중요성이 감소되거나 떨어질 수 있다. **성숙단계**에서는 높은 단계의 신뢰에 대한 증거, 집단적 공동체의 정체성, 평화적 변화에 대한 신뢰할만한 예측 등이 뚜렷해질 것이다. 따라서 안보 공동체가 형성되고, 안보 공동체에 속하는 "지역"(region) 회원국들이 단순히 수단적인 방법으로 각자를 상대하는 것과 회원국 간의 분쟁을 전쟁을 통하여 해결하려는 것 등은 점차 힘들어지게 된다.

애들러(Adler)와 바넷(Barnett)은 성숙단계를 "느슨한"(loosely) 공동체와 "긴밀한"(tightly) 공동체로 구별한다. 최소한의 형태인 **"느슨하게 형성된 공동체"**에서는 더욱 증대된 다자간 의사결정 메커니즘, 공동체 국가 간의 비무장 국경, 공동체 내 다른 회원국들을 배제시키는 부수적인 계획이 존재하는 군사적 계획에 있어서의 변화, 위협에 대한 공통의 정의, 공동체 전체로서 언어와 규범을 반영하는 회원국들에 의한 담론의 전개 등을 포함하는 것들이 신뢰의 지표들로 나타나게 된다. **"긴밀하게 형성된 공동체"**에서는 느슨하게 연결된 공동체들의 지표들이 예상되는 가운데, 다른 공동체 회원국들과 "협력적 안보"(cooperative security)정책의 개발과 외부적 위협, 높은 수준의 군사 통합, "내부" 위협에 대한 정책조정, 인구의 자유로운 이동, 권위의 "세계화"(공유) 확산, 의사 결정, 법률, 공공정책 등에 관한 "집단 안보"(collective security) 접근 등의 특징들이 예상된다.[9)]

Ⅲ. 안보공동체 구축에서 동북아시아는 어디에 있을까? ― "초기 이전"에서 "초기"단계로

카피에(Capie)와 이반(Evan)은 "성숙한" 다원적 안보 공동체들의 예는 미국-캐나다, 호주-뉴질랜드, 발트해 연안 국가들, 유럽 연합/서부유럽들 간의 관계들에서 보인다고 한다.[10)] 아시아 태평양 지역에서, 미국은 한동안 "안보 공동체"라는 개념의 언어를 사용해왔다.[11)] 지역으로서의 동아시아는 안보 공동

9) Adler and Barnett, *Security Communities*, pp.55-57, Capies and Evans, *The Asia-Pacific Security Lexicon*, pp.199-201.
10) "느슨히 결합된" 안보공동체의 예로 브라질과 아르헨티나를 중심으로 한 남미지역의 MERCOSUR(Mercado Commun del Sur)를 예로 들고 있다. Capie and Evans, *The Asia-Pacific Security Lexicon*, p.201, Andrew Hurrell, "An emerging security community in South America ?" in Adler and Barnett, *Security Communities*, pp.228-264.
11) 미국 태평양 함대 총사령관인 데니스 블래어(Dennis Blair)제독은 2000년 3월 7일 미국 상원군사 복무 위원회(the U.S. Senate Armed Services Committee)에서의 증언에서 "아시아-태평양 지역에서 군사협력을 증진시키는 방안은 … 안보공동체이다." 그는 "많은 국가들의 집단이 평화적 변화에 대한 의존하는 전망을 가지고 있다. 국가들은 서로 싸우려는 계획은 하지 않는다. 국가들은 지역적 마찰을 해결하기 위해 집단적인 노력을 쏟을 용의가 있다. 무력에 호소하기도 하고, 다른 국가를 원조하기 위해 평화 유지활동과 외교적 해결을 위해 후원하기도 한다. 그리고 그러한 활동을 위해 군사작전을 계획하고, 훈련하며, 실행하기도 한다." 그러나 이러한 용어는 공식적인 연설에서는 사라졌다. 일부 미국 관리들은 안보 공동

체 개발에서 후발주자이지만, 앞서 지적한 바와 같이, 안보 공동체의 개념은 이 지역의 행위자들에 의해 점점 더 많이 받아들여지고 있다. 이런 의미에서 아세안은 동남아시아에서 안보 공동체를 형성하는 주체로서 인정받고 있고 이런 역할을 훌륭히 수행하고 있다. 아미타브 아차야(Amitav Acharya)는 아세안은 안보 공동체의 개념 중에 "초기"에 합당하는 단계에 있다고 주장하고 있다. 또한 그는 아세안이 몇몇 장애를 극복하고, 회원국이 확대를 통하여 스스로를 재구성하며, 아시아 태평양에서의 강대국들과의 관계를(예를 들어, 아세안 +3) 통해 증대된 영향력(engagement)에 따르는 책임을 질 수 있다면, "성장" 단계로 진보할 수도 있을 것이라고 이야기했다. 만약 이러한 시도가 실패한다면 아세안은 아마 공동체로서 해체될 수도 있을 것이라고 이야기하고 있다.[12]

체라는 용어는 지역적 안보구조에 적절하지 않다고 지적했다. (서유럽과 비교하여) 공통의 위협이 존재하지 않고, 언어적으로도 서구적 제도라는 함의를 가지고 있어 이 지역 국가들이 쉽게 받아들이지 않을 것이라고 이야기했다. 그러므로 "증대된 지역협력"(enhanced regional cooperation)이라는 어구는 2000년 말 경부터 선호되어 받아들여지기 시작했다. See Capie and Evans, *The Asia—Pacific Security Lexicon*, pp.202-204. The U.S. government has also used the term "Pacific Community" including a security component in the early half of the 1990s. Yasuyo Sakata, "The Emerging U.S. Concept for a 'Pacific Community' and U.S.—ROK Security Relations," in Chae—jin Lee and Hideo Sato eds., *U.S.—Japan Partnership in Conflict Management: The Case of Korea* (Claremont, CA: The Keck Center for International and Strategic Studies, 1993). For an extensive study on Asia—Pacific regionalism, see Mie Oba, *Ajia Taiheiyou Chiiki Keisei e no Doutei: Kyoukai Kokka Nichigou no Identity Mosaku to Chiikishugi [Toward the Creation of the Asia—Pacific Region: The Search for Identity of Liminal NationsJapan and Australia and Regionalism* (tentative translation) *J*(Tokyo: Minerva Shobou, 2004).

12) 아세안 식의 원칙 중 하나인 불간섭 원칙과 같은 장애물은 초국경적

안보 공동체 구축에 있어서 동남아시아가 "초기"에서 "성숙기"(nascent-to-ascendant) 단계에 있다면, 동북아시아는 아마 "초기이전"(pre-nascent)단계에서 "초기"단계에 있을 것이다. 애들러(Adler)와 버넷(Barnett)모델상의 "초기 단계"에서는 "정부들은 명확하게 안보 공동체 형성을 추구하지 않지만, 상호 신뢰와 안보를 증대시키기 위해 정부들 간의 관계를 어떻게 조정할지에 대해 모색한다." 대만 해협과 한반도와 같은 잠재적 분쟁지역이 남아 있는 것은 사실이다. 억제(Deterrence)와 군사적 무력 사용은 분쟁을 해결하는 수단이다. 미일/한미 동맹 또는 미국의 양자 동맹 네트워크는 개념상 중국, 러시아나 북한을 포함하는 안보 공동체가 아닌 "방위공동체"(defense community)에 가깝다. (즉, 군사 동맹과 협정이라고 할 수 있다). 중국-북한, 러시아와 북한의 군사 협정 동맹도 방위 공동체라고 할 수 있다.

동북아시아의 국가들은 또한 상호신뢰와 안보를 증대하기 위한 방법들을 동시에 모색하고 있다. 냉전의 종식 이후 지난

문제, 인권, 민주화 문제 등과 상충될 수 있다. Amitav Acharya, "Collective Identity and Conflict Management in Southeast Asia," in Adler and Barnett, *Security Communities*, p.219, Capie and Evans, *The Asia-Pacific Security Lexicon*, pp.201-202. See also Amitav Acharya, *Constructing a Security Community in Southeast Asia: ASEAN and the problem of regional order* (London, UK: Routledge, 2001)., pp.204-208. 규범과 비교하면, 집단 정체성의 형성은 공동체로서 아세안의 또 다른 중요한 사업이다. See for example, Acharya's work above, as well as, Tobias Nischalke, "Does ASEAN measure up? Post-Cold War diplomacy and the idea of regional community", *The Pacific Review* 15:1 (2002), pp.89-117. 니스찰크(Nischalke)는 아세안의 외교에 관해 규범에 근거한 공동체로서는 적합하지만, 정체성에 기반을 둔 공동체는 아니라고 하였다.

십 년 동안, 양자/다자 방어와 안보 대화가 크게 증가했다. 1994년에는 아세안지역포럼(ARF)이 동아시아와 그 파트너들을 위한 공식정부간(Track-One) 안보 포럼으로서 설립되었다. 국제전략문제연구소(IISS; the International Institute for Strategic Studies, London) 주최로 방어회의적 성격을 띤 샹그리라 회담(The Shangri-La Dialogue)이[13] 2002년 이후에 개최되어 오고 있다. 이 회담은 국방부 장관들과 관료들이 동아시아 안보 문제를 논의하는 또 하나의 추가적인 비공식적인(Track-Two 혹은 Track One-and a-Half) 채널이다.[14]

공식적인 정부간(Track-One) 협력을 위한 안보 대화 메커니즘이 동북아시아에는 없다. 탈냉전 이후의 시기에, 한국 외무부의 한승주 장관은 동북아시아 안보 대화(NEASED)를 1994년 7월 아세아지역포럼-고위관리모임(ARF-Senior Officers Meeting)에서 동북아시아 안보 문제 전반을 논의하게 위해 남북한과 미국, 일본, 중국, 러시아를 포함하는 정부 간 혹은 공식적 다자 안보협력 구조를 제안했다.[15] 그러나 이는 이 지역의 합의 부재와 동북아시아 정부들이 아세아지역포럼의 한 부분으로 모임으로써 실현되지는 않았다(북한은 2000년 아세아지역포럼에 가입했다).[16] 대신 비공식적인 비정부간(Track Two) 포럼이

---

13) Shangri-La Dialogue, International Institute for Strategic Studies, http://www.iiss.org/newsite/shangri-la.php.

14) For definitions of Track One-and-a-half and Track Two channels, see Capies and Evans, *The Asia-Pacific Security Lexicon*, pp.209-216.

15) Chung Ok-Nim, "Solving the Security Puzzle in Northeast Asia: A Multilateral Security Regime," *CNAPS Working Paper*, September 1, 2000, Center for Northeast Asian Policy, Brookings Institution, http://www.brook.edu/fp/cnaps/papers/2000_chung.htm.

동북아시아에서 추진되었다. 동북아시아 협력 대화(NEACD)는 1993년에 6자 회담형식으로 설립되었고 다양한 동북아시아 안보 문제를 다루었다. 회원국들은 미국, 중국, 일본, 러시아와 남북한이다(북한은 1993년 7월 첫 번째 NEACD 회의에 참여했으나, 2002년 9월 30일부터 10월 1일까지 13번째 NEACD까지 수많은 회의에 불참했다).[17] CSCAP의 북태평양 실무 그룹 (NPWG)은 1994년 7월에 형성되었다. NPWG는 "6자 회담 plus" 형식으로, 이는 동북아시아의 6자에 추가하여 캐나다, 호주, 몽골과 같은 다른 CSCAP 회원국들을 포함하는 것이다.[18]

또 다른 초기 단계의 특징이—"촉매적인 사건이나 위기는 아마도 더욱 긴밀한 안보 유대감과 공통의 정체성을 촉진할 수 있는데, 이는 더 많은 조직과 기구의 형성이 뒤따르게 할 수도 있다"—동북아시아에서 뚜렷이 나타날 수도 있다. 1993~1994년 사이의 북한의 핵 위기는 지역 내 행위자들이 더욱 긴밀한 안보 협력을 위한 메커니즘을 개발하도록 촉구하였다. 북한 문제를 구체적으로 다루기 위한 정부 간 메커니즘들은 핵 문

16) Chung, "Solving the Security Puzzle in Northeast Asia" Hanns W. Maull and Sebastian Harnisch, "Embedding Korea's Unification multilaterally," *The Pacific Review* 15:1 (2002): 38

17) Northeast Asia Cooperation Dialogue(NEACD) was founded in 1993 by Susan Shirk, director of University of California Institute on Global Conflict and Cooperation(IGCC) from 1991–1997. It meets roughly once a year, where foreign and defense ministry officials, military officials, and academics meet to discuss regional security issues. "NEACD Wired for Peace," http://www.wiredforpeace.org.

18) Council for Security Cooperation in the Asia Pacific (CSCAP), http://www.cscap.org. For security dialogues, region-wide, see also "Dialogue and Research Monitor: Inventory of Multilateral Meetings on Asia-Pacific Security, Human Security issues and Community building" posted on Japan Center for International Exchange, http://www.jcie.or.jp/drm.

제에 대응해 구축되었다. 한반도에너지개발기구(KEDO, the Korea Energy Development Organization)는 1995년에 형성되었고, 국제적 컨소시엄으로 미국-한국-일본의 삼자 협력과 발의로 이루어졌다(유럽 연합 역시 이사회의 회원이다). KEDO는 미국-북한의 합의된 틀(중유와 경수로 건설의 조항)에 기반을 두고 북한에 에너지 원조를 시행하기 위한 것이다. 이러한 기구는 동북아시아에서 나타난 최초의 형태이다.[19]

KEDO는 "초기 단계"의 또 다른 특징인 동북아지역 국가들이 "3자 기구들이나 기관들의 형성을 통하여 국가간 체결한 계약이나 의무사항들에 대한 이행을 감시하고, 더욱 긴밀한 관계를 돕기 위한" 안보공동체 형성에 있어 한 예로 간주될 수 있다. KEDO는 자체적으로 핵무기 프로그램 감시 기능이 없고, EURATOM과 같은 지역적 틀이 아시아에는 존재하지 않기 때문에, 국제원자력기구(IAEA)가 1994년의 제네바 기본 합의서에 기반을 둔 미북 합의 틀 아래서 핵 동결 문제와 관련해 북한의 준수를 감시하는 "3자 기구"로서 역할을 하고 있다.

또 다른 중대한 사건이 1998년 여름에 발생하였다. 북한에 의한 대포동 미사일 위기는 1999년에 북한 정책조율을 위한 미국-한국-일본으로 구성된 대북정책조정감독그룹(TCOG, Trilateral Coordination and Oversight Group)형성을 가져왔다.[20] 2002

---

19) KEDO, http://www.kedo.org; Scott Snyder, "Chousen Hantou Enerugi-Kaihatsu Kikou Hokutou Ajia Chiiki Anzenhoshou Kyouryoku no tame no Senzaiteki Igi [The Korean Peninsula Energy Development Organization: Implications for Northeast Asian Regional Security Cooperation ?] *NIRA Seisaku Kenkyu*(Tokyo) 14:1(2001): 36-38.

20) For an extensive study on TCOG, see The Institute of Foreign Policy Analysis

년 10월 이후 북한 핵 위기의 새로운 라운드는 동북아 지역에서 2003년 8월 이후 중국과 러시아를 회담에 포함시키게 되었다. 이 회담은 더욱 광범위하고 포괄적인 안보 협력의 필요성에 의하여 6자 회담의 형식으로 구체화 되었다.

북핵 위기와 같은 "중요한 사건" 이 동북아의 행위자들 사이에서 "안보 공동체를 형성하고자 하는 바람"을 형성할 수 있을지에 대해서는 아직 지켜봐야 한다. 그러나 동북아시아의 정부들은 넓은 의미에서 "공동체"라는 단어를 사용하기 시작했다. 일본, 중국, 한국을 포함한 아세안 +3 지도자들은 정책 목표로서 "동아시아 공동체" 형성을 지지해왔고, 이는 안보 분야에서의 협력을 포함하는 것이다. 더구나, 한국의 노무현 대통령은 동북아시아 공동체에 대한 구체적인 언급을 했다. 2003년 2월 25일 취임 연설에서 노 대통령은 그의 목표를 동북아시아에서 유럽 연합과 같은 "지역적 평화, 공동 번영의 공동체" 형성으로 언급했다. 노 대통령은 "동북아 지역 국가들이 (경제 분야에서) '번영 공동체'를 먼저 형성하고 이를 통해 모든 인류의 번영에 기여하고, '평화 공동체'로 개선해 나가야 한다고 언급했다."[21]

이는 햇볕 정책("평화와 번영 정책")의 노무현 정부 식의 일부분으로 남북한 간의 화해를 촉진하기 위한 호의적인 주변 환경 조성을 위한 것이다. 그러나 노 대통령의 발언은 아직까

Project: Building on the Trilateral Coordination and Oversight Group's Interim Paper, *First Interim Report: Evolution of the TCOG as a Diplomatic Tool* (prepared by James L. Schoff) (August 2004), http://www.ifpa.org.

21) President Roh Moo hyun's Inaugural Speech, February 25, 2003, http://www.president.go.kr/cwd/kr.

지는 아주 관념적이다. 이는 아세안의 "안보 공동체"와 같은 "안보 공동체"의 개념을 직접적으로 언급하지는 않았다. 이 계획을 실현하기 위해서는 더욱 현실적인 개념과 전략이 필요하다. 그러나 이러한 언급은 동북아시아의 몇몇 국가들이 아세안+3 절차에 기반을 두어 더 넓은 "동아시아 공동체" 형성과 함께 "안보 공동체"를 미래에 형성할 의사가 있다는 것을 보여준다.

위에서 언급한 바와 같이, 동북아는 안보 공동체 건설에 있어 "초기 단계"에 있을지도 모른다. 안보 공동체 건설에 있어 "초기 단계"의 지표들이 동북아시아에서 뚜렷이 보인다. 그러나 전통적인 안보 위협과 사고방식 등 많은 장애물들이 여전히 남아있다. 중국과 대만 문제에 관한 지역적 안보 협력 역시 존재하지 않고 있다. 더구나, 북한은 여전히 "공동체"라는 개념을 완전히 받아들일 수 없는 체제의 형태로 남아있다. 그러므로 동북아시아는 안보 공동체 건설 단계에서 "초기 이전" 단계에서 "초기"로 가는 단계에 있다고 말할 수 있다. 애들러-바넷의 모델에 따르면 지금의 동북아시아는 "정부들이 겉으로 분명하게 안보 공동체 형성을 추구하지는 않지만, 어떻게 상호 신뢰와 안보 증진을 위해 관계 조정을 할지를 탐색하고 있는 것이다."

Ⅳ. 동북아에서 안보 공동체 형성을 위한 초석들

만약 동북아가 안보 공동체 형성의 미숙(embryonic stage)단계에 있다면, 어떻게 이를 더욱 진전시킬까?

국제관계에 관한 일본포럼(JFIR, the Japan Forum on International Relations, 2002)은 22번째 정책제안에서 동아시아의 장기적인 정책 목표로서 "다원주의적 안보 공동체" 형성을 주장했다. 안보 공동체 형성을 위해, JFIR 보고서는 지역 안보협력 제도의 구축과 동맹(미국-일본, 미국-한국 등)과 같은 다양한 안보 협력 메커니즘에 대한 "전략적 합의"(즉, 전략방향의 일치)와 협력적 안보(아세아지역포럼[ARF] 등)와 기타 지역 안보 협정을 요구했다.[22]

동북아 지역에서의 다양한 노력들 가운데, 안보 공동체 형성을 위한 초석으로 작용할 수 있는 3가지 항목들을 여기에서 다루겠다. 먼저, NEACD의 "동아시아에서의 협력 원칙", 둘째, 북한 문제의 포괄적 해결을 위한 메커니즘으로서 6자 회담, 셋째, 6자 회담을 넘어서 그다음 단계로서 NEASED 개념의 재현이다.

1. 동북아시아안보대화(NEACED)의 "동북아시아 협력의 원칙들"

비정부간 포럼인 NEACD는 1995년 3번째 회의 이후 3년 간 전반적인 국가 간의 관계를 규율 하는 일반적인 원칙들을 발

---

22) The 22nd Policy Recommendation of the Japan Forum on International Relations Policy Council, "Building a System of Security and Cooperation in East Asia," December 2002, http://www.jfir.or.jp. The Task Force members for this report were Akihiko TANAKA (Professor, Tokyo University), Hiroaki HAYASHIDA (Yomiuri Shimbun), Shunji HIRAIWA (Shizuoka Prefecture University), Ken JIMBO (Japan Institute for International Affairs).

전시키는 "엄청난" 노력을 했다. "동북아시아 협력의 원칙들"에 대한 2년간 공동 연구과제는 NEACD 국가들(미국, 한국, 중국, 러시아, 일본)에서 선발된 학자들에 의해 태평양 포럼/CSIS의 후원 하에 시행되었고, 그 결과는 1997년 12월 제7차 NEACD에서 보고되었다.[23] 태평양 포럼/CSIS는 "동북아시아 협력의 원칙들"이란 "지역 내에서 미래의 다자간 노력의 기초로서 역할을 할 수 있는 광범위한 것"이라는 것이다. 즉, 이 원칙들은 동북아시아의 안보 공동체 형성의 기초로 작용할 수 있다. 사실상, 이러한 원칙들은 아세안 공동체의 기초가 되었던 동남아우호협력조약(TAC, Treaty of Amity and Cooperation in Southeast Asia, 1976)과 유사하다.[24]

NEACD의 "동북아시아 협력의 원칙들"은 다음과 같다:

동북아시아의 국가들은 지역 내의 평화, 번영과 안보에 있어 공통의 목표를 가진다. 이러한 목표를 달성을 위해, 동북아시아에서 협력을 위한 다음과 같은 원칙들을 주장한다:

1. 동북아의 국가들은 각 국가의 주권과 영토적 존엄성, 평등을

---

23) 북한은 2002년 제13차 NEACD의 본회의에 참가하였지만 당사국은 아니었다. "Principles of Cooperation in Northeast Asia Study project" Pacific Forum/CSIS, Honolulu, Hawaii, 1-2 October 1997, at 7th NEACD, Tokyo, Japan,3-4 December 1997, http://www.wiredforpeace.org/neacd07.php.

24) 동남아우호협력조약 제2조에 "근본 원칙"은 다음과 같이 규정되고 있다: 모든 국가의 독립, 주권, 평등, 영토, 국가적 정체성의 상호 존중; 모든 국가들은 외부적 간섭, 전복 혹은 강압으로부터 벗어나 국가를 이룰 권리; 내부 무제에 대한 불간섭; 평화적 방법을 통한 차이 혹은 논의의 해결; 폭력 사용의 위협에 대한 단결; 국가들의 효과적인 협력. "Treaty of Amity and Cooperation in Southeast Asia," Indonesia, 24 February 1976, http://www.aseansec.org/1654.htm.

존중한다. 다른 국가들이 상이한 정치, 경제, 사회, 문화적 제도를 가지고 있다는 점과 각 국이 스스로 법과 제도를 결정할 권리와 국내적 문제를 결정한다는 것을 인정한다. 각국은 그들이 속해있는 국제 협의사항들을 시행하고 준수할 것을 의무로 규정한다.

2. 동북아의 국가들은 서로에 대한 무력사용이나 무력 위협을 삼가한다. 서로 간에 평화적인 수단을 통해 분쟁을 해결하고, 분쟁을 예방하기 위해 자문, 협상과 다른 평화적 수단을 사용할 것을 약속한다.

3. 동북아의 국가들은 유엔헌장의 원칙과 목적에 따라 인권의 신장과 보호에 대한 이들 나라들의 책임(의무)을 표명한다.

4. 신뢰 형성과 오해의 방지를 위해서, 동북아의 국가들은 대화, 정보 교환과 공통의 문제인 안보 문제에 대한 투명성을 촉진한다.

5. 동북아의 국가들은 국제법에 기반을 두고 항해의 자유라는 원칙을 존중한다.

6. 동북아 국가들은 지역 내 투자와 무역 개발과 경제 협력을 장려한다.

7. 동북아 국가들은 조직적 범죄, 마약 밀매, 테러리즘과 불법 이민과 같은 공통의 국가간 문제들에 대해 협력한다.

8. 동북아 국가들은 식량 원조와 재난 구호와 같은 인도주의적 원조 조항에 대해서도 협력한다.[25]

---

25) "Principles of Cooperation in Northeast Asia Study project" Pacific Forum/CSIS, Honolulu, Hawaii, 1-2 October 1997, at NEACD 7, Tokyo, Japan, 3-4 December 1997. http://www.wiredforpeace.org/neacd07.php.

이러한 원칙들은 동북아 5개국 학계의 열띤 토론의 결과이다. "국가들"이 책임 있는 행위자로서 명시되어 있는 사실은 중요성을 가진다. 이는 국가적 주권을 존중하겠다는 것뿐만 아니라, 분쟁의 평화적 해결을 위한 이들 "국가들"이 약속하는 것을 의미한다. 이러한 평화적 해결은 "다원주의적 안보 공동체"를 위한 필수 조건이다. 또한 이 원칙들은 인권, 공통의 문제인 안보 문제의 투명성 강화, 항해의 자유의 존중을 포함한다. 이 가운데, 인권과 해양에서의 항해자유는 논쟁의 여지가 있는 문제들이며 특히 중국의 경우 인권 문제는 더욱 그러하다. 하지만 공통의 원칙에 관한 최소한의 성명서를 만들어 합의한 것 자체가 나름대로 중요한 의미를 가진다.[26] 따라서 이러한 원칙들은 장차 동북아시아 국가들이 공식적인 정부차원에서 안보 공동체에 대한 국제관계 논의가 이루어질 경우 기본 원리들로 작용할 수 있다.

2. 6자 회담

동북아에서 6자의 전략적 이해관계가 마침내 2003년에 6자 회담의 형태로 이루어졌다. 6자 회담은 2002년 10월 이후 북핵 문제에 대한 새로운 위기를 구체적으로 해결하기 위한 필요성에서 개최되었다. 과거의 "6자 회담 형식"의 회의론자들인[27]

---

26) "Study Project Report: Principles Governing State-to-State Relations," NEACD 4, Beijing, China, 8–10 January 1996, http://www.wiredforepeace.org/neacd04.php. I would like to thank Dr. Ahn Byung-joon, who was a participant in the study project, for insights on the discussions regarding these Principles.

27) 한국은 6자 회담 형태를 옹호해 오고 있다. 1998년 10월 유엔총회에서

미국, 중국과 북한이 이러한 다자 형태의 실효성을 이해하게 되었고, 거의 1년에 걸쳐 실질적인 회담이 없는 시기를 거쳐, 최초의 6자 회담이 2003년 8월 베이징에서 개최되었다.[28]

핵 협상의 한 부분으로서, 6자 회담은 "포괄적 협상안"을 제시하였다. 비록 각 당사자에 따라 포괄적이라는 범위는 다를 수도 있지만, 미래에는 현재 핵 문제 외에도 화학적, 생물학적 무기, 반도 미사일, 관습적 무력, 인권과 인도주의적 문제 등 까지 다른 문제들을 포함하게 될 것이다. 물론 지금 당장의 문제는 핵 협상을 해결하는 것이다. 만약 북한이 핵 무장해제 (추정되는 우라늄 농축 프로그램을 포함해서)를 완전히 시행하겠다고 약속하고, 엄격한 감시와 확증 절차를 포함한 시행계획의 세부적인 사항을 수용하겠다면,[29] 북한은 다자간 안보

당시 노태우 대통령은 그의 북한에 대한 북방외교와 관련하여 한반도의 평화와 안보에 관한 동북아 6자 협의 포럼을 제안했다. 한국과 북한, 일본, 미국, 소련, 중국이 불가침, "상호 인정"(냉전으로 갈라진 것을 넘어서 외교적으로 인정) 문제에 관해 논의하였다. 1996~98년에 한국은 4자회담에 초점을 맞추었다(각주 34 참조). 그러나 다시 한 번 1990년대 후반에 한반도 문제에 관한 6자 회담을 논의 하였다. 특히 1998년 이후 일본과 러시아는 6자 회담을 지지했지만, 미국과 중국은 회의적이었으며, 북한은 반대했다. Chung, "Solving the Security Puzzle in Northeast Asia" Maull and Harnisch, "Embedding Korea's Unification multilaterally," 38.

28) For an analysis of the Bush Administration's interest in a multilateral approach and the six party talks, see SAKATA Yasuyo, "Amerika to Chousen hantou: Bush Seiken no Tai-Kitachousen Seisaku Saikou [America and the Korean Peninsula: Reexamining the Bush Administration's Policy toward North Korea]" in TAKITA Kenji and GOMI Toshiki, eds., *9 · 11 Igo no Amerika to Sekai [America and the World After 9-11]*(Tokyo: Nansousha, 2004).

29) 이것은 미국이 우크라이나, 카자흐스탄, 벨라루스와 같은 구 소련 국가들을 인정한 눈-루가(Nunn-Lugar program)형태의 프로그램(협력 위협 감소 프로그램)의 이행을 포함할 수도 있다. Testimony of Ashton B. Carter,

보증과 에너지 원조를 보장 받게 될 것이다. 만약 다른 문제들이 해결된다면, 장기적인 에너지 원조, 경제 원조와 외교 관계의 정상화 역시 고려될 수 있을 것이다. 일부에서는 한반도 문제의 평화적 해결을 위한 휴전협정을 새로운 대안적 협정으로 변경하는 것을 구상하기도 한다. 따라서 6자 회담은 군사 안보(핵, 재래식과 다른 대량살상무기), 경제 안보(에너지, 경제 개혁과 개발, 농업과 산업개혁), 인간 안보(인도주의적인 원조, 난민 인권, 이주자, 납치자 등)를 포함해 포괄적인 방식으로 안보를 다루게 될 것이다.

6자 회담은 북한을 평화적이고, 우호적이고, 협력적인 국가로 변화시키는 것을 목적으로 삼고 있으며, 따라서 동북아시아의 6자들 간의 상호 안보를 신장시킬 것이다.

3. 동북아시아안보대화(NEACED)의 재생?

6자 회담은 새로운 정치 원동력을 반영하고, 북한 문제의 효과적인 해결을 위한 새로운 기회를 제공한다. 6자 회담은 또한 동북아에서 최초의 정부간 다자 안보 대화와 협력 메커니즘으로 변할 수 있는 잠재성을 가지고 있다. 6자 회담은 동북아의 다른 안보 문제 해결 대신하여 지금 당면한 한반도의 어려운 문제들에 초점을 맞추게 되는 것을 제외하면 NEASED

"Implementing a Denuclearization Agreement with North Korea," in Hearings before the U.S. Senate Committee on Foreign Relations, "A Report on Latest Round of Six Way Talks Regarding Nuclear Weapons in North Korea," July 15, 2004, http://foreign.senate.gov.

개념을 다시 실현할 수 있는 토대가 될 수 있을 것이다. 정부 관료들과 전문가들은 6자 회담이 동북아 안보 포럼으로 전환되는 것에 관심을 표명해왔다.[30] 한국 외교통상부의 윤영관 前장관은 2003년 11월 연설에서 "동북아의 안보 문제에 대한 대화를 위한 제도적 메커니즘은 여전히 존재하지 않고 있다"고 했으며, 한국의 장기적인 목표로서 "제도적인 안보 메커니즘을 향해 6자 회담의 절차를 개발하기로 결정했다"고 했다.[31]

동일한 선상에서, 그러나 더 조심스러운 태도로 미국 관료들 역시 이러한 생각을 지지했다. 2004년 7월 15일에 열린 상원 외교분과 공청회에서 제임스 켈리(James Kelly) 미국 국무부 차관보(Assistant Secretary of State)는 아시아 안보 메커니즘의 맥락 하에서 6자 회담의 미래와 관련해 리차드 루가(Richard Lugar) 상원 의원의 질문에 대한 답변을 통해 다음과 같이 말했다.[32]

"6자 회담은 분명히 진일보한 것이다. 동북아에 이와 같은 종류의 다자간 안보 대화를 가진 것은 유례가 없는 일이다. 비록 아세안 지역 포럼이 시행된 지 10년에서 11년이나 되었지만, 사실 전체 과정이 매우 초기(infancy) 단계에 있다. 6자 회담은 ASEAN 지역 포럼의 발전에도 조금을 더 힘을 실어주는 것이 될 것이다." Kelly는 계속되는 답변에서 각 당사국은

---

30) Seo Hyun-jin, "Does N.E. Asia want security body?" *The Korea Herald*, December 6, 2003; Jack Pritchard, "The Korean Nuclear Crisis and Beyond," *Brookings Northeast Asia Survey 2003-04*, Brookings Institution, 2004, http://www.brookings.edu..

31) "North Korean Nuclear Issue and Peace and Prosperity in Northeast Asia," Speech by Minister Yoon Young-kwan at the IFRI, November 21, 2003, ROK Ministry of Foreign Affairs and Trade, http://www.mofat.go.kr.

32) Federal News Service, July 15, 2004.

6자 회담을 통해 "만족할 만한 결과에서 매우 직접적이며 국가적 이익"을 가지게 되며, 따라서 "미래에는 더 확대될 가능성도 있다. 하지만 현재의 초점은 한반도에서의 핵무기 문제이다"라고 말했다.

동북아 안보 협력 메커니즘의 전망은 핵 문제의 결과에 달려있다. 즉, 북한의 핵 무장해제를 놓고 만족할 만한 해결책의 성취 여부에 달려 있는 것이다. 합리적인 해결안의 도출을 위해 6자 회담 과정을 통한 진보는 가능하지만, 무엇이 한반도의 비핵화 추진과 이를 이루는 방법인지에 관한 근본적인 차이는 여전히 존재한다. 이런 의미에서 미래의 6자 회담은 여전히 조심스럽다－6자 회담이 동북아 안보 포럼 혹은 단기적인 4자 회담과 같은 방향으로 발전될 지에 대한 문제는 두고 봐야 한다.[33]

V. 유엔의 역할

1. 동북아와 한국에 있어 유엔의 역할-조력자

유엔 역시 지역 안보에 있어 역할을 담당하고 있다. 로즈메

---

33) (한국과 북한, 미국, 중국이 참가한) 4자회담은 한국과 미국이 1996년에 제안했다. 이 회담에서는 평화적 메커니즘을 통하여 휴전 협정을 대체하고 다른 군사적 긴장 감소 방안을 논의하였다. 4자회담은 1997년에서 1999년까지 실질적인 결과물의 산출 없이 2년간 지속되었다. 북한은 4자회담에 성실히 참가하지 않았고, 모든 당사국들이 4자회담에 관한 이해관계를 잃게 되었다. 김대중 정부는 햇볕정책의 일환으로 남북한간 대화를 강조하였다. 2000년 6월 남북한 정상회담을 이루었다. Maull and Harnisch, "Embedding Korea's Unification multilaterally," 38.

리 풋(Rosemary Foot)의 분석을 통해 보면 유엔은 아시아 태평양 지역에서 안보 구조물 형성에 있어 "실용적이고, 부수적인 역할"을 담당해왔다.[34] 동남아시아(캄보디아와 동티모르의 평화 구축 과정과 같은 경우에서 보이듯이)와 비교해서, 동북아에서 유엔의 역할은 제한되어왔다. 이는 유엔 형성 자체가 본질적으로 주요 강대국간 협정에 의존하며, (안보리 상임이사국인) 미국과 중국과 같은 주요 강대국들이 그들 스스로에게 직접적인 안보 이해관계가 있는 한반도와 대만 같은 문제에서 유엔이 심각하게 개입하는 것을 억제하기 위해 노력을 해온 현실 때문이다. 풋이 상기시키듯이, "유엔회원국들, 특히 이들 중 가장 강력한 국가들은 유엔이 세계 각 지역의 지역안보구조물 형성에 기여하는 것을 찬성할 수도 혹은 반대할 수도 있다." 따라서 유엔은 "강대국들의 관점과는 무관하게 유엔 스스로 의사결정을 할 수 있는 강한 주도력을 가질 수 없다"는 것은 반드시 기억해야 한다(로버츠와 킹즈베리(Roberts and Kingsbury)의 저서에서 인용).[35] 따라서, 만약 강대국들이 유엔의 역할을 인정한다면, 유엔은 지역 안보에 대해 "중심 기둥"이 될 수는 없지만, "유용한 버팀목"이 될 수는 있다.[36] 이러한 맥락에서, 유엔은 지역 내 주요 행위자들과 함께, 동북

---

34) Rosemary Foot, "The UN system's contribution to Asia-Pacific security architecture," *Pacific Review* 16:2 (2003), pp.207-208.

35) Foot, "The UN system's contribution to Asia-Pacific security architecture," p.211. Adam Roberts and Benedict Kingsbury, eds., *The United Nations, Divided World: The UN's Roles in International Relations* (Oxford: Clarendon Press, 1993), p.16. cited in Foot, p.211.

36) Foot, "The UN system's contribution to Asia-Pacific security architecture," pp.207, 219.

아 지역에서 지역 안보 협력과 미래 안보 공동체의 발전을 용이하게 하고 후원할 수 있는 효율적인 역할을 담당할 수 있다.

유엔은 대한민국의 건국과 한국 전쟁을 시작으로 동북아와 한반도에 오랫동안 개입해왔다. 유엔의 역할은 시대의 변화에 따라 진전을 거듭해오고 있다. 탈냉전 시기에도 유엔은 1953년 휴전 협정의 한 당사자로서 여전히 한반도의 평화와 안보와 관련해서 직접적이고 구조적으로 개입하고 있다. 비록 군사 방어책임이 유엔사령부(UNC, United Nations Command)에서 한미 양자 협정(CFC, Combined Forces Command)으로 위탁되었지만, 유엔사령부는 한반도의 평화를 유지하고 휴전협정을 준수하는 역할을 계속 유지해오고 있다. 북한 핵 문제가 유엔안전보장이사회에게 한반도의 비핵화에 관한 많은 양의 업무를 주었지만, 유엔안전보장이사회의 역할 범위는 주요 강대국들인 미국, 중국과 러시아의 개입에 의해 결정될 것이다.

탈냉전 이후의 시기에 유엔은 한반도(특히 북한)에서 군사 문제를 제외하면 많은 역할을 담당해오고 있다. 유럽, 라틴 아메리카, 아프리카나 중동과는 달리, 아시아는 각 지역 내의 문제에 대해 스스로 주요 책임을 지는 것을 규율한 유엔헌장의 7장에 부합하는 제도가 없다. 풋은 지역 내 분쟁 해결을 위해 현실성 있는 제도의 부재(이는 강대국의 힘의 균형과 미국 중심의 동맹에 지나치게 의존하는)에 대해 주목하고 있다. 그러나 이는 경제나 인간 안보 문제에도 똑같이 해당된다. 아세안은 동남아시아의 정치, 경제, 안보에서 역할을 담당해 왔지만, 동북아는 이에 비해 지역 내의 조직이 없고, 특히 북한 문제를 해결할 수 있는 조직이 존재하지 않는다. 이것은 동북아의 중대한 문제 중 하나이다. 풋의 말을 빌리면, "이런 '지역적 부재'는 유엔의 역할을 두고 개방-환영 또는 환영하지 않는 태도를 제공한다."[37)

유엔은 1990년대 초에 유엔개발계획(UNDP)를 통해 두만강 프로젝트와 같은 적절한 경제 발전 프로그램을 지원해 왔다. 그러나 이러한 프로그램들은 잘못된 정책과 북한 측의 필요한 개혁 조치 실행에 있어 무능과 비자발성과 같은 성숙되지 못한 조건들과 중요한 자금 공급원이 될 수 있는 일본 정부와 같은 주요 강대국들 사이의 실질적 이익의 부재로 인해 정체에 빠져 버렸다. 참여 국가들 사이의 불신과 열악한 안보 상황 역시 발전을 방해했다.[38) 유엔환경계획(UNEP)를 통한 환경보호도 의제에 추가로 상정되었다.[39) 1995년의 홍수 참사 이후에 유엔은 비정부 기구들과 함께 북한에 인도주의적인 구조를 제공하는데 중대한 역할을 담당해오고 있다. 세계식량계획(WFP, The World Food Program), UNICEF, 세계보건기구(WHO)도 유엔의 인도주의적인 조정역할과 UNDP를 후원하면서 식량원조와 의료 원조를 시행하는데 주요한 역할을 담당해오고 있다.[40) 북한에서의 인권과 북한 난민과 탈출자와 경제적 이주,

---

37) Foot, "The UN system's contribution to Asia-Pacific security architecture," p.215.

38) For an analysis of the failure, see especially chapter 3 in Rozman, *Northeast Asia's Stunted Regionalism*, pp.72-126.

39) 북한 정부는 농업 분야의 개혁과 환경보호에 관심을 보였다. 2004년 8월 UNEP는 북한에서의 환경 조건에 관한 첫 보고서를 발간하였다. *Yomiuri Shimbun*, August 29, 2004.

40) UN과 NGO들은 북한에 대한 감시와 접근의 제한 때문에 북한에 대한 인도주의적 원조 이행에 상당한 성과뿐만 아니라 많은 문제와 딜레마에도 직면하였다. see for example, Hazel Smith, "Overcoming Humanitarian

그리고 일본인 납치문제는 최근 몇 년간 유엔에서 주요 관심
사가 되어오고 있다.

2. 6자회담에서의 유엔의 역할

2002년 이후의 북핵 위기는 한반도에 관한 평화와 안보에 관
해 유엔의 관심을 끌었고, 유엔안전보장이사회의 주요 의제로
다시 등장하였다. 2003년 1월 초, 유엔 사무총장인 코피 아난은
유능한 캐나다 외교관이며 사무총장 특별 보좌관인 모리스
스트롱(Maurice Strong)을 "한반도에 관한 유엔 사무총장의 개인
특사"로 임명하여 핵 문제에 관한 평화적인 해결을 돕도록 하
였다. 풋(Foot)이 이야기 한 것처럼 유엔은 사무총장의 중재를
통해 이해관계 당사자가 아닌 "삼자 중재인"(third party mediator)
의 역할을 하고 있다.[41] 특사의 자격으로 스트롱은 (2004년
8월에만) 북한을 세 차례 방문했고,[42] 김정일을 비롯한 고위
관계자들을 만났다. 또한 한국, 일본, 미국, 중국 그리고 러시
아 등의 당사자 국가인 5자뿐만 아니라, 핵문제의 평화적 해결
에 도움을 줄 수 있고 협상 과정에 간접적으로 참가하고 있는
EU와 호주와 같은 동북아시아 지역 국가가 아닌 행위자들과

Dilemmas in the DPRK (North Korea)" *United States Institute of Peace, Special
Report 90* (July 2002), L. Gordon Flake and Scott Snyder, eds., *Paved with Good
Intentions: The NGO Experience in North Korea* (Westport, Connecticut:
Praeger, 2003).

41) Foot, "The UN system's contribution to Asia−Pacific security architecture,"
   p.211.

42) Strong visited North Korea in January and March of 2003, and mid−May 2004.

의논을 하였다.

　미국의 다자적 접근의 의도에 대해 중국은 처음에는 꺼리는 입장을 취했지만 현재 6자 회담에서 중요한 역할을 하였다. 미국과 북한간의 중재회담에서 유엔의 외교활동은 중요한 역할을 하였다. 동북아시아지역의 6개 행위자들이 중요한 역할을 하는 동안, 유엔은 특사를 통한 간접적 참여를 통해 순조로운 6자 회담 형성에 기여하고 평화적 해결안 도출에 노력하였다.

　유엔사무총장의 한국문제 특별보좌관 자격으로 스트롱은 6자 회담 과정에서 당사국들이 고안한 "포괄적 해결안"(comprehensive resolution)을 도출하는 데 많은 노력을 기울였다.(6자 회담이 시작하기 전인) 2003년 6월 중순에 있은 국제평화를 위한 카네기 재단에서의 연설에서 당사국들 간의 논의를 거쳐 포괄협상안의 중요 요소들이 되어야 할 것에 관해 언급했다. 그 내용은 다음과 같다.

ⅰ. 미국과 북한간의 일종의 불가침 협정서 체결. 이는 다른 중요 관련국도 참가할 수 있을 것이다.

ⅱ. 북한의 핵무기와 이와 연관된 프로그램의 입증가능하고 돌이킬 수 없는 제거, 이러한 것을 증명하기 위한 국제적인 사찰과 조사과정에 대한 북한의 수용, 그리고 NPT체제로의 복귀

ⅲ. 장거리 미사일 개발과 실험을 제한하는 것을 포함하는 1992년 조인한 남북 기본합의서에 입각한 재래식 무기의 감축

ⅳ. 경제재제의 철회와 무역정상화의 방해물 제거를 통한 미국과 북한간의 완전한 외교관계 수립과 국제금융조직으로의 접근, 그리고 인도주의적 원조와 경제 원조의 지속

포괄협상은 북한 측에 필요한 정책과 핵심적인 개혁을 수반하는 국제 무역, 투자, 제도적 개발과 인도주의적 원조의 도움을 줄 수 있는 틀의 수립이 포함되거나 수반되어야 한다. 또한 다자적 금융제도의 회원국 지위를 갖출 수 있어야 한다.

북한이 인권에 관한 국제기준에 맞추어 나가도록 규정하는 조항이 포함되는 것이 중요하다. 특히 국제기준은 잠재적으로 북한의 경제 개발을 후원하고 투자를 할 수 있는 몇몇 국가들의 기준에 합당해야 한다.[43]

이러한 포괄적인 협정은 부시 정권이 북한에 대해 채택했던, "포괄적인 접근"(comprehensive approach) 또는 "대담한 접근"(bald approach)으로 불리는 입장과 유사하다.[44] 스트롱은 2003년 6월 연설에서 포괄적인 협상에 이르기까지의 과정은 시간이 많이 걸리고 어려운 일이지만, 핵과 안보 문제에 대한 협상들은 지연되어서는 안 된다고 밝혔다. 이런 관점에서 그는 즉각적인 북한의 핵 프로그램 동결과 KEDO의 중유 공급 재개, 북한과 미국 사이의 외교 관계에 있어서의 잠정적인

---

43) Maurice Strong, "North Korea at the Crossroads Prospects for a Comprehensive Settlement," Notes for Remarks Delivered at the Carnegie Endowment for International Peace, Washington, D.C., June 17, 2003, p.9, http://www.ceip.org.

44) "포괄적인 접근"(comprehensive approach)/"대담한 접근"(bald approach)은 북한 정책에 대한 아미티지 보고서와 일치한다. ["A Comprehensive Approach to North Korea," *Strategic Forum* No.159, National Defense University]in March 1999. For this analysis, see Sakata, "Amerika to Chousen hantou: Bush Seiken no Tai-Kitachousen Seisaku Saikou [America and the Korean Peninsula: Reexamining the Bush Administration's Policy toward North Korea]."

재개와 무역과 투자에 방해되는 현존하는 방해물들의 일시 중단(즉, 경제 제재의 해제 등), 인도주의적이고 선별적 개발 원조의 지속화 등으로 구성된 "잠정 협정"(interim agreement)을 제안했다.[45] 이것은 북한의 현 상황을 나타내주는 것이다. 스트롱은 또한 북한과 일본의 관계에 있어 "치명적인 가시"이자 포괄적인 해결책에 있어 장애로 작용했던 일본인 납치 문제를 해결하는데 있어서 북한과 일본 간에 잠정협정을 체결하기를 희망했다. 일본은 "잠재적으로 중요한 개발과 원조국" 중 하나가 될 것이며, 이것은 스트롱이 윗 글에서 의미한 것처럼, 2002년 9월 평양 선언에서 북한에게 약속한 정상화 이후에 큰 규모의 경제 원조를 지칭한다.

6자 회담은 2004년 6월 3차 라운드에서 비록 느리지만 완전한 핵무장의 해체라는 맥락에서 볼 때, 잠정적 협정을 논의하는 지점까지 이를 정도로 괜찮은 성과를 보였다. 물론 세부 사항 중에는 허점이 많이 있다. 미국은 새로운 협정을 체결하려는 의지를 가지고 있지만, 결과적으로는 단순한 핵 "동결"로 끝나버려 완전한 비핵화가 연기된 1994년 합의된 구조 틀의 실수를 반복하지 않기 위해 매우 조심스럽게 행동했다. 일본은 북한과의 관계에 있어 일본인 납치 문제의 해결과 관련해 궁지에 몰려있기 때문에 역시 제한적으로 행동했다.

6자 회담에서 핵/안보 사안에 대한 세부적인 사항들, 예를 들어 비핵화, 검증과 감시하는 체제 등의 문제는 2004년 5월에 설립된 회기 중에 있는 "실무단"에서 논의되고 있다. 그러나

---

45) Strong, "North Korea at the Crossroads," p.9.

에너지와 경제 원조라는 패키지는 아직까지 논의되지 않았고, 유엔은 이 과정을 용이하게 하기 위해 개입하고 있다. 6월 중 순경에 베이징에서 열린 6자 회담의 2차 라운드 1주일 전에는, 뉴스 보도에서 유엔이 장기적인 에너지와 경제 원조를 북한에 (한국, 중국과 다른 국가들에 의해 제공되는 단기적인 에너지 원조와는 별도로, 핵 동결에 대한 대가로서) 제공하는 것을 고려하는 원칙에 합의했다고 언급했다.

이런 합의는 스트롱이 5월 18일에서 22일 사이에 평양을 방문하는 동안 개최된 비공개 회의 중에 김정일과 스트롱 사이에서 이루어졌다.[46] 6월 25일 뉴욕에서 스트롱은 유엔이 북한의 에너지 문제와 북한이 세계 경제로 진입하기 위한 거시경제적 중대한 개혁과 같은 경제개혁 문제 해결을 위한 2개의 실무 그룹을 형성했다는 것을 발표함으로써 확실히 했다.[47]

유엔이 북한에 원조를 제공하는 것을 고려하는 계획은 6자 회담에서 북한으로부터 융통성을 끌어내려는 목적의 전략이다. 스트롱은 6월 25일 기자 회견에서 "당신이 더 광범위한 경제 지원을 제공하지 않는다면 해결책을 찾을 수 없다는 사실은 자명하다"고 밝혔다. 스트롱에 따르면, 6자 회담의 회원국들과 EU와 같은 다른 많은 나라들은 강한 지지와 함께 참여 의지를 보여주었다고 한다. 그러나 자연적으로 몇몇 회원국들로부터는 회의적인 목소리가 흘러 나왔고, 특히 미국의 경우 더욱 회의적이었다.[48] 회의적 관점을 철회를 위해, 스트롱

---

46) *BBC Monitoring International Reports*, June 19, 2004, Lexis Nexis Academic, http://web.lexis-nexis.com.

47) *Kyodo News Service*, June 25, 2004.

은 실무단들이 "협상 과정을 보호하고, 정보 제공을 위해" 특별히 고안되었다는 사실과 어떠한 일탈도 없다고 강조했다. 유엔특사는 다음과 같이 그의 의도를 설명했다: "무기 문제에 대한 논의가 구체적이고 실질적인 에너지와 경제적 제안이 수반되어야 한다는 지점까지 도달할 때, 이러한 결정을 내리는 것을 돕기 위해 고안된 전문적인 업무는 특별한 하나의 이익 집단이 아닌 국제적인 집단으로부터 결정을 내리는 것에 도움을 얻을 수 있는 것이 가능할 것이다."[49] 그 이후로, 스트롱은 관련 당사자들과 논의를 통해 미국과 북한을 포함한 6자 회담의 모든 회원국들이 실무단에 참여하겠다는 것을 밝혔다. 6자 회담의 실무단에는 전직 미국 관리가 의장직을 맡기로 예정되었다. 실무단은 8월 또는 그 이후에 업무를 시작하기로 예정되었다.[50]

마지막으로, 포괄적인 해결책의 한 부분으로써 스트롱은

---

48) 예를 들어, 북한 에너지 원조를 위한 KEDO의 미국측 대표를 역임한 (2001년 5월~2003년 8월) 찰스 프릿차드(Charles Pritchard)의 2004년 7월 15일 있은 "북한 핵문제에 관한 6자회담의 최근 라운드에 관한 보고" 미국 상원 국제관계 청문회에서(http://www.senate.gov.) 그의 견해를 들어보면, 프릿차드 씨는 브루킹 재단의 연구 교수(Visiting Fellow at Brooking Foundation) 라는 개인 자격으로는 유엔의 개입을 이야기하고 있지만 적절한 당사자 간의 보다 긴밀한 협력의 필요성을 강조하고 있다. 그는 "북한에 대한 가능한 에너지 제공을 위한 몇몇의 사적이고 공적인 형태에 유사한 방식이 존재하고 있다. 그 중 하나는 유엔 사무총장의 북한에 대한 특사 형태를 포함한 노력"이라고 이야기 하고 있다. Mr.Pritchard's Statement, p.3.

49) 에너지 패키지에 관해, 스트롱은 유엔은 북한 에너지 문제 해결을 위한 장기적인 해결책을 제공하는 것을 목표로 삼고 있으며, 계속해서 석탄, 천연가스, 재생 가능한 에너지 등을 포함하는 다양한 대체물을 포함하는 "모든 에너지 옵션"을 구상중이라고 했다. *Kyodo News Service*, June 25, 2004.

50) Interview of Maurice Strong, *Asahi Shimbun*, August 6, 2004.

2003년 6월 연설에서 "영구적인 평화"의 수립을 한반도에 이룩할 필요성에 대해 강조했다. 즉, 1953년의 휴전 협정을 평화협정으로 대체하고, 공식적으로 전쟁 상태를 종식시킬 것을 강조했다. 가장 우선순위는 "북한의 시급한 안보와 경제적인 문제와 핵무기 프로그램을 버리는 국제 사회의 요구"에 부합해야 하는 것이지만, 포괄적인 문제해결을 위한 이러한 과정은 한반도의 번영과 장기적인 안보를 보장해 주고 전 지역의 경제 번영과 안정에 기여하는 "평화 협정"을 이끌어내는 목표가 협상 과정에서 "첫 단계"로 보여진다. 이러한 점에서, 스트롱은 "한국 전쟁의 포괄적인 해결"에 대한 미국 평화재단(Institute of Peace) 보고서에 특별한 중요성을 부과했고 이것이 – 특히, 한국전쟁에 직접적으로 참여했던 – 남북한, 미국과 중국과 중요 당사자국들에게 "진지하게 고려될 것"을 희망했다. 그리고 휴전 협정은 유엔안전보장이사회와 유엔이 요청했던 전쟁에 참여했던 다른 국가들에 의해서도 승인되었다. 따라서 위에서 자세히 설명한 바와 같이 6자 회담 형식을 통한 지역적 과정은 비록 조심스럽지만 한반도와 동북아 지역의 평화와 안보를 정착시키기 위해 진전되고 있다. 유엔은 "제 삼의 중제자"로써 역할을 하고 있으면서 이러한 과정을 용이하게 하고 있다. 북한이 만약 성공적으로 이러한 과정에 참여하고 변화될 수 있다면, 이는 동북아시아에서 안보 공동체 구축에 있어 중대한 촉매제가 될 것이다. 만약 유엔이 동북아의 지역적 협력과 궁극적인 안보 공동체를 더욱 육성하기를 바란다면, 로즈마리 풋(Rosemary Foot)이 이야기한 것처럼 지역적 안보 구조의 "중심 기둥"이 아닌 "유용한 버팀목"이 되기 위해서 유엔은 지역적 주도성을 개발하고, 관련 집단들 간에 적절한 조정을 신중히 고려해야 한다. 이것이 유엔이 동북아시아에서 지역 안보 공동체 건설에 건설적이고 효율적인 역할을 할 수 있는 방법이다.[51)

VI. 결론

동북아에서 안보 공동체가 있을까? 없다. 그럼 동북아에서 안보 공동체를 형성하는 것이 가능할까? 가능하다. 그러나 앞으로 어려운 과제가 남아있다. 위에서 언급한 바와 같이 "안보 공동체" 구상은 동아시아 지역에서 대두되고 있다. 주

---

51) USIP리포트는 본질적으로 "평화조약"을 지지하지는 않지만, 주요 4대 교전국인 한국과 북한, 미국, 중국 간의 전쟁에 대한 합법적이고 공식적인 결론을 수립할 수 있는 포괄적인 평화협상안을 제안했다. 이러한 평화 협상안은 다음 사항을 포함한다. 공식적인 휴전과 미국과 북한간의 관계 정상화의 시작; 한국과 북한간의 주권과 영토에 대한 인정; NPT, IAEA 보호조항, 그리고 1992년에 있은 한반도 비핵화 선언, 남북한 기본합의서, 북한이 대량살상무기 프로그램에 대한 영구적이고 검증 가능한 폐기 등에 관해 한국과 북한 양국 간의 재신임; 남북한 기본합의서에 합의한 재래식 무기의 감축; 한국과 북한에 대해 미국과 중국이 안전을 보장; 경제원조, 국제금융제도에 대한 접근, 인도주의적 원조 등이 가능한 포함된 보충협정, 경제 원조 등의 요소가 휴전협정을 영구적인 평화정착을 위한 협상과정의 필수불가결한 요소가 될 필요는 없다. 포괄협상안은 유엔안전보장이사회와 한국전쟁 참전 15개국, 그리고 일본에 의해 승인되는 것이 바람직하다. "A Comprehensive Resolution of the Korean War," *USIP Special Report 106* (May 2003), http://www.usip.org. According to newspaper reporting, the U.S. side has proposed to North Korea ideas similar to the USIP report, i.e., replacing the Armistice with a permanent peace mechanism, as part of a comprehensive settlement for a complete nuclear disarmament by North Korea. *Nihon Keizai Shimbun*, November 15, 2003.

요 추진력으로서의 아세안 효과는, 동남아시아에서 안보 공동체의 형성과 더불어 "동아시아 공동체" 형성을 목표로 가지고 있는 아세안+3(중국, 일본, 대한민국)의 과정을 통해, 동북아시아로 넘쳐흘러 가고 있다. "느슨하게 연결된 안보 공동체"가 될지 또는 "긴밀하게 연결된 안보 공동체"가 될지는 지켜봐야 할 것이다. 어떠한 경우든, 동북아시아는 더욱 넓은 동아시아로 가는 과정에서 중요한 부분이 될 것이다.

동북아시아는 안보 공동체 형성에 있어 아마 "태아 단계"(embryonic) 또는 "초기 이전 단계"에서 "초기 단계"로 가는 길목에 있을 수 있을 것이다. 1997년의 NEACD 비정부간(Track-Two) 안보 회담 회의 상에 자세히 나와 있는 "동북아시아의 협력 원리들"은 동북아시아의 다원주의적 안보 공동체의 기본 원리로 작용할 수 있다. 이러한 원리가 이해되고, 장려되고, 정부간(Track-One) 부분에서 강화, 융합될지는 이 지역이 오늘날 직면하고 있는 시험인 것이다.

현재의 6자 회담 과정은 이런 어려움을 헤쳐나갈 유례없는 기회를 제공하고 있다. 북한문제의 "포괄적 해결"에 대한 협력을 통해 6자 회담은 동북아 안보 포럼으로 통합될 가능성이 있고, 따라서 동북아시아의 지역 안보 공동체를 위한 기초를 형성하고 있다. 동북아에서는 이러한 새로운 국면을 통해 NEASED의 개념의 부활이 될 것이다. 아직까지는 조심스럽지만 최초로 미국, 중국, 러시아, 일본과 남북한의 모든 관련국들이 실제 국익과 전략적 이익에 기초해 공통의 안보 문제를 해결하기 위해 정부간(Track-One) 형식으로 의견 수렴을 하고 있다. 경제 협력 계획은 전반적인 안보 협력과 최초로 연계될 수도 있을 것이며, 이는 더 많은 구심성(centrality)과 현실성 (reality)을 주고 있다.52)

지역 내 또는 지역과 연계된 유엔, 유럽연합, 호주, 캐나다, 몽골 또는 기타 안보 파트너들과 같은 제삼자 집단들은 만약 전략들이 적절히 조정된다면, 효과적이고 건설적인 역할을 담당할 수 있다. 의견 수렴과 포괄적 문제해결을 위한 전략에 대한 의견일치는 효과적인 해결을 위해 매우 중요하다. 미국인 국제 구호가이자 전 미국 국무부 관리였던 케네스 퀴노세스(C. Kenneth Quinones)가 언급하기를 "필요한 것은 북한을 끌고 나와 개방시키는 단계의 개발 프로그램"이라고 말했다. 그는 계속해서 "한국은 아무 성과도 내지 못한 채 우왕좌왕하고 있다. 북한은 아무 것도 갖는 것 없이 그들이 필요한 모든 것을 얻고 있다"고 계속 언급하며 한국의 햇볕 정책과 북한과의 공동 프로젝트의 문제점들을 지적했다.53) 지역적이고 국제적인 맥락 하에서 고려되고 있는 경제 원조 패키지와 에너지 원조에서 역시 똑같은 위험이 발생할 수 있다. 따라서 주요 역할은 6자 회담 또는 미래 동북아 포럼들이 맡아야 한다. 유엔과 다른 주체들과 6자 회담 과정 내의 조정 (만약 북한이 협조하지 않는다면, 5자 회담 구조에서)은 로즈먼(Rozman)이 이야

---

52) For an overview of cooperative projects in Northeast Asia, especially in energy and economy, see Hokutou Ajia Gurando Dezain Kenkyukai [Northeast Asia Grand Design Study Group], ed., *Hokutou Ajia No Gurando Dezain: Hatten to Kyousei e no Sinario [A Grand Design for Northeast Asia: Scenario for Development and Symbiosis]* (Tokyo: Nihon Keizai Hyouron-sha, 2003) (NIRA Challenge Books Series).

53) James Brooke, "Seoul Tries Hard to Keep Its 'Sunshine Policy' Free of Clouds," *New York Times*, September 6, 2004.

기 했듯이 "북한의 지도자들에게 대량 살상 무기를 이용한 공갈 협박을 포기 하지 않고 계속 나아가는 방법을 제공하는 전환점을 가지지 못하도록" 효과적인 전략을 개발하는 데 있어 중요하다.[54]

따라서 동북아시아는 시험에 당면해있다. 6자 회담과정이 동북아 안보 대화와 협력 메커니즘을 통해 동북아시아에 안보 공동체 건립이 되도록 발전이 될 수 있을까? 아니면 동북아 지역은 조정이 안 되는 오랜 습관으로 다시 돌아 갈 것인가? 현재 북한 핵 위기의 결과가 열쇠를 가지고 있다. 궁극적인 결정은 북한에 달려있으며, 북한이 그들의 핵무기 프로그램을 포기할 지의 여부에 달려있다. 북한이 어떠한 결정을 내리든지 간에, 동북아시아의 지역 협력은 과거보다는 더욱 활기를 띨 것이다. 왜냐하면 지역 협력을 통해 안보와 번영을 이룰 수 있는 이익이 너무 크기 때문이다.

---

54) Rozman, *Northeast Asia's Stunted Regionalism*, pp.366, 368-69.

제 9 장
동북아 환경 거버넌스: 유엔 시스템으로부터 무엇을 배울 것인가? - 구성주의적 전망 -

이 근

서울대학교 국제대학원 교수

본 논문의 목적은 첫째, 범세계적 지역적 환경 거버넌스의 영역에서 유엔의 자율적이고 독립적인 영향 메커니즘을 살펴보고, 둘째, 한국에 대한 사례연구를 통해서 유엔의 동북아시아에 있어서의 환경 거버넌스에 대한 영향을 평가하려는 것이다. 이 논문의 전반부는 회원국에 대하여 독립성을 지닌 유엔의 영향 메커니즘에 대한 이론적 이해에 대하여 논하고 후반부는 유엔의 동북아시아와 한국에 대한 실질적인 구체화에 초점을 맞추었다.

I. 국제기구의 영향 메커니즘: 이론

현실주의자들은 유엔과 같은 국제기구들을 단순히 국가의

시종역할을 하는 것으로 간주하고 있다. 현실주의자들의 견지에서 보면, 국제기구는 국가의 이익을 대변하기 위하여 국가들에 의해 창조된 것일 뿐이며 국제기구는 단순히 강대국들의 권력 분배를 반영하고 있는 것으로 국가들 특히 강대국들에 대한 독립적인 영향력을 가질 수 없으며 국제기구에서의 마지막 협상 결과들은 강대국들의 권력 분배를 반영할 뿐이라는 것이다.[1] 또한, 강대국들은 마지막 결정권을 가지고 있으며 국제기구의 관료들은 강대국들이 원하는 것은 단순하게 전달하는 전달자에 불과한 것이다. 나아가서, 현실주의의 세계 속에서 국제기구는 여타 국가들에 대하여 독립적인 영향력을 행사할 수 있는 여지는 아주 미미하다. 따라서 유엔 역시 미국을 포함한 상임이사국 5개국과 같은 강대국들의 도구에 불과한 것이다. 이러한 현실주의자들의 논리적 시각에 따라서 보면 우리는 유엔을 이해하기 위하여 유엔의 시스템을 연구할 필요가 없고, 대신에 강대국들의 전지구적 권력분배를 바라봄으로써 유엔의 협상들과 그 다양한 계획들의 결과를 쉽게 예측할 수 있다는 결론에 도달하게 된다.

하지만, 최근에 몇몇 구성주의학자들이 (제한된 일부영역에 불과하지만 예를 들어서 인권, 개발 그리고 환경 등의 영역에서) 국제기구들이 강대국에 대하여 독립적인 영향력을 가질 수 있다는 이론적 발견들의 근거에 대하여 논하기 시작하였다.[2] 특히 자체 관료 요원들이 있고, 예산도 비교적 큰 유엔

---

1) 이러한 생각의 전형적인 현실주의적 시각은 존 미어샤이머가 잘 설명하고 있다. John Mearsheimer, "The False Promise of International Institutions," *International Security*, Vol. 19, No. 3, Winter 1994/5, pp.5-49.

과 같은 국제기구들은 강대국을 포함한 다른 여타 국가들에
대하여 자율적인 목소리와 강력한 영향력을 발휘할 수 있는
좋은 기회를 가지고 있다고 주장하고 있다. 이론적으로, 구성
주의자들의 시각에 따르면 이러한 "비현실적인"것은 정치적
경제적 단위들이 관념적 메커니즘과 물질적 힘을 통하여 창조
할 수 있기 때문에 가능하다고 주장하고 있다. 예를 들어서,
비록 국제기구들이 강대국에 대항하여 "총과 돈"으로 맞서지
못하겠지만 범세계적으로 받아들여지는 생각(idea), 논설, 규
범, 규격 혹은 분류기준을 통해 강대국에 영향을 미칠 수 있다
는 것이다. 국제기구에 의해 만들어진 사상, 규범, 규격 혹은
분류기준이 범세계적으로 주목 받게 되면 비록 강대국들이라
도 이러한 선을 위한 관념적 힘들을 단순히 무시할 수 없는
것이다.

생각들은 국가의 주요 정책 결정자들의 해석구조를 제한하
고 변화된 해석구조를 통하여 결정된 사안들은 국가의 행동에
영향을 미치게 될 것이다. 이러한 국제기구의 관념적 영향력
의 전형적인 사례는 ILO(International Labor Organization)에서 제
정하고 전파한 산업관계에 대한 범세계적 규범 기준이다. ILO
에 의해 만들어지고 동의되고 전파된 노동기준은 경제적 행위
자들뿐만 아니라 국가 정책결정자들을 여러 각도에서 제한하
고 있다. 관련 정부 관료들을 포함하여 국가의 주요 경제 행위
자들은 노동관계의 문제를 다루기 전에 ILO의 노동기준에 그

---

2) 다음을 참조하라. Michael Barnett and Martha Finnemore, "The Politics, Power, and Pathologies of International Organizations," *International Organization* 53 (4), Autumn 1999, pp.699–732.

근거를 두고서 도덕적, 법률적으로 비난을 받지 않기 위해 기준을 위반하지 않으려 노력한다. 이것이 국제기구가 다른 행위자들에 대하여 가질 수 있는 영향 메커니즘인 것이다.

따라서 구성주의자들은 유엔과 같이 관료조직, 인원 그리고 예산을 가진 큰 국제기구들이 이들의 관념적 자원들을 창조적으로 사용할 수 있다면, 이 때에는 회원국들에 대하여 독립적으로 영향력을 행사할 수 있다는 것이다. 그리고 종종 관념적 자원들이 인권, 개발 그리고 환경과 같은 "하위정치적(low political)" 문제에 있어서 동원되고 사용되어진다는 것을 알 수 있다. 이러한 관점에서 범세계적 지역적 환경 거버넌스 영역에서 유엔의 비교적 자율적인 영향력에 대하여 연구할 수 있는 것이다.

Ⅱ. 환경 거버넌스에 있어서 유엔의 관념적 창조성: 관행

20세기의 후반부에 사람들은 환경 문제들에 대하여 보다 많은 관심을 쏟았다. 살충제의 사용이 증가하였고, 종들이 멸종되고, 토양은 고갈되기 시작하였다. 이러한 환경적 문제들을 다루기 위하여 1972년 인간환경에 대한 유엔 회의에서 환경문제를 국제적인 사안으로 대두시켰고, UNEP(The United Nations Environment Programme)의 창설에 대한 초석을 제공하였다. UNEP는 유엔의 시스템 내에서 환경적 행동과 협조에 초점을 맞추고 임무를 부여 받은 최초의 환경보호 기관이었다.[3]

15년 후에 브룬트란트 위원회의 1987년 보고서인 '우리의 공통된 미래(Our Common Future)'를 통해 환경 문제들의 분야간 특성에 깊은 관심을 표명하였고, 경제적 발전과 환경에 대한 부정적 상호작용에 대한 심도 깊은 관련성을 대두시켰다. 브룬트란트 보고서는 "지속 가능한 발전(sustainable development)"의 개념을 제시하였고, 그 개념을 "미래의 자손들이 그들의 필요성을 충족할 수 있는 능력을 저해함이 없는 범위에서 현재의 필요성을 충족하는 발전"이라 정의하였다.

지속 가능한 발전의 개념은 선진국과 개발도상국 모두로부터 지지를 받을 수 있었으므로 매우 창조적이며 성공적인 관념적 발명이었다. 개발도상국들은 개념의 "발전"이라는 요소를 강조하면서 지지하였고 반면 선진국들은 "지속 가능한(sustainable)"이라는 요소에 보다 비중을 두고서 이를 수용하였다. 하지만 이 개념의 극치는 어떠한 국가들로부터도 부정될 수 없는 범세계적인 가치를 수용하고 있다는 것이었다.

환경에 대한 많은 논란들은 1992년, 지속 가능한 발전에 대한 위원회(CSD: Commission on Sustainable Development)의 발족을 결의한 유엔 결의 47/191을 결정하고, 그 개념을 제도화한 UNCED 리오 정상회담에 이르러 최고조를 달했다. CSD는 고위 협력과 협의사항 구성 위원회로서 협의사항 21에서 채택된 발전과 환경의 통합된 협의사항을 추구하는 기관이다.[4]

---

3) UNEP에 대한 역사적 이해를 위해서는 다음을 참조하라. David Downie and Marc Levy, "The UN Environment Programme at a turning point," in Pamela Chasek ed., The Global Environment in the Twenty First Century (The United National University Press, 2000), p.355-377.

4) CSD에 대한 자세한 내용은 다음을 참고하라. Pamela Chasek, "The UN Commission on Sustainable Development: The First Five Years," in Pamela Chasek

"지속 가능한 발전"이라는 개념과 UNCSD가 창설된 후에 회원국의 환경관련 부서들은 지속 가능한 발전을 심각하게 받아들이기 시작하였고, 국가적 차원에서의 CSD들 혹은 그와 유사한 조직들을 만들어 갔다. 국가적 차원의 CSD들은 각 국가의 협의사항 21에 대한 적용 및 진행상황에 대하여 UNCSD에 보고를 할 뿐 아니라 정부의 조언기관으로서의 역할도 수행하고 있다.

　다음 장은 국제기구에서 만든 지속 가능한 발전이라는 개념이 어느 정도 동북아시아, 특히 한국에 적용되고 있는지를 알아보면서 환경문제 영역에서 유엔의 관념적 영향력을 점검하도록 하겠다.

Ⅲ. 지속 가능한 발전에 대한 한국의 노력

　1992년 협의사항 21이 채택된 이후, 대한민국은 지속적으로 지속 가능한 발전에 대한 국가전략을 추진하고 있다. 1992년의 협의사항 21에서 추진하고 있는 정책들을 적극적으로 추진하기 위해 1996년 협의사항 21에 대한 국가실행계획을 세울 필요성이 있었다. 국가실행계획(NAP: National Action Plan)은 협의사항 21의 각 장에서 언급하고 있는 모든 적용프로그램들의 집산이라 볼 수 있다. 환경적 고려 사항들은 1993년부터 1997년까지 진행된 제7차 5개년 사회경제 계획에 포함되었으며,

---

ed., The Global Environment in the Twenty First Century, pp.378-398.

미래 한국의 사회 경제적 발전을 위한 방향을 제시하고 있는 비젼 2011 또한 제시되었다.

환경부와 관련 부서들이 지속 가능한 발전에 대한 주요 국가적 제도들이다. 환경부는 환경 구제와 정책들에 대한 계획, 발전 그리고 실행에 대한 책임을 질뿐만 아니라 다른 부서들과 정부기관에서의 환경 문제들을 조율하고 감독한다. 건설교통부를 포함한 9개의 정부 기관이 그들 고유의 업무영역에서 환경과 관련된 정책들과 사업들을 실행하고 있다. 또한, 환경부는 환경과 관련된 문제에 있어서 지방자치단체에 대한 관할권 역시 행사하고 있다. 이와 같이 환경부의 역할은 정부 각부서와 기관들간, 정부와 NGO 그리고 산업 주체들간의 상충하는 이견을 조율하는 중개인의 역할을 한다.

이러한 맥락에서 경제관련 기능들의 정책결정과정에 환경과 사회적인 요소들을 적절하게 통합하기 위해 정부 부서간 협조를 위한 제도적 메커니즘이 세워질 필요가 생긴 것은 명약관화한 사실이 되었다. 따라서 2000년 대통령직속기관으로 지속 가능한 발전에 관한 위원회(PCSD: Presidential Commission on Sustainable Development)가 설립되었다. PCSD는 계획단계에서 주요 환경정책 방안들에 대한 재점검을 통해서 이의 실행 과정 중에 발생할 수 있는 분쟁들을 최소화하는 책임을 지고 있다. 이 위원회는 13명의 장관들과 10명의 시민사회단체 인원들, 학계 그리고 사업가들로 구성이 되어있다. 위원회는 또한 예하에 국토보존, 수자원, 환경시스템과 공공건강, 에너지 정책, 산업과 환경 국제/지역 협력과 같은 6개의 하부 세부위원회를 가지고 있다.

1995년 녹색 비전 21에서 지속 가능한 발전에 대한 포괄적이고 통합된 전략 계획이 제시되었다. 2000년 6월에 정부는 새 천년을 위한 국가환경비젼이라는 지속 가능한 발전을 위한 새롭고 통합된 전략계획을 제도화하였다. 이 계획은 오염 통제에서 오염 예방으로의 정책적 강조점의 이전, 시장경제와 민주주의에 기반을 둔 환경적 거버넌스, 환경과 경제적 정책들의 통합 그리고 환경을 보존하려는 모든 투자자들의 적극적인 참여라는 몇 가지의 혁신적인 원칙들에 바탕을 두고 있다.

1992년 리오 정상회담과 이어진 국제환경운동의 발전은 한국의 환경 NGO의 성장에도 많은 영향을 끼쳤다. 1998년 이전 33개에 불과했던 NGO들이 2001년 기준 489개로 증가하였고, 1994년에는 지속 가능한 발전 네트웍 혹은 SDN이라 불리는 웹사이트가 문을 열었다. 환경정책에 관한 NGO 연맹은 정책 결정과정에서 시민사회의 의견과 참여를 효과적으로 포괄할 수 있게 하였다. 최근에 한국에서는 많은 경우에 지속 가능한 발전과 관련된 주요정책 결정이 사회단체와 언론의 주도하에 공공의사를 형성함으로써 영향을 미치고 있음을 볼 수 있다.

일본의 경우, 일본의 국가 지속 가능한 발전 전략들은 1994년에 처음 시행되었고, 2000년에 개정된 기본 환경 계획에 그 골자가 담겨져 있다. 일본은 1996년에 정부, NGO와 산업 주체들의 대표로 구성되어 서로간의 대화를 촉진할 목적으로 지속 가능한 발전을 위한 일본 위원회를 설립하였다. JCSD(Japan Council for Sustainable Development)는 정부의 조언기관이며 기본 환경계획에 의거 취해지는 진행 방책들에 따르는 것을 그 의무로 하고 있다. 국가적 차원에서의 협의사항 21에 부가적으로 지방 협의사항 21이 47개도와 12개 대도시에서 진행되고 있으며, 지방 정부들은 법적 적용, 규율과 지침의 실행, 관찰적 측면에서는 오염 측정과 통제 등 환경보존과 관련된 문제에 직접적인 업무를 수행하고 있다.

Ⅳ. 평가

구성주의자들이 논하듯이, 일부 하위정치 즉, 환경과 개발 등의 문제영역에서 국제기구들이 국가에 영향을 미칠 수 있다. 다시 말해서, 범세계적으로 주목 받을 수 있는 획기적이고 창조적인 생각들을 만듦으로써 국제기구는 특정 이슈 영역에서의 논쟁을 위한 발언권을 확보할 수 있다는 것이다. 이와 같은 사실은 지속 가능한 발전의 개념을 둘러싼 회원국들의 환경정책에 대한 유엔의 영향력 행사 노력들이 한국에서 제도화, 패러다임 변화, 증가된 시민사회의 환경에 대한 인식 그리고 실체적인 조치 계획들의 수립이라는 실제적인 변화를 일으켰다는 측면에서 그 성과를 거두기 시작하였다는 것이다. 비록 1960년대나 혹은 1970년대 고도성장의 시기에 경제정책의 적용속도 만큼 환경정책의 적용이 빠르지는 않았지만 지속 가능한 발전이라는 개념은 한국의 환경 정책과 운동에 중심 축이 되었다.

지속 가능한 발전이라는 개념은 UNCED의 생각과 활동의 영향이 회원국들에게 깊은 영향을 미치고 있음을 보여주고 있으며 이미 각국의 환경계획과 정책을 구상함에 있어서 지속적인 방침이 되었다. 동북아시아의 환경문제를 해결함에 있어서 개별 국가들의 자발적인 노력이 국제적 협력 못지않게 중요하다. 만약 개별 국가들이 모두 지속 가능한 발전 정책들의 핵심을 받아들인다면, 역내에서 국가들 간의 자연스러운 조화가 이루어질 것이기 때문에 국제적 협력은 그다지 필요치 않게 될 것이다. 따라서 동북아시아에서의 유엔의 환경문제 해결에 관한 시스템으로부터 배울 점은 국가들의 행동을 변화시킬 수 있는 관념적 자원들의 중요성이라는 것이다. 생각이 항상 사람의 마음을 움직이게 하는 것은 아니며 특히 그 사람이 생존이라는 극단적인 상황에 처해있다면 더욱 어려운 것이다. 하지만 우리는 생각의 힘과 역할을 간과하여서는 안 된다. UNCED의 관념적 발명이라 할 수 있는 지속 가능한 발전의 개념은 세계적 환경 거버넌스에 있어서 조류를 변화시켰고 따라서 동북아시아의 지역적 환경 거버넌스에도 큰 영향을 미쳤다. 유엔은 단순히 강대국들간의 세계적 힘의 분배를 반영하는 것이 아니고 때로는 특히 하위정치 영역에서 독립적이고 자율적인 정치적 행위체가 될 수 있다는 것이다. 유엔이 얼마만큼 그 영향력을 다른 국가들에 대하여 미칠 수 있는가의 정도는 유엔이 관념적 자원들을 발명하고, 동원하고, 사용하는 창조적이고 혁신적인 능력에 달려있다.

제 10 장
한국의 이라크 파병의 목적, 역할, 전망

홍 규 덕
숙명여자대학교 교수

I. 서론

노무현 정부는 미국의 요청에 따라 2003년 10월 18일 이라크에 추가파병을 하기로 결정했다. 하지만 노무현 정부는 당초 미국에서 요청한 것보다 파병시기를 2배로 연기해야 하고 부대규모를 1/4로 줄여야 한다. 본래 미국은 101번째 공수사단을 대체하기 위해 이라크 모술 지역으로 한국부대가 파병되기를 원했다. 하지만 한국군 이라크 파병의 역할 및 목적에는 한-미간 커다란 차이가 있고 따라서 최종 목적지는 모술에서 키르쿠크로 그리고 이라크 북부지역의 쿠르드 족 지역인 아르빌로 바뀌었다. 한국은 국회에서 통과된 이라크 파병을 확인하는 법안에서 한국의 이라크 파병군은 미국 지휘 아래 있거나 미군과 함께 전투에 참여하는 것을 허용하지 않는다는 사실을 명시하였다.

법안에 의하면 한국군의 임무는 민생안정과 전후 재건에 한정되어 있다. 이는 미군이 본 군의 무거운 짐을 완화시키기 위해 많은 석유가 매장된 이라크 북부의 주요 지역의 안정화 작업에 한국군의 참여를 원했기 때문에 부시 행정부를 크게 실망시켰다.

소위 "파병 외교"는 미국이 1960년대 베트남에서 그다지 대중적이지 못한 전쟁에서 동맹의 참여를 급하게 필요로 할 때 한국으로 하여금 미국의 이익과 자신감을 얻는데 가장 효율적인 정책 도구였다. 하지만 이는 정부가 미국의 이라크 전에 대한 비난을 마다 않는 비정부기구(NGOs)와 신세대 파워 엘리트 그룹으로부터의 강한 압력을 받는 상황에서는 적용되는 것 같지 않았다.[1]

이 논문은 어떻게 사회적 압력이 한국에서 이라크 파병의 정책결정과정에 영향을 미치는지 그리고 이것이 미국과의 동맹관계에 어떠한 영향을 미치는지에 초점을 둔다. 외교정책 분석이 성공적인 분석수준 문제 해결을 하지 못했다는 사실을 고려하여, 본 논문은 이 이슈에 대해 다른 여러 각도에서 접근해보기로 하겠다. 그 범위는 사회적 그리고 국내적 정치 수준에서 국제체제적 수준에 이른다.

또한 본 논문은 쿠르드 족 지역에서 독립적으로 활동하고 있는 한국 파병군들의 잠재적인 득과 위험을 분석해본다. 부

---

1) 홍규덕, 불평등한 파트너: 베트남전 기간의 한-미 동맹(미발표 박사학위 논문, South Carolina 대학, 1991)

시 행정부는 이라크 이웃과 많은 이라크 인들의 경고에도 불구하고 쿠르드 족 지역이 새로운 주권국가인 이라크의 일부로써 반 자체적으로 남아있도록 결정하였다.[2] 신 이라크를 건설하는 과정에서 결국 종족적 그리고 분파적 라인이 이라크를 분열시킬 경우 한국군은 무엇을 할 것인가? 본인들의 정부를 형성고자 하는 잠재적인 쿠르드 족의 시도의 증가로 인해 이라크 인들의 두려움은 커지고 있는 상황이다. 한국군의 미션이 기본적으로 쿠르드 족들을 보호하고 북이라크에서 이들의 이익을 도모하는데 있는 상황에서 이라크 인들의 혐오를 완화시키는데 한국군은 매우 어려운 상황에 처할 것이다.

II. 외부압력 vs. 사회적 압력

미국이 대규모의 한국군 파병을 강력히 요청한 바 2003년 7월이나 8월 경 쯤 한국에서는 곧 한국군이 이라크에 파병되어 미군을 도와줄 것이라는 루머가 돌았다.[3] 미국이 필요할 경우 한국군 파병을 요청하는 일은 전혀 새로운 사실이 아니었다. 한국 측 자료에 의하면 미국은 2002년 4월과 5월에 아프가니스탄에서의 미국 안정화 노력을 한국이 도와줄 수 있는지

---

2) Steven R. Wiseman, "Kurdish Region in Northern Iraq Will Get to Keep Special Status" *New York Times* (2004. 1. 5) http://www.nytimes.com/International (접속일: 2004.1.5)

3) 한국 정부는 최초로 미국이 비공식적 채널을 통해 요청한 한국군 추가파병에 협조할 것 요청했다는 사실을 확인했다. "U.S. asking Seoul for troops for Iraq," *JoongAng Daily*(2003.9.9) http://service.joins.com (접속일: 2004.8.21)

10번 이상 요청하였다고 한다.[4] 2002년 5월 27일 미국중앙사령부 지휘관인 토미 프랑크(Tommy Franks) 대령은 한국 연락장교그룹을 통해 한국 전투군의 아프가니스탄 파병을 요청하였다.[5] 전투군과 더불어 미국은 한국의 지뢰제거 차량, 기계화 보병중대와 의료부대의 증대에 관심을 보였다.

또한 미군은 2002년 초기 새로운 형태의 대테러리즘 활동을 시도할 때 한국 특수군의 필리핀 파병 가능성을 확인하였다.[6] 이를 요청할 당시 미국 관료들은 매우 조심스러워 하였는데, 이는 강한 반미감정이 한국에 있었기 때문이다. 한국군 관료들은 이를 거절하는데 매우 조심스러워하였다. 한국은 한국군을 파병함으로 미국 이니셔티브에 응하였다. 2001년에는 Krgyzistan에 90명 규모의 야전외과병원 부대를, 2003년에는 미군과 이탈리아 군과 더불어 이라크 나시리아의 Tallil 항공 기지에 670명의 군 엔지니어들과 의료그룹을 파병하였다. 하지만 이상 두 경우 모두 한국군 관료들은 추가 전투력을 보내달라는 미국의 요청을 거절하였다. 한국인들은 만일 미국이 추가한국의 추가 파병을 원한다면 공식적 외교 채널을 통해 접근하는 것이 낫다고 주로 제안하였다. 그리고 이들에게 국회에서 파병안을 통과시키는 것이 매우 어렵다고 설명하는 것이 낫다고 말했다.

하지만 이라크의 경우 조지 W. 부시 대통령 자신이 한국 전투군을 파병하는데 앞장서. 있었다. 조지 W. 부시 대통령은

---

4) 『조선일보』(2002.5.28), p.1, p.3.

5) *Ibid.*

6) *Ibid.*

한국의 새 윤영관 외교통상부 장관을 백악관으로 초청하여 2003년 9월 3일 바그다드 함락 이후 안정화 노력에 한국정부의 지원을 받고자 하였다.[7] 윤영관 외교통상부 장관은 부시 대통령에게 한국 정부가 미국의 요청을 고려하겠다는 긍정적인 답을 하였다. 김희상 대통령 국방보좌관 또한 한국은 미국의 요청을 빠른 시일 내에 받아드려야 한다고 하였다.

하지만 한-미간만 큰 간격이 벌어졌던 것이 아니었다. 정책 서클 안에 있는 한국 관료들 사이에서도 크기, 구성, 그리고 파병 시기에 대해 커다란 차이가 있었다. 이라크 파병군은 출범한지 얼마 되지 않은 노무현 정부에게 분명 어려운 이슈였다. 왜냐하면 노무현지지 그룹은 그들의 자기의존과 반 전쟁 위치와 맞지 않는다는 이유로 이라크 파병을 지지하지 않기 때문이다.

노무현 대통령은 미국으로부터 오는 외부적 압력과 이와 동시에 미국의 전쟁을 지원하는 그를 강하게 반대하는 사회적 압력에 부딪혀 곤란한 상황에 놓이게 되었다. 이들 중 어떤 것도 노무현 대통령에게 있어서는 쉬운 결정이 아니었고, 그가 할 수 있는 최선의 선택은 이 둘을 조합하여 가능한 한 결정을 뒤로 미루는 것이었다. 임기 1년의 대통령으로서 외부 힘을 만족시키기 위해 자신의 정치적 생명을 위협할 가능성이 적은 점은 충분히 이해할 만하다. 아직도 그의 세력의 뿌리는 외교정책에서 자기의지적 행동을 지속적으로 추구하는 진보 그룹과 개혁정신의 젊은 세대에 있기 때문이다.

---

7) 9월 3일 부시대통령은 윤영관 장관을 백악관으로 초대하여 20분간 미팅을 가졌다. "U.S. steps up Iraq troop bid" *JoongAng Daily* (2003.9.15).

하지만 노무현 대통령은 한국이 지금까지 북한의 잠재적 위협으로부터 미국에 크게 의존하고 있는 상황에서 미국의 요청을 완전히 무시할 수는 없었다. 또한 한국의 대통령이라는 새로운 역할은 중요한 결정을 하는데 있어서 미국의 위치를 심각하게 고민하게 하였다. 그 결과 노대통령은 파병을 하되, 미국이 원래 요청했던 숫자와 파병시기보다 훨씬 작게 그리고 훨씬 늦게 파병하기로 결정하였다.

이러한 새로운 한국의 행동유형은 두 가지 방법으로 해석될 수 있다. 일부 한국 정책 결정자들은 이를 잘 조정된 행동이라고 보고 미국을 돕기 위한 추가 3,000명 파병크기는 영국을 제외한 다른 미국의 동맹국보다 그 크기가 크기 때문에 일종의 외교차원의 승리라고 본다. 이들은 이번 결정이야말로 더 이상 한국이 반드시 미국이 원하는 데로 따르지 않는다는 사실을 세계에 보여주는 역사적 전환점이라고 본다.

하지만 항상 그렇듯이 두 포지션 사이에서 균형을 이루기는 쉽지 않다. 이 정책을 비난하는 사람들에 의하면 이번에 결정을 연기한 것은 노무현 대통령으로 하여금 부시 행정부로부터 회복하는 절호의 찬스를 놓친 것이라고 한다. 특히 평론에 의하면 Kirkuk 지역 안정화 작업에서 미국과 함께 일하자는 요청을 거절한 한국의 결정은 매우 큰 실수라는 것이다. 미국의 요청에 응하지 않는다는 결정은 이를 이행했을 때와 비교하여 죽음으로부터 60~70명의 한국군을 살릴 수 있었다. 하지만 이러한 결정은 양 군사간 반세기가 넘도록 쌓아온 신뢰성을 손상시켰다. 새 파워엘리트는 미국 정치와 외교정책에 있어 가장 영향력 있는 미국 군대의 역할을 경시하는 것처럼 보였다. 미군은 한국전쟁에서 한국군들과 어깨를 맞대고 싸웠다. 그리고 미군은 1960년대와 1970년대 초 베트남전에서 한국군의 유능함을 그들의 경험으로부터 알았다. 이러한 전투 경험은 한국군이 현재와 미래 미국 전략적 고려와 뛰어난 전투 능력 그리고 미군 전력의 유용성에 있어 가치가 있음을 증명하였다. 지금과 같이 어려운 상황에서 미국은 한국군을 다른 동맹국과는 바꿀 수 없는 자산으로 보았다.

이번 미국의 이라크 추가 파병요청을 다룬 케이스는 노대통령이 독립적 외교정책가치를 선봉하고 어떠한 비용을 들여서라도 동등한 동맹을 추구하는 신파워엘리트 그룹으로부터 좌우되었다는 것을 보여준다. 하지만 자주동맹과 역사바로잡기에 대한 그들의 강력한 주장은 전적으로 주관적인 판단과 가치체계를 바탕으로 하고 있다. 이들에게 있어 베트남전 참전은 주로 독재적 그리고 반민주적 정권인 박정희 정권이 결정한 부끄러운 역사의 일부이다. 이들의 역사해석에 의하면 박정희 대통령은 그의 세력을 굳게 하기 위해 존슨 행정부의 제국적이고 부조리한 전쟁에 뛰어들었다는 것이다. 이들 신파워엘리트 그룹은 이승만과 박정희가 미국 사회의 보수주의 부문의 지속적인 지원을 얻기 위해 반공산주의를 도구로 이용하였다는 것이다. 미국의 도움으로 이승만과 박정희는 민주적 원칙을 파괴하고 민주주의를 위해 싸운 사람들을 고문하여 장기간 독재 정권을 지속할 수 있었다고 한다. 이들의 역사관에 의하면 박정희는 한국전 당시 한국의 빚을 갚는 방법으로 베트남전 참전을 정당화시켰다는 것이다. 또한 박정희는 성공적으로 이에 감사하는 대중심리를 이용하였고 한국의 젊은 이들은 베트남전에 동원되었고 옳지 않은 동기로 인해 희생되었다는 것이다.

이러한 종류의 재해석 관점은 대부분의 386세대들 사이에 공유되고 있고 정책 결정 과정의 주요 그룹인 한국정부와 여당 그리고 비정부기구와 지지그룹들 내에 강하게 영향을 주고 있다. 노대통령은 이들 지지그룹들로부터 등 돌리기가 매우 어려운 상황이며 전직 노동변호사였던 자신조차 전적으로 이들의 명분을 지지하고 있다. 비록 노대통령이 대규모의 전투력을 보내달라는 미국의 요청을 거절하더라도, 비정부기구의 강성 과격한 회원들과 진보정치인들은 3천 병력 파병이라는 노대통령의 결정에 대해 아직도 비판적이다. 일부 민주노동당원들은 노대통령의 결정에 항의하기 위해 금식투쟁을 시작하였다. 또한 여러 노조와 351여개 시민연합단체는 이라크 파병을 재고하도록 정부에게 지속적으로 강력한 압박을 넣고 있다.

III. 관료적 정치 모델의 재등장

이라크 추가 파병 이슈와 관련한 정책결정과정의 주요 행위자들을 주시해보는 일은 흥미롭다. 우선, 처음부터 국방부와 군은 한국 전투병 이라크 파병에 대해 가장 협조적이었다. 그리고 이들은 자금 한도 내에서 대규모 전투병을 파병하는 쪽이 더 낫다고 생각하였다.

물론 군 내 여론은 두 대대에서 작은 보병 사단에 이르기까지 분열되어있다. 하지만 청와대 김희상 국방보좌관이 제안했듯이 여러 군 수뇌부들은 적은 수의 파병군은 미국이 이라크에서 한국에 요청한 미션을 수행하는데 적합하지 않다고 생각하고 있다.[8] 하지만 이들은 정부 내에서 대규모 파병크기에 회의론이 우세하다는 사실을 전적으로 이해하고 있고, 대규모 이라크 파병에 대한 국민의 강력한 항의를 우려하고 있다. 이른 2003년 9월 26일 국방부는 부서 내 조사를 빠르게 마쳤다. 국방부는 5천여 명의 군인들로 구성된 엘리트 군 파병이라는 손상시키는 그 명예를 해결책을 제안하였다. 국방부에서 제안한 파병군의 크기는 한국남쪽 지역의 한 개 여단과 일개 사단 사이의 크기이며 대북한 제지능력을 축소시키지 못하는 크기였다.[9]

국방부는 국민들에게 그 입장을 발표하지 않았다. 김 장군은 전투병을 지지하는 세 가지 이유를 제시하고 있다. 첫째, 한국은 빠른 미래에 주한미군 재조정 협상에 있어 미국에 할 말이 많아진다는 것이다. 둘째, 전투병 파병은 한국으로 하여금 북한 핵 문제 교착상태와 관련한 이슈를 다루는데 있어 이득을 준다는 것이다. 마지막으로 전후 이라크의 재건활동 참가는 경제적 이익을 가져다주고 석유의 안정적 공급을 보장한다는 것이다.[10]

---

8) "Government Mulls Over U.S. Request for More Troops in Iraq" *Dong-A Ilbo* (2003.9.14) http://english.donga.com (접속일: 2004.8.20)

9) "Elite Troop Dispatch in the Rear Considered" *Dong-A Ilbo* (2003.9.26) http://english.donga.com (접속일: 2004.8.20)

10) "Government Mulls Over U.S. Request" *Dong-A Ilbo* (2003.9.14) http://english.donga.com (접속일: 2004.8.20)

아마도 대부분 군 고위 관료들은 그의 분석에 동의할 것이고 미국과 함께 일한 지난 경험에 의해 한국군은 이러한 종류의 제안을 기회로 볼 것이다.

두 번째, 언제나 외교통상부는 한-미 동맹의 우려 섞인 상황에서 좋은 모습을 보이려고 하였다. 윤영관 외교통상부 장관은 이라크 군대 파병은 미국 국민들과 결정권자들 사이에 한국의 역할에 대한 신용을 회복하고 회의론을 축소시킬 수 있기 때문에 이를 지지하였다. 외교통상부의 많은 고위급 관료들은 만약 한국이 미국의 제안을 거절한다면 더 많은 미국인들이 미래의 동북아시아 미국 안보 전략에 있어 한국을 도외시 할 것을 우려하였다. 외교통상부의 핵심 관료들은 노무현 대통령이 태국 방콕에서 개최되는 2003년 10월 20일 APEC 정상회의에서 그의 입장을 명백히 전달할 것이기 때문에 파병 결정이 늦어도 10월 중순까지는 되어야 한다는 입장을 유지하였다.

또한 외교부 관료들은 더 많은 국가들이 전후 활동에 참여하고 있는 상황에서 그리고 2003년 10월 16일 이라크 재건에 다국적 원조를 지지하는 유엔안전보장이사회의 결의안 전원일치투표가 이루어진 상황에서 한국은 홀로 남겨져서는 안된다는 입장을 유지하였다. 또한 관료들은 이러한 상황에서 미국이 요청한 이라크에 추가 파병에 긍정적으로 응한다는 것은 한국정부에게 있어 파란불을 가리키는 것이라고 하였다.

셋째, 청와대와 국가안전보장이사회는 이상의 두 기관과 비교하여 이러한 낙관론을 공유하지 못하고 있었다. 이들의 주요 관심은 이라크 파병이 노무현 대통령의 대중 인기에 미치는 잠재적인 부정적 영향이었다. 이들에게 있어 이는 신중한 숙고를 필요로 하는 주요한 결정이었다. 따라서 이들은 노 대통령에게 애매한 입장을 취하라고 충고하였고, 노 대통령으로 하여금 이러한 중요한 결정을 하는데 더 많은 시간이 필요하다는 말을 반복하게 하였다.

라종일 국가안보보좌관은 CBS 라디오 인터뷰에서 "이라크에서 전쟁은 끝났으므로 우리는 위험한 분쟁에 관여될 수 있는 군대를 파병할 생각을 안하고 있다"고 말하며 전투병 파병은 생각할 수 없는 것이라 암시하였다.[11] 또한 청와대 관계자들은 파병반대 국민의 목소리를 고려하여 전반적 파병수를 줄이고자 하였다. 청와대는 워싱턴이 14개 다목적 군으로 구성된 9천 여 군 크기의 폴란드 주도 보병군과 유사한 군을 원한다는 사실을 안 후 "전투병" 개념에 민감해졌다.

하지만 국방 관료는 다목적군이 심각한 대화 문제를 불러일으킬 것이라 우려하였고 따라서 이들은 자체 지휘 및 통제권을 갖고 독립적인 활동을 하고자 하였다. 나아가 군 관료들은 만여 명으로 구성된 완전한 사단을 파병한다는 것은 한국군에게 더 많은 안전을 확보하는 것이라 강하게 주장하였다. 또한 이들은 다목적 특수 부대들은 이러한 활동을 수행하는데 있어 특히 유능하다고 주장하였다. 왜냐하면 이들은 1999년부터 동티모르에서의 실제 평화유지활동을 비롯하여 여러 다른 환경에서 훈련을 받았기 때문이다.

하지만 청와대와 국가안전보장이사회는 국방부의 계획을

---

11) "Decision on troops may be sooner," *JoongAng Daily* (2003.10.1) http://service.joins.com (접속일: 2004.8.21)

그리 탐탁히 생각지 않았다. 왜냐하면 이들 엘리트 군을 파병하는 것은 한국군이 비전투 평화유지군이라는 개념상의 의문을 가져올 것이기 때문이다. 이들이 가장 우려하는 것은 이라크에 추가 전투병 파병을 반대하는 국내 저항의 목소리의 증가 가능성이며, 우리 사회의 젊은이들과 진보세력으로부터 지지를 잃을 것 등이다. 나아가 이들 관료들에 의하면 전체 사단을 파병한다는 것은 한국에게 너무나 큰 경제적 부담을 준다는 것이다.

2003년 10월 18일, 국가안전보장이사회 회의 후 노대통령은 드디어 이라크 파병이라는 그의 결정을 발표하였으나 명확한 시간표 제시에는 실패하였다. 조영길 국방부장관에 의하면 그의 정부는 2003년 11월 17~18일 한-미 안보자문회의(SCM)를 위해 한국을 방문할 도널드 럼스펠드 미국방부 장관과 상의 후 더 자세한 계획을 제시할 것이라고 말했다.[12)

비록 이들이 이라크 파병을 결정하였다 하더라도 정책 써클 내에서의 논의는 표류하고 있었고, 이들은 세부사항을 마무리하기 위해 힘든 시간을 갖고 있었다. 노 대통령은 젊은 유권자들이 그의 결정에 분개할 것을 우려하였고, 당시 의회 다수석을 차지하고 있던 한나라당은 파병을 반대하는 표를 잃을 우려 때문에 파병군에 대해 명확히 말할 수 없었다.

9월 셋째 주부터 시민단체와 대학생들은 대중 항의를 확산을 꾀하기 위해 소위 "이라크 파병 반대 시민 활동"을 구성하였다. 이 연합은 한국 무역연합동맹(KCTU)을 포함하여 351개

---

12) "Decision on Troop Dispatch to Iraq At Hand" *Dong-A Ilbo* (2003.10.17)
http://english.donga.com (접속일: 2004.8.20)

비정부기구(NGO)가 구성하고 있으며 이라크 한국군 파병 결정 취소를 요구하였다. 양쪽의 정치인들은 이러한 종류의 항의에 대해 조심성 있게 대처하였다는데 왜냐하면 앞으로의 2004년 선거에 미칠 가능성이 높기 때문이다.

청와대 주요 몇 몇 관료들이 이라크 파병과 부시 행정부의 대북한 정책 온건화와 관련시키려 했다는 점은 흥미롭다. 이것이 이라크 파병에 전제조건이 아니다는 사실을 이들이 깨달았을 때 결국 이들은 파병군 크기를 줄일 것을 결정하였다. 2003년 10월 27일 국가안전보장이사회의 한 상급자는 새로운 한국 파병군은 3천명을 넘지 않을 것이라 말했다.[13] 그는 한국 파병대의 크기는 언론에서 말하고 있는 수, 즉 1만 명 이상보다 훨씬 적을 것이라고 말했다. 한국군 추가 파병이라는 미국의 요청이 현재 이라크에 주둔하고 있는 폴란드 파병대와 유사한 그것이었다는 사실을 고려해본다면, 그 관료가 말하기를 "추가 파병의 수를 2천에서 3천명 사이로 보는 것이 합리적이다"라고 했다.[14]

그의 언론 발표는 국방부와 외교통상부 양쪽 관료들과 상의된 것이 아니었다. 국방부의 한 관료는 이라크에서 효과적인 미션임무를 수행할 때 필요로 하는 군인 수는 최소한 3천명 이상이라고 불평하였다. 윤영관 외교통상부 장관 또한 파병 수는 합리적 수여야 한다고 말했다.[15] 조영길 국방부 장관과

---

13) "Aide puts troops strength for Iraq at about 3,000" *JoongAng Daily* (2004.10.28) http://service.joins.com (접속일: 2004.8.21)

14) *Ibid.*

15) "Roh says decision on nature, size of Iraq troops is difficult" *JoongAng Daily* (2003.10.30) http://service.joins.com (접속일: 2004.8.21)

반기문 대통령 외교정책자문관 또한 정확한 파병수를 말하기
에는 너무 이르다고 하였다.[16]

하지만 3천명 파병수의 제안은 노대통령이 그의 주변사람
들에게 파병과 관련된 언론발표를 자제하도록 지시한 다음에
나온 말이었다. 몇 몇 관료들은 이 이슈에 대한 대통령의 입장
을 반영하는 수라는 표시라고 받아들였다.

Ⅳ. 재배치와 해체: 동맹의 문제

조셉 바이든 상원의원과 리차드 루가 상원의원 그리고 4명
의 다른 상원의원들은 미국의 이라크 안정화와 재건 노력에
기여하는 파병 결정을 내린 한국에 감사하는 결의안을 제안하
였다.[17] 하지만 양국은 워싱턴 디씨에서 향후 2003년 11월 5일
에서 6일, 한국군 이라크 파병 세부사항을 논의하는 자리에서
한-미간 균열은 커지기 시작했다. 협상에서 미국 관료들은
북 이라크 지역 질서 확보를 위한 두 연대로 구성된 최소한
5천 명의 "안정화 군"에 대한 요청을 강하게 표명하였다. 로이
터 통신에 의하면 미국은 북이라크의 모술 지역에 주둔하고
있는 미국 101번째 공수 사단을 대체할 수 있는 한 개 한국
전투병 사단을 요청하였었다.

하지만 한국 대표단은 설득되지 않았다. 왜냐하면 국가안전

---

16) *Ibid.*
17) "U.S. Senate to thank Korea for Iraq troops" *JoongAng Daily* (2003.11.4)
   http://service.joins.com (접속일: 2004.8.21)

보장이사회와 대통령 자신이 3천 명의 병력을 말하였고, 한국 군이 수행할 어떠한 전투 역할도 수용하지 않았기 때문이다. 워싱턴에서의 회의 이후 미국은 미국 101번째 공수 사단을 미국의 82번째 공수 사단으로의 교체를 발표하였고, 따라서 모술 지역에서의 한국군으로의 교체는 공식적으로 무산되었다.

결국 노무현 대통령은 그의 입장을 럼스펠드 국방장관이 2003년 11월 17일 한-미 연례안보자문회의(SCM) 참가차 한국을 방문했을 때 전달하였다. 하지만 럼스펠드 장관은 한국군이 자신들의 안보를 위해 책임을 져야 한다고 충고하였고, 이라크에서의 잠재적 위험에 대해 말했다.[18]

청와대의 주요 한국 관료들은 파병수가 3천명 이상은 안 된다는 노대통령의 결정이 자주적 외교정책 발전과 그들이 오랫동안 원했던 동등한 파트너 관계 발전이라고 여겼다. 또한 이들은 참여국들 중 세 번째 크기를 차지하는 3천명의 군 이상을 파병하는 한 이들은 동맹국 참여를 동원하는데 어려움을 겪고 있는 부시행정부의 체면을 세워주는데 충분한 역할을 했다고 믿었다.

결정이 이루어진 순간, 청와대는 12월 말까지 파병안이 통과되도록 국회 내의 그들의 편을 설득하는데 온힘을 다했다. 자료 수집을 위해 이라크에 갔던 국회자문단의 다섯 회원들은 한국으로 돌아와 노무현 대통령에게 향후 파병은 전투병과 비전투병을 포함할 것을 제안하였고, 미국과 멀어짐으로써 이

---

18) "Rumsfeld says self-protection is key in Iraq" *JoongAng Daily* (2003.11.19) http://service.joins.com (접속일: 2004.8.21)

라크인들의 적개심을 피하라는 추가적인 주의를 요청하였다.

반면 라종일 국가안보보좌관은 한국은 파병군을 뽑고, 구성하고, 훈련시키는데 데 더 많은 시간을 필요로 하기 때문에 국회선거가 치러지는 2004년 4월 전에 추가 파병은 이뤄지지 않을 것이라 암시하였다.

서울은 2003년 12월 17일 확인되지 않은 이라크 지역에 3천 명의 전투병과 비전투병으로 구성된 군 병단을 파병할 것이라 결론 내렸다. 2003년 4월 "서희"와 "제마"부대가 파병되어 있는 것을 더하면 총 파병 수는 3천 7백 명이었다.

흥미롭게도, 한국군의 목적지는 아직 결정되지 않았다. 하지만 한국군은 파병대를 탈아파, 북이라크의 카라바, 나시리아를 포함하는 여러 후보지 중에서도 키르쿠크 지역으로 보내고자 했다.

노무현 정부가 1천 4백여 명의 강력한 특수 전투병력, 시민 업무와 재건 프로젝트를 담장할 1천 4백여 명의 의료진과 기술자, 그리고 본부를 보호하기 위해 해병대를 포함하기로 결정하였다는 것은 언급할 가치가 있다.

하지만 국가안전보장이사회는 아직도 적은 수의 전투병력 파병을 주장하였고, 국방부에게 8백 명의 전투 병력은 충분하다고 제안하였고, 이들의 역할이 자기방위에만 제한될 것을 확인하였다.[19)]

2월 13일 국회에서 이라크 파병안이 271명의 의원이 참석한 가운데 212명의 투표로 찬성 155표, 반대 50표, 기권 7표로 통

---

19) "Fewer combat troops for Iraq" *JoongAng Daily* (2004.1.28) http://service.joins.com
    (접속일: 2004.8.21)

과되어 한국 정부는 2004년 2월 23일 이라크 평화 재건단을 공식적으로 구성하였다. 소위 자이툰이라 불리는 이 부대는 그들의 비전투적 역할 준비를 시작으로 훈련을 실시하였다.[20] 하지만 그 지역에 주둔하고 있는 미국과 공동작업 없이 어떻게 테러리스트 공격으로부터 이들의 안전을 보호 하느냐라는 문제가 남아 있었다.

2004년 3월 파병을 몇 주 앞둔 당시 루머가 돌았다. 한국군이 주둔할 이라크 지역에서의 미군 주둔 문제에 대한 의견의 불일치가 생긴 것이다. 미 정부는 Kirkuk 지역 북쪽 지역에서의 격해지고 있는 위험 때문에 일부 미국군들은 이 지역에 한국군이 도착한 이후에도 남아 있을 것이라 한국에 알려왔다. 미국 관료들에 의하면 비전투부대인 한국군들에게 맡겨두기에 이 지역은 너무 중요하다는 것이다. 나아가 이들은 한국에게 미군과 함께 이 지역에서 작업을 수행할 것을 제안하였다.[21]

하지만 한국은 한국 홀로 일정 지역에 대한 책임을 질 것을 강조하였다. 전하는 바에 의하면 한국은 파병의 조건을 바꿔야 한다면 아타밈 지역보다는 다른 지역으로 자국군을 파병해 달라는 미국의 동의를 요청하였다. 하지만 전하는 바에 의하면 미국은 자국 군의 교체 계획의 분열 가능성을 이유로 들어 이에 동의하지 않았다.

---

20) "3,000 Troops to be Dispatched in Late April" *Dona-A Ilbo* (2004.2.13) http://english.donga.com (접속일: 2004.8.20)

21) "Iraq troop details still unresolved" *JoongAng Daily* (2004.3.18) http://service.joins.com (접속일: 2004.8.21)

한국과 미국은 한국군 파병의 세부사항과 관련된 그들의 차이를 줄이는데 실패하였고, 파병은 연기되어야 했다. 하지만 한국이 그 지역에서 한국군의 안전보장을 위해 미군이 주둔하겠다는 미국의 제안을 거절한 결과, 미국 군 관료들 사이에 매우 부정적 영향을 주었다. 그리고 이들로 하여금 주요 동맹국으로서의 한국군의 유용성에 의문을 가지게 되었다.

한국이 미국과 함께 일하지 않겠다고 거절한 것은 이해할 수 있다. 왜냐하면 국회에서 통과된 파병안에서 한국군은 독립적인 재건 활동을 수행할 것이라고 규정되어 있기 때문이다. 하지만, 미군과 합동 작전의 기회를 포기한다는 것은 치명적인 실수이다.

특히 한국 대표단이 미국의 제안을 꺼리면서 자국군의 안전이 위협받을 것을 표명한 것은 불운을 암시하는 것이다. 한국이 이라크에 군대를 파병 결정을 한 주요 이유는 미국과의 동맹을 유지하기 위해서이다. 하지만 키르쿠크 지역에서 합동 주둔과 합동 작업을 하자는 미국의 요청에 대한 한국의 거절은 이기적인 행동으로 여겨졌고, 많은 미국 관료들을 화나게 했다. 왜냐하면 이들은 한국인들이 3만 7천 명의 미국인들의 목숨이 한국전에서 희생되었다는 사실을 완전히 망각했다고 생각했기 때문이다.

국방부는 만일 한국군이 미군과 합동 작업을 실시한다면 6개월 내에 30명에서 70명의 희생자들이 생길 것이라 추정하였고 청와대는 이를 수용하지 못하는 것이다. 이들은 만약 이라크에서 부상자가 생긴다면 국내정치에서 진보와 개혁 성향의 지지자들로부터 오는 성난 반응이 생겨나면 노무현 정부가 살아남지 못한다고 믿었다. 곧 시행되는 국회의원 선거에서 성공하기 위한 이들의 급선무는 부상자가 없는 것이었다.

결국 미국은 2003년 3월 18일 바그다드 회의에서 파병 지역을 변경해달라는 한국의 요청을 받아들였는데 즉 펜타곤의 제안에 의해 미국은 한국 파병단에게 너무 위험하므로 미군과 합동 미션을 수행한다는 결론이었다.[22]

3월 19일 조영길 국방부 장관은 한국은 현재 다른 두 지역, 즉 아르빌의 북부 쿠르드 족 지역과 술래마니아 그리고 나자프와 카디시야 중남지역을 고려하고 있다고 고건 국무총리에게 보고하였다. 그는 정부는 향후 미국과의 협상을 통해 2주내에 결정을 내릴 것이라고 말했다.[23]

2003년 3월 17일 이라크 내 미육군 최고 사령관인 리카도 산체스는 한국 대표단에 합동으로 Kirkuk 지역에서 활동하고 이라크 저항 세력을 소탕하는 합동작업을 수행할 것을 제안하였다고 보도되었다. 하지만 한국 대표단은 미군과 함께 주둔하는 것은 한국군의 부상 가능성을 높이는 것이라는 이유로 그 요청을 거절하였다.[24]

미국은 한국군에게 대규모 아랍 인구가 있는 지역보다 상대적으로 안전한 북이라크의 쿠르드 족 지역인 아르빌이나 술래마니아에 갈 것을 제시하였다. 하지만 한국은 한국군을 지난 6월 스페인 군대가 빠져 나간 중남쪽 지역에 파병할 것을 원했

---

22) "Troop talks remain delicate" *JoonAng Daily* (2004.3.19) http://service.joins.com (접속일: 2004.8.21)
23) "Seoul to shift deployment of Iraq troops" *JoongAng Daily* (2004.3.19) http://service.joins.com (접속일: 2004.8.21)
24) *Ibid*.

다. 국방부는 한국군이 시아파의 성지인 나자프에 간다면 파병 시기는 6월 말일 것이지만, 이라크 북쪽에 파병된다면 파병 시기는 한 달 일찍 이뤄질 것이라고 말했다.[25]

서울은 노대통령의 탄핵과 알그래이브 이라크 수용소에서의 미군들의 만행에 대한국내 반대 여론 때문에 파병을 연기하였다. 그 사이에 미국은 주한미군의 2사단 2여단을 이라크로 이전하겠다고 발표하였다. 이는 한국이 3천명의 추가 이라크 파병을 연기했기 때문에 워싱턴이 이러한 움직임을 보인 것 아니냐는 의혹을 불러일으켰다.

이는 한국 관료들이 주한미군 재배치가 언론에서 이슈화될 때 주한미군 병력의 이라크에 이전가능성을 부인했기 때문에 한국인들에게는 큰 충격이었다. 한승주 주미대사조차도 재배치 문제에 대한 의문을 제기했다. 한승주 대사는 "럼스벨드 장관은 주한미군이 이라크에 필요하다는 뜻이 아니었을 것이다"라고 말했다.[26] 미국이 주한미군의 2사단 2여단을 이라크로 이전하겠다고 결정한 후 한국 정부는 북이라크 중앙 아르빌과 가까운 지역인 니나와 지역에 한국군 파병을 이번 여름에 할 것을 재촉하였다.

2004년 6월 21일 바그다드에서 테러리스트 그룹에 의한 한 한국 시민의 비극적 죽음에도 불구하고, 열린우리당의 지지로 한국 정부는 파병안을 수행하였고, 2004년 6월 첫 번째 파병

---

25) "Seoul is pointing force to south Iraq" *JoongAng Daily* (2004.3.22) http://service.joins.com (접속일: 2004.8.21)
26) "South Korean Ambassador to U.S. Washington Wants Stabilization Forces" *Dong A-Ilbo* (2003.11.16) http://english.donga.com (접속일: 2004.8.20)

그룹을 파병하였으며 부대의 주요 기구를 북이라크로 8월에 파병하였다.

V. 한국군의 불확실한 미래

미국은 2006년까지 한국에서 세 번째 주한미군 철수 계획을 최종 결정했다.[27] 지난 십 년간 미군이 수행해온 열 가지 미션 업무수행이 완전히 준비될 때 까지 철수 시간표를 연기해달라는 한국의 요청을 미국이 받아들일지 불명확하다.

어느 누구도 미국이 노정권의 파병 정책을 싫어했기 때문에 주한미군축소가 나왔다고 할 수 없다. 하지만 지난 10개월간 이라크 파병 협상을 통해 관계가 악화되었다는 사실을 부인할 수도 없다.

양국의 지도자들이 이러한 건강치 못한 흐름을 빨리 회복하고 동맹에서 약화된 신뢰를 쌓는 작업이 매우 중요하다.

미8군 사령관 찰스 캠벨 중장이 언급했다시피 미국은 지금도 한반도 밖의 미군 세력을 도와주는 한국의 기여를 바라고 있다는 것이다. 그가 지적했다시피 한국군과 주한미군이 아시아-태평양 지역에서 인도적 혹은 평화유지활동에 사용되어질 수 있는 것이 미국의 희망이다.[28] 하지만 서울은 그의

---

27) "U.S. said to see cutting USFK by a third" *JoongAng Daily* (2004.5.28) http://service.joins.com (접속일: 2004.8.21)

28) "General Campbell said What?" *JoongAng Daily* (2004.5.30) http://service.joins.com (접속일: 2004.8.21)

관점을 매우 심각하게 받아들였다. 왜냐하면 한국 관료들은 미국의 지역 전쟁에 대한 한국의 명백한 지원이 혹 한국인들로 하여금 중국에 대한 잠재적 전쟁에 참여하게 하는 것이 아닌가 하고 우려하였기 때문이다.

노대통령은 "나는 미래에 역사가들로부터 용기가 부족했던 대통령이라 평가될 것이다."[29] "하지만 나는 파병은 올바른 일이라고 생각 한다"[30]라고 말했다. 이러한 대통령의 말은 민주노동당 권영길 대표로부터 정부가 파병을 철회할 것을 간청하는데 대한 답으로 나왔다.

결국 한국군은 북이라크에서 쿠르드 족 지역의 아르빌 가까이에 기지를 세웠다. 아르빌 지역 가까이의 새로운 기지는 도시 공항에서 남쪽으로 1마일쯤에 건설될 것이다. 파병대는 아르빌 지역 내 그리고 주변의 재건 프로젝트에 도움을 줄 것이다.[31] 한국 파병군들은 그들의 지역 공동체를 만드는 지역 쿠르드 족들을 도와서 사회질서 유지활동을 수행할 것이다. 이들은 고속도로를 지을 것이고, 또한 지뢰제거작업과 전 사담 후세인 정권 당시 죽었던 사람들의 남아있던 유해 조사를 돕기 위해 쿠르드 족 정부에게 유전자 검사 기구를 제공할 것이다.[32]

---

29) "Drive to stop Iraq dispatch falling short" *JoongAng Daily* (2004.6.10) http://service.joins.com (접속일: 2004.8.21)

30) *Ibid.*

31) "S.Korea to Begin Deploying Troops to Northern Iraq Next" *Yonhap News Agency* (2004.6.18), http://global.factiva.com (접속일: 2004.8.29)

32) "Iraq dispatch to begin on July 24, says Seoul official" *JoongAng Daily* (2004.6.11) http://service.joins.com (접속일: 2004.8.21)

25백만 명의 쿠르드 족들이 이라크, 터키, 그리고 이란에 살고 있고 이들의 종족 집단은 이 지역에서 아랍, 터키, 그리고 페르시안 다음으로 네 번째로 크다. 쿠르드 족들은 지구상에서 나라가 없는 가장 큰 종족 집단이다. 수백만, 혹은 수천만 쿠르드 족들은 1차 걸프 전쟁 당시 사담 후세인의 독가스에 의해 죽었다. 전쟁 당시, 쿠르드 족들은 이라크의 북부군을 괴롭히며 미국을 도왔다. 하지만 부시 전 대통령은 쿠르드 족들을 돌보지 않았다.

쿠르드 족들은 1990년대 들어와 자주적 권리를 행사하기 시작했다. 미국이 지정한 비행금지구역 덕에 사담 후세인의 힘이 쿠르드 족 지역에 미치지 못했다. 쿠르드 족들은 미국이 이라크를 공격했을 때 북쪽 미국 주도 연합군을 도와주면서 이들은 미국의 동맹국으로써 이라크 사후 분배에 참여할 수 있는 자격을 얻었다.

쿠르드 족은 이라크 사담 후세인 정권 붕괴이후 연방정부의 한 개 주로서 아랍인들과 동일하게 권리를 행사할 것을 기대했다. 조항법은 이라크에 연방체제를 도입을 통해 쿠르드 족에게 자주권을 허락하였다. 쿠르드 족은 더 이상 2급 시민이 되지 않을 것이라는 기대로 고조되어 있었다. 하지만 부시 대통령이 새로운 수상인 알시스타니를 따르자 쿠르드 족의 기대는 한 순간의 꿈으로 끝나고 말았다.

현재, 쿠르드 족의 두 지도자인 자랄 탈라바니와 마서드 바자니는 유엔 안보리 투표 전 부시 대통령에게 보내는 서안에서 미국이 쿠르드 족을 배신한다면 쿠르드 족의 자치지역은 그들의 임시정부 행정 각료를 쫓아낼 것이고, 내년 초 선거를

거부할 것이고, 중앙정부의 대표들이 쿠르드 족 지역에 발을 들이지 못하게 할 것이라고 선언했다.[33)

이는 만일 새 헌법에서 쿠르드 족의 자주권이 거부된다면 쿠르드 족 지역은 큰 혼란에 빠질 것임을 의미했다. 현재 한국군 3천 7백 명은 쿠르드 족 자치 지역 중심부에 배치되어 있다. 하지만 이들의 안전은 부시 행정부의 쿠르드 족 독립 문제 해결에 달려 있다.

지난 2천년간 쿠르드 족은 가혹한 운명으로 피해를 받아왔다. 그 결과 독립과 자치분쟁에서 수백, 수 천 명의 희생자를 나았다. 쿠르드 족 문제는 노무현 정부에게 새로운 문제이다.

한국군들이 쿠르드 족을 보호하기 위해 이라크에 파병되었다는 것은 아이러니이다. 한국군들이 어떻게 쿠르드 족을 만족시키고 아랍인들과 쿠르드 족 간의 긴장을 완화시키는 앞으로 지켜볼 일이다. 흥미롭게도 한국군들이 미군과의 합동작전으로부터 벗어나기 위해 쿠르드 족 지역으로부터 멀리 떨어져 있지만, 한국군들의 안전은 부시 대통령이 새이라크 건설 과정에서 쿠르드 족 문제를 어떻게 다루는지에 달려있다.

Ⅵ. 결론: 기회의 상실

국회연설에서 노대통령은 "나는 지속되고 있는 반전 집회에도 불구하고 우리나라와 민족의 운명을 위해 한국군을 파병

---

33) "The Kurds and Korean troops" *JoongAng Daily* (2004.6.14) http://service.joins.com
　　(접속일: 2004.8.21)

하기로 결정했다"[34] "북핵 문제를 평화적으로 해결하고자 한다면 미국과 강한 협력관계를 유지하는 것이 매우 중요하다"라고 말했다.[35] 노대통령은 이라크 전 이후 북한문제에 대한 미국의 향방에서 미국에 대한 한국의 영향력을 극대화하려 하였다.

어떤 사람들은 노대통령이 자신의 반전 관점과 대중의 전쟁 반대에도 불구하고 미국과 동맹을 유지하기 위해 이라크 파병 결정을 점철한 점을 인정한다. 하지만 불행하게도 한국이 이라크에 3천명을 추가파병 했음에도 불구하고 한-미 동맹은 나아지지 않았다. 부시 대통령은 뉴욕에서 열린 공화당 대통령 지명대회 수락연설에서 8개국과 미국 안정화 노력에 용기 있게 동참한 이들 국가의 지도자들을 언급하면서 이들에게 감사를 표명했다. 한국과 노대통령은 전혀 언급되지 않았다. 만일 이것이 부시행정부의 감정과 한국이 파병문제를 다루는 방법에 있어 이들이 느낀 점을 반영하는 것이라면 한국의 파병정책은 완전히 실패한 것이다.

미국은 필사적으로 한국인들이 북이라크의 모술 지역 가까이 있는 미국의 엘리트 군을 대체해주기를 원했다. 하지만 한국은 향후 선거에서 진보세력의 표를 잃는 것을 염두에 두어 두 번의 실제 파병시기 연기, 파병수를 1/4로 감소하는 것, 그리고 파병군을 비전투 재건과 사회질서 확립 역할로 제한하는 것을 통해 미국의 요청을 거절하였다.

---

34) "A nation at war: the Asian arena: South Korea agrees to send troops to Iraq" *New York Times* (2003.4.3), p.13.

35) *Ibid.*

그 사이에 부시 행정부는 전체 주한미군수의 1/3에 해당하는 1만 2천명의 주한미군을 철수하기로 결정하였고, 이미 주한미군의 2사단 2여단 3천 6백 명을 이라크로 이전하였다. 나아가 미국은 아파치 롱보우와 M-109A를 철수하기 시작했는데 이는 만일 한국이 세력공백을 채우는데 급히 대량투자하지 않는다면 위험한 세력공백을 형성하는 것이다.

최근 이라크 파병 반대 시민 활동, 즉 351개 비정부기구의 연합세력은 이라크 파병군의 연장을 막는데 최선을 다 할 것을 주장하였다. 한국군들은 2004년 2월 통과된 파병 안에 의하면 이라크에 이번 12월까지 주둔할 예정이다. 이는 열린우리당 지도자들이 당내 반대파를 설득하기 위해 12월 이후 파병안이 개정되지 않는다는 전제가 숨겨진 조건이었다. 노무현 정부와 청와대가 어떻게 한-미동맹의 깊어지고 있는 위기를 해결할지 지켜봐야 할 것이다. 만일 미국이 이라크에서 한국군의 파병기간 1년 연장을 요청한다면, 이는 노무현 대통령으로 하여금 그동안 자신을 지지해왔던 노동조합과 진보세력의 성난 목소리를 완화시키는 어려움에 봉착할 것이다. 노무현 대통령은 양쪽으로부터 신임을 잃을 수도 있다.

제11장
일본의 자위대 해외파병의 의미

호시노 도시야 星野俊也
오사카대학 교수

I. 서론

2004년 7월 1일 창설 50주년을 맞은 일본의 자위대는 과거 자위대의 창시자들이 결코 상상할 수 없었던 활동들, 즉 자국의 평화와 안보에 우선순위를 둔 활동이 아닌 국제평화와 안보 유지에 공헌하기 위해 세계에서 가장 격동적인 두 지역에 배치되는 해외파병 활동들에 참여했다. 1,200명 이상의 자위대가 해외로 파병되었다. 비록 그것이 인도주의적인 목적을 가지고 활동하는 것이지만, 남이라크에서의 자위대의 현재 활동은 큰 논란을 일으켜왔다. 왜냐하면 그것이 일본군의 해외 활동의 역사에서 최초로 다국적군으로 참여하는 것이기 때문이다. 일본은 유엔평화유지활동의 후원으로 고란고원에 자위대를 지속적으로 배치하기로 하였다. 게다가 매우 가까운 미래의 자위대의 해외임무가 어떻게 될 것인지를 예견해 본다면, 우리는 자위대가 21세기의 최초의 독립국가인 동티모르에서도 역시 유엔평화활동에 참여할 것임을 알 수 있을 것이다. (동티모르에 자위대의 파병은 주둔한 지 27개월 이후인 2004년 6월 25일에 완결되었다.)

자위대라는 이름에서 알 수 있듯이, 자위대는 1954년 창설되었을 당시에는 해외파병을 의도하지 않았다. 일본은 제 2차 세계대전 이전의 제국주의 군대(Imperial Army)와의 분명한 단절을 명시하기 위해, 제2차 세계대전 이후에는 경찰예비대(National Police Reserve)를 발족하였다. 1954년 7월 1일 경찰예비대는 오늘날의 자위대로 재조직되었다. 일반적으로 자위대는 일본 방위청에 의한 문민통제 아래에서 "오로지 방어만을 위한 방어" 자세에 만 작동하는 것으로 이해되어 왔다.

그로부터 50년이 지난 오늘날, 자위대를 둘러싼 상황은 전보다 훨씬 복잡해졌다. 자위대의 창설이 1950~53년의 한국전쟁 직후였던 것과 같이, 자위대나 일본정부는 일본 자신의 방어와 동시에 더 넓은 지역적 이해관계를 위해 북한의 불안정한 체제상황을 매우 가까이서 지켜보아야만 한다. 이는 일본에게 있어서 매우 중요한 지역적인 불안정을 우려하게 하는 중국의 미래와 중국과 대만과의 관계라는 문제에 더해져서, 일본이 통상적으로 국제적 차원의 집단행동들에 참여하기 위한 구실의 일부분이 되어왔다.

앞으로 논의될 것이지만, 자위대가 해외에서 활동할 때 자위대의 역할에는 특정한 일본의 장점과 약점이 있다. 그리고 자위대의 주요 활동의 일부분이 일본의 국제적 역할을 향상시키는지에 대한 논쟁도 계속할 것이다. 오늘날의 상황처럼, 자위대의 국제평화협력은 "다방면에 걸친" 문제를 다루는 자위대법 제 100장 제8조에 바탕한 활동들과는 상반되는 것으로서 "임시적인(incidental)" 것으로 분류되어 진다. 그러나 자위대의 국제적 역할에 대한 대중의 수용과 인식의 증가를 바탕으로 해서, 2004년이 지나기 전에 완성하기로 예정되어 있는 새롭게 수정된 방위계획대강은 자위대의 국제적 역할을 자위대의 주요 임무로 채택할 것으로 추측된다.

이 논문의 목적은 자위대의 해외파병의 발전을 살피고, 그것의 의미를 발견하는 것이다. 이런 견지에서, 우선 걸프전 이후 자위대의 수년간의 활동들을 살필 것이다. 결론적으로 보자면, 자위대의 활동은 세계가 종종 혼란에 빠졌을 때 받은 충격으로 인한 "반응적인(reactive)" 발전의 것 이상이다. 그러나 일반적인 경향을 살펴본다면, 자위대의 활동에 영향을 준 두 개의 입법적인(legislative) 이니셔티브를 밝힐 수 있을 것이다. 하나는 국가적 비상 상황에 더 초점을 맞춘 것이고, 다른 하나는 더 광범위한 국제적 위기 상황에 초점을 맞춘 것이다. 관심의 초점은 자위대의 실제 수행으로부터 벗어날 수 있는 자위대 활동의 기본 원칙을 발견하는 것이다. 이 논문의 두 번째 부분에서는 자위대의 목적에 초점을 맞추기보다는, 그 활동에 초점을 맞추어서 활동의 범위가 어떻게 확대되었는지를 보기 위해서 지난 15년간의 육·해·공 자위대의 실제 임무를 살필 것이다. 마지막으로 이 논문에서는 자위대의 법적이고 작전적인 특징들을 바탕으로, 일본 자위대가 국가안보와 국제평화협력에 효과적인 기제가 될 것인지를 고려해야 한다는 전략을 논의하고자 한다.

Ⅱ. 자위대 해외임무의 전개과정

일본정부가 1990~91년의 걸프위기와 전쟁으로 정신적인 충격을 경험한 이후에, 자위대 해외파병을 심사숙고하기 시작했다는 것은 지금까지 잘 알려진 사실이다. 130억 달러라는 어마어마한 재정적인 공헌을 했음에도 불구하고, 일본이 연합군에 인적 참여를 하지 않았다는 이유로 일본에 대한 존경보다는 경멸을 가져다주었다. 즉, 이런 경험에 따라, 일본에게는 문제가 발생한 지역에 인적 파견대를 보내는 것이 우선적인 임무가 되었다. 그리고 이런 해외파병을 뒷받침하기 위해, 1992년 6월 소위 '국제평화협력법안(PKO법)'을 법제화했고, 자위대를 캄보디아와 모잠비크에 파병했다. 그것이 자위대가 유엔평화유지활동에 참여하는 시발점이 되었다. 여기서 두 가지 확인할 것이 있다. 첫 번째는 그것이 일본이 유엔평화유지활동에 참여한 최초의 사건이 아니라는 점이다.[1] 두 번째는 자위대의 최초의 주요 해외활동은 걸프전 이후의 "사막의 새벽(Desert Dawn)" 작전에서 소해정 활동에 참여했을 때이다.

그 이후, 자위대의 활동은 점차 사전에 잘 대처해 나가는 과정이 된다. 그리고 〈그림 1〉에서 볼 수 있듯이, 자위대의

---

1) 1988년 노보루 타케시타 수상은 "세계에 공헌하는 일본"이라는 개념을 제안해서 일본이 평화유지활동에 참여하는 것을 고무했다.

활동은 국내적/지역적 차원에서 그리고 국제적/세계적인 차
원에서 발생하는 두 차원의 위기로 인해 촉진되었고, 몇 개의
입법적 이니셔티브에 의해 뒷받침되었다.

기본적인 법적 구조는 일본헌법, 유엔헌장, 일미안보조약으
로 구성된다. 그러한 세 가지 법적 문서들은 일본 방위청 설립

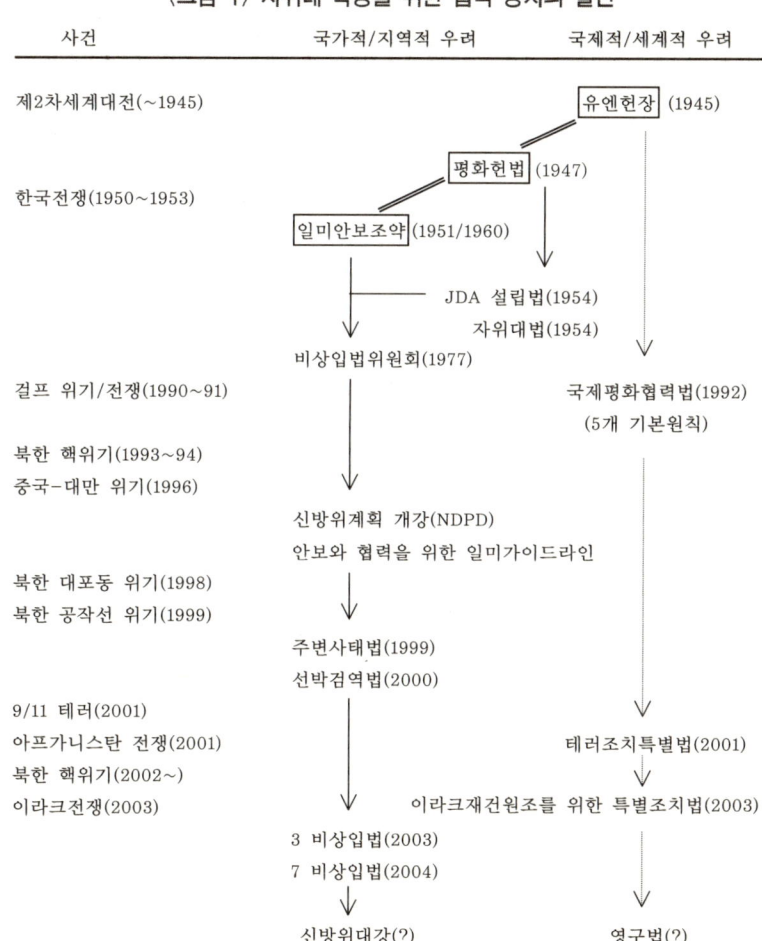

〈그림 1〉 자위대 확장을 위한 법적 장치의 발전

법과 자위대법의 토대가 된 것과 매우 긴밀히 연계된다는 것은 의심의 여지가 없다. 그런 다음 일본의 국내와 동북아시아 지역적 위기 상황과, 그리고 더 광범위한 국제적이고 세계적인 위기를 다루기 위한 두 개의 법적 이니셔티브를 형성하는 기준이 된다.

제2차 세계대전 직후, 동북아시아에서 북한의 위험한 행동들은 일본과 일미 공동자세의 억지능력의 강화를 야기했다. 사실, 일본이 연합국 신탁통치로부터 독립해서, 국제사회에 참여하게 된 것은 평양으로부터 실제적 위협이 아니었다면, 지금과 같은 정세에 도달하지 못했을 것이다. 매우 역설적이게도, 북한의 공격적인 행동들은 동맹들 사이의 결속을 강화시키는데 공헌했다.

국제적이고 세계적인 안보의 측면에서, 일본이 새로운 상황에 대응하기 위한 법을 만들도록 자극한 것은 이라크와 관련된 문제들과 국제 테러리즘의 새로운 도전에 따른 위기감이었다. 특별조치법은 일본이 국제평화협력활동에 활발히 참여하기 위해 정비되었다. 이러한 "특별조치"를 요구하게 된 이유는 국제평화협력법의 5개 원칙을 이행하는데 실패한 것과 관련된다. 그 5개의 원칙은 다음과 같다.

1. 휴전협정은 교전 당사국들 사이에 체결된다.
2. 유엔 평화유지활동의 의무뿐만 아니라 일본이 그런 활동에 참여하는 것에 대한 동의는 교전 당사국들과 관계국들로부터 얻는다.
3. 활동들은 전투에 당사국들 중 어느 한쪽에 치우지지 않고 엄격히 형평성을 유지한다.

4. 위와 같은 사항들의 조건이 만족되지 않는다면, 일본정부는 자위대를 철수한다.
5. 무기의 사용은 사람의 생명 등을 보호하는데 필요한 최소한으로 제한한다.

탈레반 정권의 붕괴이후 아프가니스탄에서의 국가라는 존재 자체의 결핍 상황에서, 일본이 복구 활동에 참여하는 것에 대한 지역적 동의를 얻는 것은 실제적으로 불가능했다. 이라크에서 지역적 상황은 일본에게는 5개의 선행조건들을 이행조건들이 적극적인 해외평화유지활동을 가로막는 장애물로 고려되는 복잡한 일이었다. "특별조치"법은 그 상황들을 극복하기 위해 도입되었다. 그러나 특별한 상황만을 다루기 위해 "특별한" 조치법들을 제정하는 편법의 사용을 피하기 위해, 일본은 자위대의 해외파병에 요구되는 다양한 종류의 상황을 커버할 수 있는 포괄적이고 "영구적인 법"을 제정하려고 노력하고 있다. 그러나 자위대의 해외활동에 대한 주저의 목소리가 오랜 시간 계속되어 온 것처럼, 이런 움직임 역시 최종적인 성과물을 얻기까지는 어느 정도의 시간이 필요하다. 그러나 일본이 국제평화협력을 위한 더 포괄적인 구조를 만드는 방법을 모색하고 있다는 것은 매우 중요한 발전이라고 할 수 있다.
하나의 결정적인 특징은 일본이 자위대를 지속적으로 해외로 파병할 때, 유엔 안전보장이사회 결의안의 강제력이나 국제기구들로부터의 요구를 통해서 그 정당성을 얻는 경향과 관련된다. 국제평화협력법에서는 유엔에서 재가한 평화유지활동과 인도주의적인 원조활동에 협력하는 것이 일본에게 최우선적이다. 테러특별조치법의 공식적인 명칭이 "2001년 9월 11일 미국에서 발생한 테러리스트들의 공격에 대응하는데 있어서 유엔헌장의 목적을 달성하기 위한 것으로, 외국의 활동을 지원하기 위해 일본에 의해 만들어진 조치들뿐만 아니라 유엔의 관련된 결의안을 바탕으로 하는 인도주의적 조치들에 관한 특별조치법안"이라는 사실에서도 잘 나타나고 있다. 마지막으로 이라크에서 미국의 전쟁을 일본이 지원하는 것은 쌍무적인 미일안보 연계에 대한 고이즈미 수상의 강력한 공략에 기본하고 있다고 흔히들 믿고 있지만, 일본은 심각한 실패가 될 것이 판명된 미국의 정보부를 따르는 것에 의해서가 아니라, 사담 후세인의 이라크가 유엔 안보리 결의안하에서 의무를 이행하지 않거나 혹은 바그다드가 군사적 해결을 피할 기회를 얻었다는 "마지막 기회"에 영광을 돌리지도 않았다는 사실에 따라 미국의 입장을 지지하지 않았다. 이러한 예들에서 보이듯이, 헌법적인 제약에 대한 분명한 우려와 더불어 유엔의 승인은 일본이 해외활동에 참여하는데 있어서 정당성의 기본적인 토대였다.

오늘날 일본을 둘러싸고 있는 국제적 환경은 한쪽으로는 걸프지역과 다른 한쪽으로는 가까운 동북아시아 지역의 동시에 두 개의 주요 안보적 위협을 포함하고 있기에 매우 도전적이다. 비록 자위대가 이 지역에서 적극적으로 활동하고 있다는 점은 훌륭한 진일보이지만, 일본이 실제적으로 이득을 얻기 위해서는 격렬해지기 쉬운 이 두 지역에서 지역적 조건을 안정화시키므로 해서 자위대 해외파병이 필요하지 않는 상황을 만드는 것이 보다 중요하다는 점을 깨달을 필요가 있다.

Ⅲ. 자위대의 해외임무

헌법의 제약으로 인해 자위대는 실제 해외로 파병될 때, 그 역할은 "비전투 지역"에서의 "비전투 활동"에 제한되게 되어있다. 이에 따라 지금까지 자위대는 수년 이상 후방 지역에서 병참지원이나 인도주의적인 사업이나 복구사업 등을 실행해 왔다. 〈그림 2〉는 과거와 현재 진행 중에 있는 자위대의 국제작전

〈그림 2〉 1991년 이후 자위대의 주요 해외활동

		육 상 자위대	해 상 자위대	항 공 자위대	관련법	비고
1991.04	Persian Gulf		○			Minesweeping
1992.09	UNTAC	○			IPC-PKO	Eng/Monitoring
1993.05	ONUMOZ	○	○	○	IPC-PKO	Trans-control
1994.09	Zaire	○		○	IPC-IHA	Refugee Assist
1996.01	UNDOF	○			IPC-PKO	Monitoring
1998.11	Honduras	○		○	IPC-IHA	Disaster Relief
1999.09	Turkey		○		IPC-IHA	Disaster Relief
1999.11	West Timor			○	IPC-IHA	Refugee Assist
2001.02	India	○		○	IPC-IHA	Disaster Relief
2001.10	Afghanistan			○	IPC-IHA	Refugee Assist
2001.11	Indian Ocean		○		A/T SML	Fuel supply
2002.03	UNMISET	○			IPC-PKO	Eng. w/ ROK
2003.03	Iraq			○	IPC-IHA	Refugee Assist.
2003.12	Iraq			○	IPC-IHA	Disaster Relief
2004.01	Iraq	○	○	○	Iraq-SML	Joint Operations/ CPA →MNF

Note : IPC: International Peace Cooperation Law
PKO : UN Peace-keeping Operations
IHA : International Humanitarian Assistance
A/T SML : Anti-Terrorism Special Measures Law
Iraq SML : Iraq Reconstruction Assistance Special Measures Law
CPA : Coalition Provisional Authority (Iraq)
MNF : Multinational Force

활동들의 특성을 개괄한 것이다. 자위대의 해외 파병을 계획할 때에는 그것의 비교우위에 초점을 맞추는 것이 중요하다.

Ⅳ. 자위대의 해외활동 전략

지난 10년 넘게 자위대의 해외활동들의 발전은 중요시되어져 왔다. 페르시아만에서의 해상자위대의 작은 소해정 활동으로 시작해서 지금은 천명이상의 육·해·공 자위대의 대원들이 다양한 지역에서 활동하고 있다. 5명의 지역 사령관들이 돌아가면서 임무를 책임지는 체제가 이제는 체계적으로 운영되고 있다. 이는 국내적으로나 국제적으로 모두에게 긍정적인 인식을 심어주었다. 또한 그들은 전투작전을 조정하고 고무하기 위해서 자위대 육·해·공의 각각의 분과들 사이에 "연대성(jointness)"를 강화시키는 시험대가 되고 있다. 게다가 자위대가 국제공헌활동을 하고 있는 전체 지역은 매우 가치있는 것이어서, 자위대의 주요활동의 수준을 기존의 "임시적인" 법적 지위를 국가방위 역할 다음으로 중요한 위치로 향상시킬 것으로 기대된다.

그러나 지적했던 것처럼, 자위대의 해외활동의 효율성을 보다 향상시키기 위해서 필요한 몇 가지 고려 사항이 있다. 여기서 필자는 자위대의 역할을 전략적으로 강화시킬 수 있는 4가지 포인트를 제시하고자 한다.

첫째, 자위대의 활동은 대상국가나 지역에 대한 군사적인 활동뿐만 아니라 비군사적이고 민간인 주도의 공헌도 함께 전략적으로 계획되어야 한다. 일본정부가 수혜국에 대한 자위대의 배치와 정부개발원조금(ODA)의 지불이 결합된다면, 그 두 개가 서로를 강화시켜서 보다 나은 상태가 될 것이다. 대표적인 것인 동티모르에서 일본국제협력기구(JICA) 프로그램과 자위대 시설부대의 역할이다. 또한 인지되어야 할 것은 국제평화협력에 있어서 민간인들의 역할이다. 군-민의 협력은 앞으로 자위대가 나아가야 할 방향을 전략적으로 논의하는데 있어 매우 필요한 것이다.

둘째는 자위대가 해외파병 될 지역 혹은 위치를 보다 전략적으로 선택해야 한다. 즉, 일본은 파병될 후보 지역이 단지 국제평화협력법의 5개 원칙에 충족되는 곳이기 때문이 아니라, 실제로 자위대가 그곳에서 어떤 역할을 할 수 있는 것인지에 따라 군대를 보내야 한다. 동티모르에서의 자위대의 활동은 동티모르의 미래에 직접적인 영향을 주는 국가들임에도 불구하고 지역적 상황을 악화시키면서까지 행동을 취하지 않았던 인도네시아와 오스트레일리아에게 강력한 메시지를 보내면서, 그와 비슷한 상황의 나라의 평화와 안정에 대한 일본의 진지한 지지를 상징한다는 측면에서 성공적인 사례이다. "일본의 참여"의 사고방식과 영향력은 정부가 언제어디로 자위대를 파병할지를 선택할 때 고려해야 할 것이다.

세 번째는 미군과의 협력 역시 충분히 여러 방면으로 고려되어야 한다. 미일동맹 임무와 국제협력임무를 함께 연계시키지 말아야 하며, 그래서도 안된다. 그러나 미국이 자위대의 중심임무를 PKO와 같은 종류의 활동으로 본다면, 두 국가가 실제적으로 그런 역할에 관해 서로 조정하는 것은 당연하다.

동티모르에서는 미국이 동티모르다국적군(INTERFET)을 위한 발판을 마련했고 그 다음에 자위대가 배치되었다. 그러나 이라크에서는 미국과 자위대가 동시에 활동하고 있다. 이러한 예들은 앞으로도 확대될 가능성이 많다.

　마지막으로 아시아 국가들과의 공동 활동은 일본 자위대가 아시아 국가들로부터의 신뢰를 구축할 수 있는 유용한 기회가 될 것이다. 이런 측면에서, 동티모르에서 한일간의 공동작전은 매우 중요한 초석이 된다. 앞으로도 이와 비슷한 사례가 계속해서 발생하기를 기대한다.

제 12 장
내키지 않은 약속: 한국군 파병의 결정과정

김 태 효

성균관대학교 교수

I. 정책적 성공 이면의 문제점

2004년 2월 13일 대한민국 국회는 이라크에 3,000명의 병력을 파견하는 추가파병 동의안을 승인하였다. 찬성 155표, 반대 50표로 결정된 추가파병이 실시되면, 이미 2003년 5월 이래로 이라크에 주둔해 온 674명의 공병(서희부대)과 의무(제마부대)병력에 보다 강한 전력을 안겨다 줄 것이다. 이번 추가파병에 한국이 약 2억 달러의 비용을 들여 1,400명 규모의 자이툰부대와 1,600명 규모의 공병, 의무부대를 보내게 되면 연합군 중에서 미국과 영국 다음으로 세 번째로 큰 규모의 파병국이 될 것이다.[1] 이는 베트남전쟁 중 1965년에서 1973년에 걸쳐 9년 동안 연평균 인원 31만 명을 파병하여 미군에 이은 두 번째

규모의 전투력을 형성한 이래 최대의 파병이 될 것이다.

이렇듯 두 차례에 걸쳐 단행된 한국의 이라크 파병은 상식적으로 보아 한미동맹이 탄탄하게 작동하고 있음을 반증하는 사례가 되어야 할 것임에 틀림없다. 그런데, 한국의 이라크 파병정책과 관련하여 이를 장래 한미관계의 발전에 확고히 기여하리라는 낙관론은 그다지 크지 않았다. 파병 단행 과정이 순탄치 않았고, 앞으로 언제까지 어떻게 파병활동이 이뤄질지, 그리고 이에 대해 미국이 어떻게 반응할지 등 불투명한 점이 많았기 때문이다. 그리고 그러한 염려는 2004년 9월 2일 조지 W. 부시 미국 대통령이 공화당 전당대회의 연설에서 이라크 파병국들을 언급하는 가운데 한국을 제외하는 일이 발생하면서 더욱 확대되기 시작하였다. 이제 많은 한국인들은 당시 국가안보보좌관 콘돌리자 라이스, 국무장관 콜린 파월 등이 누차 언급해 오던 한국군의 이라크 파병에 대한 감사의 표현들이 단지 의례적인 것이라는 사실을 확신하게 되었다.[2] 이는 분명 한국의 이라크파병 정책이 뭔가 잘못되어 있음을

---

1) 이라크 남부 나시리아에서 활동해 온 서희, 제마부대는 새로 투입되는 자이툰부대와 함께 북부의 아르빌로 이동할 것이며, 이들 모두를 합쳐 3,655명의 병력으로 재구성된다.

2) 미국 정부는 이 사건을 신속하게 수습하고자 노력하였다. 국무부는 워싱턴의 한국 대사관에 연락하여 이 연설은 공화당의 참모진이 작성한 연설문으로서 미국 정부의 공식입장을 반영하지 않는다고 설명하였다. 콘돌리자 라이스 보좌관 역시 청와대에 연락하여 이러한 입장을 재차 해명하였다. 그러나 미국 대통령이 엘살바도르, 덴마크, 네덜란드와 같은 비교적 '소규모'의 동맹국들도 언급하면서 동맹에서 세 번째로 큰 공헌을 해준 한국을 간과한 사실을 한국인들이 이해하기란 어려운 일이었다. 럼스펠드 국방장관이 2004년 10월 10일 아르빌에 주둔해 있는 자이툰부대를 방문하고 나서야 사태가 누그러지기 시작하였다.

뜻한다. 성공적인 파병의 결과 이면에 담긴 부족한 점은 무엇이고, 그러한 미비점은 한미동맹 관계의 현재와 미래에 어떠한 함의를 주는 것일까?

한국군의 파병을 둘러싼 정책결정과정에 대한 정밀한 관찰은 정책 도출과정의 이면에 많은 논쟁거리가 있었다는 것을 보여준다. 이러한 함의는 단지 미국의 기대에 부응하여 군대를 파견하였다는 사실 이상이다. 본 논문에서는 자이툰 부대를 파병하는데 있어 결정에서 실행까지 거의 일년이나 소요된 시간과 이로 인해 빚어진 한미관계의 악영향을 분석하고자 한다. 본 글에서 필자는 한국정부의 파병에 대한 수동적이고 이중적인 태도가 파병을 진정으로 원하지 않았다는 인상을 주었다는 점을 지적할 것이다. 또 파병정책과 함께 진행돼 온 북한의 핵문제와 주한미군의 재배치 이슈가 동반 작용을 일으켜 한미간 신뢰관계에 악영향을 미쳤음을 주장할 것이다. 이는 이라크 파병, 북한 핵 사태, 주한미군 재배치 이슈가 내용 측면에서 상호 모순관계를 일으켰다기보다는 전반적인 대외 위협인식과 정책 우선순위의 설정 차원에서 한미 양국간 간극을 심화시켰다는 의미를 내포한다.

물론 한국은 이들 세 가지 안보현안의 발생 원인과 관련하여서는 직접적인 당사자라고 하기 어렵다. 핵무기의 개발도, 테러의 정당화도 한국이 단호하게 거부해 온 사안들이다. 또한 이러한 공통 위협에 보다 효과적으로 대응할 수 있는 태세를 갖춘다는 차원에서 해외주둔미군 재배치계획(Global Posture Review: GPR)의 일환으로 논의되는 주한미군의 감축과 재배치 문제에 대해서도 한국정부는 공감하고 있다. 그러나 이러한 문제들에 대한 안보정책을 조율하는데 있어 양국간에 얼마나 긴밀한 상호 신뢰와 정책조율이 깔려있는가의 질문에 대한 대답은 유보적이다. 문제인식을 같이 하고 추구하는 정책목표에도 동의하지만 추진하는 정책수단의 내용과 방식에 이견이 노출된다면, 그리고 그 간극이 지엽적인 차원에 그치는 것이 아니라 사안에 대한 전반적인 공조관계를 위협할 수준이라면 결코 간단한 문제로 돌릴 수 없을 것이다.

한국의 이라크 파병 정책결정과정에 대한 사례연구는 파병의 찬반과 관련한 국내 차원의 논쟁과 그 과정에서의 정부의 태도를 분석함으로써 이루어질 것이다. 이를 통해 이라크파병에 대한 한국의 외교정책이 국내정치적 요인에 희생되었다는 점과, 한국 정부가 이라크파병정책 과정에서 견지한 태도를 북핵문제와 한미관계의 재조정 이슈에서도 반복할 경우 한미관계에 더욱 큰 부정적 파장을 야기할 것임을 시사할 것이다. 피상적으로 보아 단순히 정책집행의 시기나 '동기의 상대적 결여' 정도로 진단하는 견해가 있을 수 있겠으나, 최근 목격되고 있는 한미간 공조의 약화는 단순히 지엽적인 문제에 대한 이해관계의 상충문제가 아닌 상황에 대한 본질적 인식의 괴리에서 비롯되고 있다는 점에 그 심각성이 있다. 그리고 이들 문제는 한국 국내정치의 변화과정과 맞물려 국제정치의 국내정쟁화라는 현상으로 나타나 사태를 더욱 악화시킬 수 있는 위험요인을 안고 있는 실정이다.

II. 국내적 논쟁, 정치적 수사 그리고 비(非)정책결정

한국정부가 베트남전쟁 이후 최초로 1991년 1월에서 4월까지의 기간동안 314명의 병력을 걸프전 지역에 파병했을 당시, 이로 인한 국내적 논쟁은 거의 없었다. 사담 후세인은 쿠웨이트 지역을 무력 침공하였으며, 이에 유엔 안전보장이사회가 신속하게 승인한 다국적군에 한국이 가담하는 점에 있어 문제시될 것이 없었기 때문이다. 이후 한국의 대외파병을 통한 '평화유지활동'의 빈도는 잦아졌으며,[3] 그것이 인도적 목적 하에 비전투 병력에 의해 수행되는 한, 커다란 대중적 논쟁의 주제로서 등장하지도 않았다. 2004년 9월 현재, 한국은 이라크, 아프가니스탄, 인도/파키스탄, 서부 사하라, 지부티, 그루지아를 포함하는 9개국에서의 13종류의 PKO활동을 수행하고 있다.[4]

한국정부가 파병활동을 통해 지역분쟁의 해결, 인권과 빈곤 문제의 개선 등에 관심을 갖는다고 여겨지는 한, 한국이 국제 문제에 불필요하게 연루될지 모른다는 비판은 제한적인 수준에 머무를 수밖에 없을 것이다. 오히려 PKO활동은 한국의 대외 외교 역량을 강화시키며 보다 광범위한 국력을 행사할 수 있는 자산을 축적하는 것이라고 여겨질 것이다. 그리고 이러

---

3) 1991년 걸프전 이후, 한국은 소말리아(PKO임무, 1993), 서부사하라(의료지원, 1994), 인도와 파키스탄(정전감독, 1994), 앙골라(건설, 1995), 동티모르(평화유지와 재건, 1999) 등과 같은 여러 지역에 다양한 종류의 인도주의적 목적을 위해 13차례 파병하였다.

4) 한국군의 파병 기록과 현재의 활동에 관한 보다 구체적인 자료들은 「국방일보」, 2004년 9월 11일, 6-7면을 참조할 것.

한 시각은 2003년 3월 이라크전쟁이 시작될 시점까지 한국사회에서 통용된 일반적 인식이었다. 9·11 테러에 경악한 미국뿐만이 아니라 대부분의 국가들은 테러단체들을 대표적으로 비호해왔던 아프가니스탄에 전쟁을 선포했을 때 공감하며 이해하는 분위기였다. 9·11테러가 발생하고 불과 6일 뒤인 2001년 9월 17일, 한국정부는 미국의 대 아프가니스탄 전쟁에 대한 지지와 함께 이에 필요한 가능한 모든 지원을 제공하겠다는 공식 성명을 발표하였다. 한국군은 아프가니스탄에 2001년 11월 이후 계속 주둔해왔으며, 최근(2004년 8월) 교대부대가 파견될 때까지도 이는 한국인들의 주요 관심으로부터 내내 멀리 자리 잡고 있었다. 이는 한국사회가 이라크 파병국면에 직면하지 않았다면 평온했을 것이라는 함의를 내포한다.

테러와의 전쟁이 이라크와의 전쟁으로 확대되는 것이 왜 국제사회는 물론 한국 대중에게 공감을 하지 못했을까? 앞서의 걸프전쟁(1991년), 코소보전쟁(1999년), 그리고 아프가니스탄전쟁(2002년)은 각각 쿠웨이트에 대한 침공, 보스니아에서의 인종청소, 9·11테러와 같은 현존하는 분명한 위협과 이미 발생한 '악행'을 응징하는 군사적 수단의 사용을 의미하였다. 그런데 이라크에 대한 공격은 정황적 판단과 잠재적 위협의 확대 가능성에 근거하여 선제공격을 단행한 현대사의 최초 사례가 되었다는 점에서 특수한 경우이다. 미국이 전면전을 통해 다른 주권국가의 통치세력을 교체하고자 하는 전쟁 목적에 대해 주요 동맹국 및 우방국들조차 유보적인 입장을 취하기에 이르렀다. 만일 연합군의 일방적인 승리가 신속하게 이라크의 안정과 신질서 구축으로 이어졌더라면 반전여론은 급격히 퇴

색했을 것이다. 장기화되고 있는 유혈사태, 구조적으로 만연해 있는 종파지역주의는 이라크의 미래는 물론 미국의 이라크 개입외교에 대한 불확실성을 증폭시키고 있으며, 이는 미국의 주도적 역할에 중대한 도전요인들을 낳고 있는 실정이다.

그러나 이렇듯 세계 각국의 여론이 공감하는 반 파병 분위기에 더하여 한국의 파병정책에 국한하여 고찰해야 할 또 하나의 사안은 최근 몇 년 사이 한국사회에 급격하게 번진 반미감정이라는 현상이다. 한국에서의 반미감정은 이미 냉전시기 때부터 다양한 이유들로 인해 존재해 왔으나,5) 그 대중성이 갖춰지기 시작한 것은 불과 지난 2~3년 사이의 일이다. 주지하는 바와 같이 한국에서 '반미운동'이라는 것이 공적(公的) 공감대를 얻기 시작한 계기는 2002년 11월, 두 명의 13세 소녀들에 대한 과실치사혐의를 받은 두 미군 병사에 무죄평결이 발표된 직후 이에 대한 항의 분위기가 고조되면서 비롯되었다. 받고 있는 두 미군 병사들의 석방에 반대하는 대중들의 항의에서부터 고조되었다. 하나의 사건에서 촉발된 대미(對美) 문제제기는 한미동맹의 "불평등성" 전반의 개선을 촉구하는 담론으로 이어졌다. 냉전구도의 외부환경에 대한 양해사항으로써 수십 년간 누적되어 온 한국인의 반미감정의 싹이 특정 계기를 기화로 분출된 것은 어찌 보면 자연스러운 일이

---

5) 반미감정의 증가는 한국의 발전과 혼재되어 나타났다. 1980년대 후반 이후의 민주화는 국민들이 자유롭게 미국에 관한 견해를 표명할 수 있게 허용하였다. 발전된 국력으로 인해 국민들은 이전보다 높아진 자긍심과 함께 민족주의적인 모습을 보여주었다. 그리고 김대중 대통령의 집권기간 동안 남북한간 상호교류의 비약적인 증가는 한미동맹관계와 북한의 위협에 관한 한국 국민(특히 젊은 세대)들의 시각을 크게 변화시켰다.

라 할 수 있겠으나, 한국사회 여론주도 층의 세대교체와 권력 지배계층의 이동이 급격하게 진행됨과 동시에 함께 증폭된 반미운동은 분명 새로운 사회현상이었다.

이라크전쟁의 배경과 이의 수행방식에 대한 한국여론의 비판적인 견해는 이러한 반미감정의 확산 분위기와 맞물려 더욱 악화되어 갔으며, 이는 한국의 이라크파병 정책의 검토, 결정, 실행, 그리고 사후파장의 단계 전반에 걸쳐 무시하지 못할 영향력을 발휘하였다. 사실 한국 정부는 2004년 3월 20일 이라크전쟁의 발발 직후 신속하게 파병을 결정하였다. 국회에서 파병안(派兵案)이 최종적으로 승인되던 4월 2일까지 세 차례에 걸친 재상정을 거쳐야 했긴 했으나, 첫 번째 파병 결정을 완료하기까지 채 2주가 소요되지 않았던 것이다. 당시 노무현 정부는 집권 초기였고 새 정부의 대외정책 라인이 구체화되기 전의 시점에서 한나라당은 거대 야당으로서 파병승인 분위기를 주도할 수 있었다. 일반 여론은 운동권 단체들이 주도하는 반전 캠페인에 동조하는 분위기였으나, 이라크파병 이슈가 범국민적 관심사로 등장하기에는 충분한 시간이 없었다.

한국의 파병이슈가 판이하게 상이한 국면으로 전환된 것은 2003년 9월 4일 미국의 추가파병 요청이 있고 난 뒤였다. 이는 거의 일년 동안 지속된 국론분열과 진통의 과정이었다. 이번에도 한국정부는 매우 신속하게 공식적 입장을 정리하였다. 이라크 추가파병에 관한 긍정적인 검토에 이은 최종결정에 불과 한달 정도가 소요되었다. 그러나 그 이후 결정내용의 실행을 주저하는 듯한 정부의 태도는 소수의 조직화된 파병반대 운동의 거센 압력에 직면하게 되었으며, 한국정부는 분열되어 가는 대중여론에 시의적절하게 대처하지 못하였다. 여론의 동향을 살피는 가운데 이라크정세와 파병주둔지를 물색한다는 명분 하에 2개월이 넘는(2003년 9월 24일~11월 26일) 현지조사의 기간이 흘렀다. 국회에서 추가파병동의안을 최종 승인하기까지(2004년 2월 13일) 또 다른 2개월의 시간이 소요되었다.

그런데 파병 실행에 대한 본격적인 도전은 필요한 제도적 절차가 모두 완료된 시점 이후에 부각되었다. 이라크에서의 상황이 악화될수록 한국의 여론은 추가파병 동의안을 보다 비판적으로 보기 시작하였던 것이다. 그리고 한국 정부는 별다른 조치 없이 가열되어가는 한국의 여론 분열 현상을 유심히 지켜보는 방안을 선택하였다. 대외정책 이슈에 있어서 감성적 판단과 이성적 시각이 경쟁할 때, 정부가 논쟁의 과정을 적절하게 통제하거나 이끌지 않으면 언제나 감정적 의견이 우세하기 마련이다. 새 정부 출범 이후의 첫 총선과 헌법재판소의 대통령 탄핵소추안 판결을 기다리던 당시 시점에서 정부는 '무대응'의 선택을 통해 파병반대 여론에 편승하는 '합리적 선택'을 취하였던 것이다. 여당의 과반수 의석 획득과 탄핵안 부결이라는 중대한 국내정치적 이익을 획득하는데 있어 이라크 이슈를 국가이익이라는 이성의 잣대로 밀어붙이기보다는 차라리 관망하면서 국민여론과의 교감수준을 일정 수준 유지할 수 있었다. 또 6월 이라크에서 김선일씨가 납치되어 살해되는 돌발요인이 등장함으로써 추가파병은 이라크문제에 한국을 불필요하게 연루시키는 정책이라는 여론이 한층 가열되었고 파병실행은 다시 표류하였다.

마침내 한국은 2004년 8월에 가서야 이라크의 아르빌(Arvil)[6]에 대한 추가파병을 실제 행동에 옮길 수 있었으나, 자이툰 부대가 주둔지 아르빌에 도착한 것이 9월 22일, 동맹군으로부터 현지 작전권을 이양받은 것이 10월 1일이었으므로, 실질적인 활동기간은 국회가 2월에 지정해 둔 2004년말까지 3개월이 채 되지 않는 시점이었다. 저항세력과 알 카에다로부터의 위협을 의식, 본격적인 민사작전을 수행치 못하고 있는 상황에서 파병만료일이 임박하였고, 2005년 새해가 밝아오기 불과 몇 시간 전에 대한민국 국회는 파병활동 기간을 다시 1년 연장시키는 동의안을 가결하게 된다.

국가의 안보정책에 대한 논란이 가열될 때 여론은 쉽게 양분된다. 한국인들은 현재 북한 핵문제, 주한미군의 장래, 그리고 이라크 파병과 같은 하나같이 중요한 안보이슈들에 있어서 진보와 보수적인 견해로 분열되어 있다. 보다 중요한 것은, 이러한 중차대한 우리의 외교안보 이슈들이 미국에 대한 한국인들의 시각과 연관된 상태로서 혼재되어 있다는 점이다. 예컨대, 2004년 여름 연령, 성별, 사회적 지위를 가리지 않고 평상시 이상으로 확산되었던 반미감정은 지난 6월 이라크에서 테러리스트들에 의해 납치되었던 김선일씨의 비극적인 죽음의 영향을 반영한다. 한편, 주한미군 3,000여명을 철수시켜 이라크로

---

6) 한국군의 작전지역이 키르쿠크에서 아르빌로 변경된 것은 파병연기를 야기한 또 다른 요소이다. 2004년 2월 말, 미국은 테러공격에 취약해져가고 있는 키르쿠크 지역에서 한-미 양국간의 합동작전을 제안하였다. 그러나 한국 정부는 파병 한국군이 이라크의 특정 지역을 통제할 수 있는 독자적 권한을 가져야한다는 조건으로서 미국의 제안을 거절하였다. 4월 중순이 되어서야 한국은 아르빌을 파병지역으로 결정하였다.

파병하고 주한미군을 감축시키겠다는 미국의 급작스러운 결정은 한국 정부에 의해 지연돼 온 파병결정에 대해 미국이 모종의 불만과 분노의 입장을 표출한 것으로 해석될 수도 있다.[7)]

지난 일년 반이라는 기간동안 관찰된 한국 사회에서의 반미 감정의 조류는, 이라크파병 정책에 국한된 여론 동향을 나타낸다기보다는 그간 몇 년 동안 두드러지게 나타난 젊은 세대들의 여론 동향을 나타낸다는 점에 주목해야 한다. 신문과 인쇄매체들을 주로 읽는 구세대들은 여론 층의 소수에 불과한 반면, 인터넷(소위 온라인 네트워크)을 정보와 의사소통의 중요한 원천으로 삼는 20대와 30대의 신세대 계층이 새로운 여론주도 다수계층으로 등장한 것이다. 온라인 네트워크는 급속하게 대중적 커뮤니케이션에 영향력을 미칠 수 있는 정보의 자원으로서 자리잡았으나, 이들은 인쇄매체에 비하여 감정적인 흥분과 불공정한 해석, 그리고 정보의 무분별한 파급에 매우 취약하다는 속성을 가지고 있다.

우려되는 것은 극단주의자들이 공개적으로 그들의 극단적 의견을 표출하고 강렬하게 그들의 견해를 방어하게 되는 경우이다. 반대자들은 자신들이 배제되고 있다는 것을 인지하기 시작하는 한편, 심한 경우에는 대중적 논쟁에서 축출될 수도

---

7) 주한미군 감축의 규모와 일정에 관한 최종합의는 양국간에 2004년 10월 6일 이루어졌다. 한국 정부는 미국이 주장한 12,500명 수준의 감축 규모를 확인하였으며, 미국은 2005년 하반기로 완료 예정이었던 감축과 재배치에 대한 기한설정을 완화하였다. 몇 개월간의 힘든 협상 끝에 얻어진 이 결과는 북한의 위협에 대응하는 주한미군의 군사적 임무를 한국이 성공적으로 인계받을 수 있기 위해서는 보다 긴 준비기간이 소요된다는 입장을 미국이 수용해 주었다는 점에서 한국인들에게 긍정적으로 비쳐졌다.

있다. 목소리가 큰 의견들은 실제보다도 큰 전파의 파급력을 갖게 되고, 이는 다시 반대의견을 저지할 수 있는 역량을 증진시켜 준다. "침묵의 나선형"현상[8]은 공공적 담론을 지배하고 독점하는 특정 견해가 압도적으로 강할 때, 다른 대안적 견해의 지지자들은 침묵하게 되는 현상을 말하는 것이다. 신문, 방송, 온라인 미디어 등 모든 매체들이(편재적 요소) 지속적이고 중복적인 방식으로(축적적 요소) 여타 의견을 배제하고 하나의 견해만을(일치적 요소) 선전할 때, 이 침묵의 나선형 현상은 확대된다.

김선일씨의 비극적인 죽음과 그에 이어진 한국사회의 반향에 대한 한국 미디어들의 이라크 관련 보도는 일시적이긴 해도 해당 특정 기간 동안 대부분은 단일한 방향으로 진행되었다.[9] 테러리스트들의 위협에 직면하게 될 이라크에 국익과 명분의 관점에서 파병을 저울질하는 것은 대중의 논쟁이 되기에 충분한 매우 중대한 사안이다. 이 때, 논쟁은 단일하고 일방

---

8) '침묵의 나선형' 현상의 조건과 그 함의는 엘리자베스 노엘-노이만 (Elisabeth Noelle-Neumann)의 *The Spiral of Silence: Public Opinion and Our Social Skin* (Chicago, IL: The University of Chicago Press, 1984)에서 논의되었다. 노엘-노이만에 의하면 여론과 실질적인 행동의 연결고리는 (1)특정 이슈에 관한 의견 (2)주도적 여론에 관한 인식 (3)여론의 차후 형세에 관한 판단 (4)여론을 구두적인 방법이나 혹은 다른 방식의 실질적인 행동을 통하여 지지하려는 의지, 이와 같은 4가지의 변인을 통하여 입증이 가능하다. 동방정책이 1960년대 독일 사회의 다수여론이 되어가는 과정을 예시하며, 노엘-노이만은 고립에 대한 불안이 주류 여론형성의 주요한 동력이라는 것을 밝히고 있다.

9) Taik Sup Auh, "Korean Media's Influence on Public Opinion: Theoretical Frameworks," A Paper presented at the conference on "The Korean Media & Perceptions of ROK-US Relations," co-organized by the Asia Foundation and Korean-American Association, at the Seoul Hilton Hotel Grand Ballroom, on January 8, 2003.

적인 방향이 아닌, 다양한 견해의 소개와 상호 비교분석이 가능하도록 미디어들이 역할을 발휘해야 마땅하다. 논쟁과정이 생략되거나, 상황을 의도적으로 특정 방향으로 유도하고자 할 경우 이에 반하는 의견들은 배제되는 국민적 합의가 일어날 수밖에 없다. 예를 들자면, 대통령 탄핵사건과 관련하여 이러한 현상이 발생하였다. 탄핵의 문제정의, 인과관계의 해석, 도덕적 평가 등이 일반적인 여론뿐만 아니라 주요 언론과 심지어는 지식인들에게까지 "침묵의 나선형"현상이 작용되었다. 마찬가지도 이라크파병과 관련한 국내 논쟁의 중심에는, 전쟁은 무조건 나쁜 것이고 한−미 관계는 불공평하며 이제는 이 모든 것을 수정해야 할 시기라는 일부 공세적 단체들의 지속적인 주장이 크나큰 파괴력을 자아냈다. 파괴력만 대단하고 실속 있는 검증과정을 거치지 않은 "다수의견" 사회를 지배할 때, 국가는 정책지연 내지 정책실패의 늪에 빠질 공산이 크다.

Ⅲ. 한미동맹에의 함의

대외적으로 민감한 국제이슈는 내부적으로도 국민들 간에 논란의 대상이 되기 쉽다. 정부는 이 때, 자신이 기안하는 대외정책이 대중들로부터의 호응을 얻을 수 있느냐에 적지 않은 관심을 기울이게 된다. 따라서 지도자들이 대외정책 결정을 할 때 일차적으로 고려하는 사항은 국가간 힘의 분배상태, 자국의 이해관계를 뒷받침하는 전략, 리더 자신들의 정치적 목표 등 여러 가지이지만, 결국은 국내 여론의 지지도를 고려하게 된다. 여론을 업지 못하면 권력을 지키는 것 자체가 불가능하기 때문이다. 조셉 나이가 "민주주의에서 국익이란 단지 국민들이 국익이라 규정하는 것이 바로 국익이다"[10]라고 지적한 바와 같이, 한국사회에서의 안보이슈에 관한 여론에도 주목할 필요가 있다.

물론 여론의 중요성이 여론의 정확성을 반드시 보증하지는 않는다. 대부분의 사람들은 국가안보와 이를 둘러싼 주변 환경에 대해 충분하고도 균형 잡힌 지식을 갖추고 있지 못하다. 여론조사의 응답들은 역사적인 감정[11]과 조사 직전에 발생한 우발적인 사건들에 좌우되는 경향이 있다. 또한 안보와 관련한 사안들은 대중들이 올바로 이해하기에는 상대적으로 난해하거나 일상생활과 괴리되어 있는 경우가 많다. 협상, 무기구매, 군사훈련과 같은 정보들은 종종 기밀사항으로 분류된다. 대중들이 쉽게 접할 수 있는 외교안보 이슈들이라 할지라도 시민들이 보다 관심 있어 하는 세금, 물가, 이자율과 같은 실질적인 사안에 밀려서 비교적 소홀히 받아들여지기 십상이다. 또, 국가안보는 실제로 위기상황에 직면하기 전까지는 다소 추상적인 수준에서 안이하게 인식되는 경향이 있다. 이러한 안보여론의 일반적 속성을 고려할 때, 본 논문이 한국의 대외정책 결정에 있어 강조하고자 하는 이론적 함의는 분명하다. 그것은, 한국에서 국내여론이 대외정책 결정과정의 중요한 변

---

10) Joseph Nye, "The American National Interest and Global Public Goods," *International Affairs*, Vol. 78, No. 2 (2002), pp. 233-244.
11) 일반적으로 일본에 대한 한국인들의 견해는 일제 식민지배라는 역사적 경험으로 인해 부정적이다.

수로 자리 잡게 되었으나, 그 여론의 형성기재와 과정은 방치되기보다는 적절하게 조정되어야 하며, 필요할 경우 정부는 국익을 우선시하는 차원에서 최선의 정책대안으로의 귀결을 이끄는 리더십을 발휘해야 할 경우도 있다는 것이다.

현재 한국 사회에서 가장 주목할 만한 것은 새로운 사회현상은 반미감정이다. 이는 한미동맹에 있어서 거대한 도전요인이 되고 있으며, 문제해결에 관한 궁극적 책임은 전적으로 한국 정부 측에 있다고 할 수밖에 없다. 반세기의 한미관계는 한국인들에게 양면적인 대미 태도를 심어왔다. 미국은 한국 안보에 있어 절대적인 존재라는 의존적 신뢰감이 그 하나이며, 그러한 미국은 언제나 국익을 우선시하는 오만한 강대국이라는 비판적 견해가 또 다른 상반된 견해인 것이다. 국민들의 대미 불만사항을 경청하고 문제점을 해결하는 처방을 제시하는 동시에, 건전하고 균형 잡힌 대미 시각이 대중적이며 선동적인 반미 이념에 휩쓸리지 않도록 하는 정부의 정책이 중요하다는 점은 두 말할 나위가 없다. 북한 핵문제가 장기화됨에 따라 북한을 어떻게 다루어야 하는가에 대한 한미간 시각차가 장기화, 구조화되었고, 이제는 미국 사회 내에서 일기 시작한 반한 감정의 등장 배경 역시 심각하게 고려해 봐야 할 사안이다. 전 지구 차원에서 연결된 정보통신망은 한국에서의 반미 시위의 모습들을 곧바로 TV 화면과 신문, 각종 언론 매체를 통해 미국 시민에게 전달해 주며, 이는 다시 미국 의회와 정부의 정책 대응을 불러일으킬 수 있다. 심지어 한미동맹을 중단시키고 미군을 철수시키라는 고립주의적 주장들이 나타날 수도 있다.[12]

결국 위의 논의에서 나타난 정책적 함의는 분명하다. 서울과 워싱턴에서의 정책입안자들이 한국의 반미감정에 대하여 무엇인가 결정적 조치를 취하지 않는다면, 한미 양국은 그들이 이제까지 누려온 최선의 호혜적 안보수단인 동맹관계를 상실하게 될지도 모른다. 양국 국민들은 현재 한미동맹이 서로 어떠한 이익의 관점에서 존속되어야 하는지, 그리고 한반도 통일 이후 주한미군이 왜 계속 주둔해야 하는지에 대한 필요성을 이해해야 하며, 이를 돕기 위한 양국 정부 차원에서의 적극적인 대 국민 계도전략이 뒤따라야 한다. 주한미군은 점진적으로 변화하는 동북아시아의 안보환경에 적응해 나아가야 하며, 그 방향은 인접한 강대국들에 대해 상호 견제와 협력의 균형관계를 주도하면서 한미 양국 모두의 전략적 이익을 극대화하는 윈-윈 전략으로 나타나야 할 것이다. 군사, 정치, 경제, 사회, 문화 등 각 이슈영역에 걸친 긴밀한 포괄동맹관계[13]로의 발전이 이루어질 경우, 한국은 가장 합리적인 비용으로 안보역량을 극대화할 수 있으며, 미국 역시 한국과의 적절한 역할 분담을 통해 동아시아에서의 전략적 이해관계를 확고하게 유지할 수 있게 된다.

미래지향적인 한미동맹의 비전을 모색하고 통일 이후의 주한미군에 대비하는 차원에서 한미 양국 정부는 주한미군의 역할 조정, 양국간 새로운 지휘 및 통제 시스템의 모색을 위한

---

12) Doug Bandow, "Ending the Anachronistic Korean Commitment," *Parameters*, Vol. 33, No. 2 (Summer 2003).
13) 포괄적 한미 동맹의 청사진에 관한 보다 상세한 내용은 Kang Choi and Tae-Hyo Kim, "Future ROK-U.S. Security Cooperation: Comprehensive Security Alliance," *New Asia*, Vol. 7, No. 1 (Spring 2000) 참조.

동맹조정 방안을 협의해야 한다. 한미동맹은 우선적으로 북한으로부터의 침투, 한반도에서의 제한적 국지분쟁, 대량파괴무기(WMD)의 확산과 사용위기, 북한 정권의 와해 또는 붕괴 등과 같은 북한으로부터 비롯되는 다양한 잠재적 위협요인들에 적극 대처할 수 있도록 조정되어야 한다. 나아가 한미동맹은 단순히 한반도에 국한되지 않고 동아시아의 평화와 번영을 공고화하는데 기여하도록 앞장서야 한다. 즉, 한미동맹은 점진적으로 국제 난민, 해상교통로(SLOCs)의 보호, 테러리즘 차단, 국제범죄 색출, 환경보호 등과 같은 새로운 안보이슈들을 다룰 수 있도록 지리적, 기능적으로 확대되어야 한다.

한국정부는 국민들에게 한미동맹이 불필요하다고 주장하는 것은 동맹의 해체를 가져올 수 있다는 점을 경고해야 한다. 비판적 대중여론이 한미동맹의 운용에 있어 한국의 발언권을 강화시키는 긍정적 역할을 해 왔다는 점은 인정되어야 할 부분이지만, 미국과의 이해관계의 충돌이나 상호 불신 고리의 발생이 결코 반세기동안의 동반자관계에 악영향을 주어서는 안 된다는 것이다. 여론이 특정 방향으로 편중되는 것을 방지하기 위해서는 정부와 시민사회 간 커뮤니케이션의 흐름이 보다 투명하고 역동적인 방향으로 개선되어야 한다. 특히 정부는 정확한 정보를 전달하고 대미정책의 큰 방향에 관한 국민적 공감대를 형성하기 위하여 언론인, 지식인, NGO대표들과 같은 여론 주도층과의 다양한 대화 채널을 마련해야 할 필요가 있다.

마지막으로, 이라크 파병정책과 더불어 당면한 북한 핵문제야말로 한미 양국간 장래 안보협력의 방향과 심화 정도를 결정하는 리트머스 테스트가 될 것임을 염두에 두어야 한다. 서울은 평양에 대해 워싱턴보다 비교적 유연한 시각을 보여 왔다. 따라서 많은 한국인들은 미국의 대북정책이 유연하지 않기 때문에 남북한 간의 화해를 방해한다고 생각해 왔다. 그러나 분명한 점은 북한의 핵 보유는 그 어떤 이유로도 용납될 수 없을 만큼 한국 스스로의 안보에 치명적이라는 사실이다. 핵 문제라는 첨예한 군사이슈를 평화적으로 해결하는데 지나치게 신경쓰다보니 한국은 북한과 미국 사이에서 어렵고도 모순적인 입장에 빠져들고 있다. 북한의 결단을 촉구하는 차원에서 미국과 대북 압박외교 공조를 펼 경우 남북 관계의 악화가 초래될 공산이 크다. 반대로, 북한 핵 사태가 위기로 치닫는데도 한국이 북한에 대한 어떠한 종류의 "채찍"의 사용에도 반대한다면 한미관계가 심각하게 손상될 것이다. 이러한 딜레마에서 한국이 탈출할 수 있는 유일한 해결책은 대화를 통해 핵 위기가 해결되지 않을 경우 한국은 미국의 입장을 지지할 것이라는 점을 평양의 지도부가 확실하게 인지하도록 하는 일이다.

결국 여론의 문제가 다시 제기된다. 정책입안자들의 전략적 선택으로부터 비롯된 대외정책이 일반 국민들의 정서와 괴리를 빚을 때 정책결정 과정에서 긴장이 야기될 공산이 크다. 또, 국가 지도자들은 자신들이 입안한 정책을 국민이 지지해 주도록 유도하는 방향으로 여론조작을 시도할 수도 있다. 무엇보다도 방지되어야 할 것은 특정한 정치적 목표에 입각해 조작된 여론 추세가 정책실패를 낳게 되는 결과이다. 이 점이 바로 본 논문에서 지적하고자 한 주요 논점이며, 한국의 이라

크 파병 정책과 관련하여 다음 세 가지 질문에 대한 답을 구해
봄으로써 현재 한국 외교안보가 처한 현실과 도전요인을 진단
할 수 있을 것이다.

(1) 한국은 왜 이라크에 파병해야 했는가? 단지 동맹을 유지

〈이슈별 한국의 위기관리 시나리오〉

사안	중요성	시기	성공 시나리오	실패 시나리오
이라크사태	주의 요망	향후 6개월	• 2005년까지 이라크에서의 성공적인 PKO 활동 완수 • 한국의 현 파병 활동기간 중 이라크의 안정화 확보 • 이라크 불안정시, 한국군 3차 파병	• 2005년까지 예정된 PKO 활동 중도 하차 • 이라크 불안정 상황 지속 불구, 한국 3차 파병 거절 • 연합국간의 전후재건 계획에서 한국 배제
북한핵문제	한국의 장래 안보에 지대 하게 중요	향후 1년	• 북한이 핵실험 등 최종 한계선을 넘지 않음 • 6자회담에서의 합의 도출 • 합의사항이 이행되기 시작	• 북미간 긴장고조 • 6자회담 재개 불발 혹은 재개 후 타결 실패 • 북한 핵 보유 굳히기 속 한반도 긴장 고조
한미관계의 장래	한국의 중장기 적 대외 전략에 결정적 요소	향후 3~5년	• 반미감정의 적절한 관리 • 주한미군 재배치의 성공적 마무리 • 동맹의 장래 역할과 협력내용의 구체화	• 미국이 남북관계에 주요한 장애물로 간주됨 • 주한미군과 동맹의 장래에 관한 불협화음 • 수사적 차원의 동맹 유지, 그러나 한미관계의 유명무실화

하기 위해서인가 혹은 한반도적 차원을 넘어선 고려에 의해서였나?

(2) 북한 핵문제의 궁극적인 책임과 원인은 누구에게 있는가? 김정일 위원장인가 혹은 조지 부시 대통령인가?

(3) 주한미군 재배치의 성공적 마무리와 한미 상호간 동맹의 미래상에 대한 합의를 도출하는데 있어 무엇이 필요한가? 자신감인가 혹은 상호 신뢰인가?

제13장
소극적 태도에서 적극적 태도로:
일본의 평화주의의 변화와 자위대 이라크 파병[*]

카미야 마타케 神谷万丈
일본 방위대학교 교수

I

2004년 이라크전쟁의 전후 복구작업에 참여하기 위한 자위대의 이라크 파병은 걸프전쟁 이후 일본 안보정책의 커다란 변화를 상징하는 획기적인 사건이다. 일본의 자위대가 국제평화에 공헌하기 위한 해외파병의 역사는 유엔 캄보디아임시행정기구(UNTAC)에 참여하기 위해 육상자위대 시설대대(공병대대; engineering battalion)를 캄보디아로 보냈던 1992년 9월로 거슬러 올라간다. 그러나 자위대의 이라크 파병은 일본이 제2차 세계대전이 종전된 이후 군사적 갈등이 여전히 진행 중인

---

[*] 이 논문은 필자의 개인적인 견해일 뿐 일본 방위대학교나 일본 방위청의 견해가 아님.

나라에 무장한 군대를 보내는 첫 번째 사건이며, "유엔 평화유지활동을 위한 협력을 중심으로 하는 일본의 국제공헌에 관련한 정책의 역사적 분수령으로"[1] 그리고 "자위대의 역할에 있어서의 새로운 시대의 개막"[2]을 보여준다.

주목할 만한 것은 이번 파병에 대한 일본 국민의 반응이다. 전후 일본사회에 평화주의적인 성향이 깊이 내재되어 있다는 점과, 일본인의 다수가 미국이 주도하는 이라크전쟁을 지지하지 않으며 미국의 이라크 전후 처리에 대한 강한 불만을 보인다는 사실에도 불구하고, 이번 자위대의 이라크 파병은 일본인들 사이에서 점차 긍정적으로 받아들여지고 있다. 2004년 1월 자위대가 실제로 이라크에 파병되기 전, 일본인들은 파병에 대한 매우 조심스럽고 신중한 태도를 보여주었다. 2003년 12월에 NHK가 실시한 여론 조사에 따르면, 응답자의 17% 만이 "정부가 가능한 한 빨리 자위대를 파병해야만 한다"라고 대답한 반면, 53%가 "파병은 이라크에서 질서가 복원된 이후에 해야 한다"고 했으며, 28%는 "파병은 절대 해서는 안된다"고 주장했다.[3] 그러나 파병이 실제로 시작된 이후, 파병 지지율이 점차 증가하기 시작했다. NHK의 여론조사에 따르면, 2004년 1월에는 응답자의 42%가 자위대의 이라크 파병에 동의했고, 51%가 파병을 지지하지 않는다고 말했다. 2월에는 파

---

1) 『産經新聞』, 2004. 1. 10.
2) 『讀賣新聞』, 사설, 2004. 1. 10.
3) "Iraku Jieitai Haken to Kokumin Ishiki: Seiji Ishiki Getsurei Chosa kara" (excerpts of an article published in Hoso Kenkyu to Chosa, May, 2004), on the home page of the NHK Hoso Bunka Kenkyujo, http://www.nhk.or.jp/bunken/book-jp/b41-s-j.html, accessed on August 19, 2004.

병 지지율이 46%로 증가했고, 반대율은 47%로 감소했다. 3월에는 파병 지지율(51%)이 처음으로 반대율(43%)을 초과했다.[4] 이런 추세는 4월 이라크의 전투원이 일본 민간인들을 납치하고 이라크로부터 자위대의 철수를 요구했던 인질위기를 겪는 동안에도 거의 변하지 않았다. 4월 16일 아사히신문에서 실시한 여론조사에 따르면, 응답자의 73%가 당시 일본 정부가 "결코 테러리즘에 굴복하지 않을 것"임을 밝히면서 이라크 반란군들의 요구를 거부한 것은 "타당한" 대응이었다고 대답했다. 게다가 응답자의 32%만이 철수해야 한다고 대답했던 반면, 50%가 자위대가 계속해서 이라크에 남아야한다고 대답했다.[5] 4월 17일과 18일에 요미우리신문이 실시한 또 다른 여론조사에서도 응답자의 60%가 자위대 파병을 지지했고, 반대율은 37.2%였다.[6]

2004년 6월 미국이 이라크 과도정부에 주권을 이양한 이후, 미국과 영국이 이끄는 다국적군에 참여하기 위해 자위대의 이라크 파병을 승인한다는 일본 정부의 결정은 강한 대중적 반발을 일으켰고, 그 다음달인 7월에 실시된 참의원 선거에서 고이즈미 준이치로 수상이 몸담고 있는 자민당에게 굴욕적인 패배를 가져온 가장 큰 요인의 하나로 작용했다. 참의원 선거 직후 요미우리신문에서 실시한 여론조사에 따르면, 자위대가 다국적군과 함께 이라크에 인도주의적인 복구작업에 계속해서 참여해야 한다고 생각하는 응답자는 49.1%로 자위대의 역

---

4) "Iraku Jieitai Haken to Kokumin Ishiki"
5) 『朝日新聞』, 2004. 4. 18.
6) 『讀賣新聞』, 2004. 4. 20.

할을 부정적으로 평가한 응답자의 비율(46.5%)을 초과했다.[7]

Ⅱ

　왜 많은 일본인들은 자위대의 이라크 파병을 점차 받아들이게 되었는가? 이번 파병이 향후 일본의 평화주의 원칙에 있어서 어떠한 의미를 가지는가? 제2차 세계대전이 끝난 이후 오랫동안 일본인들은 통상적으로 자위대를 전투지역내 혹은 그 근처로 보내는 것은 "평화주의 국가(Heiwa Kokka)" 이미지에 적합하지 않다고 믿었다. 일본의 정책결정자들은 어떤 경우라도 자위대를 배치하는 것은 국익을 향상시키는 방법이 아니라고 주장해왔고, 일본 국민들도 그런 위치를 지지해왔다. 자위대를 이라크에 파병하기로 한 결정은 기존의 이러한 정책에 있어서 처음이자 매우 명백한 변화를 꾀한 것이었다. 고이즈미 수상 스스로도 기준척도가 변했다고 언급해왔다. 2003년 12월 15일 고이즈미 수상은 "이라크에서 주요 전투는 끝났지만, 전시 상황이 완전하게 끝났다고 생각하지 않으며", "몇몇 지역은 위험하다"는 점을 인정했다.[8] 왜 일본 안보정책에 있어서의 이러한 중요한 변화가 일본 대중들에게 점차 받아들여지게 되었는가? 이것은 전후 일본의 "평화주의가 끝났다"는 것을 의미하는 것인가?

　이런 질문들에 대답하기 위해서는 탈냉전 이후의 일본 안보

---

7) 『讀賣新聞』, 2004. 7. 21.

8) 『每日新聞』, 2004. 7. 21.

정책의 전개과정을 살피고, 안보영역에서 일본 국민들이 자국에 원하는 것이 무엇이며, 그들이 바라는 일본이라는 나라가 무엇인지를 이해하는 것이 필요하다. 이런 중대한 시기에 일본이 안보 측면에서 얻고자 하는 것을 무엇이었는가? 결론부터 말하자면, 대다수의 일본인들은 지난 10여 년 동안 자국을 둘러싸고 있는 국제환경이 크게 변했더라고 해도, 전후 반세기 동안 소중히 해왔던 평화주의 정신을 유지하기를 여전히 강력히 원한다는 점이다. 그러나 동시에, 점차 많은 일본인들이 기존의 소극적인 평화주의(passive pacifism)가 새로운 "적극적인 평화주의(active pacifism)"로 변화해야 한다는 기본적 이해를 공유해 가고 있다.

제2차 세계대전 종전 이후 거의 60년 동안 일본은 "평화주의"와 "평화주의 국가"라는 자신의 꼬리표를 고수하기를 원했다. 심지어 일본은 경제대국이 된 후에도 군사대국이 되려는 목표를 선택하지 않았으며, "전수방위(exclusively defense-oriented defense)"라는 매우 자제적인 안보 자세를 유지해왔다. 일본의 그러한 선택은 오랜 기간 미국에게 군사적으로 의존해 온 점도 크게 작용한다. 즉, 일본은 외교와 안보의 특정 영역에서 자율성이 제한되어왔다. 그러나 그러한 사실을 알면서도, 일본인들의 대다수는 자국의 선택을 자랑스러워해 왔다. 일본은 평화주의 자세를 유지하면서도 강대국이 될 수 있는 가능성이 자신의 경우에서 증명되었다고 믿으면서, 자신들의 선택은 세계평화에 이바지 할 수 있어야 한다는 점을 중요시해왔다. 그러나 냉전 종식 후, 일본인들은 자신들의 평화주의가 두 가지의 약점을 가지고 있다는 점을 지적하게 되었고, 그 두 가지에 역점

을 두어 다루려는 노력을 해왔다. 그 약점은 전후 일본의 평화
주의가 가지고 있는 두 가지 유형의 소극성(passivity)이다.

Ⅲ

일본의 전후 평화주의의 첫 번째 유형의 소극성은 다시는
결코 평화를 파괴하거나 공격적인 전쟁의 주체가 되지 않을
것이라는 서약에 기초를 두고 있다. 제2차 대전에서 패배한
직후, 일본인들에게 평화주의 국가의 개념은 군국주의의 거부
에 상응하는 것이었다.[9] 일본인들에게 있어, 평화주의 국가가
되는 것은 또다시 국가의 야망을 추구하는데 있어 결코 군사
력을 사용하지 않을 것과, 그것에 의해 결코 평화를 해치지
않겠다는 맹세를 의미했다. 그들은 "새로운" 일본이 세계평화
를 창출하는데 있어서 할 수 있는 가장 본질적인 공헌은 자위
(自衛)를 위한 최소한의 필요한 수준을 제외하고는 군사력 사
용을 거부한다는 원칙을 고수하는 것이라고 믿었다. 그러한
대중의 정서는 일본이 자국의 영토를 넘어서 국제안보역할을
확대하려는 어떠한 움직임에 대해서도 매우 강력히 반대하는
것에 영향을 미쳤다. 그러나 마침내 국제사회가 평화주의 일
본에게 다시는 평화의 파괴자로써 활동하지 않겠다는 단순한
소극적 공약이 아닌, 보다 더 큰 공헌을 해주기를 요구하기
시작했다. 즉, 다른 국가들이 일본에게 평화를 위한 노력들에

---

9) Matake kamiyq, "Heiwa Kokka,"『每日新聞』, 석간 사설, 2003. 8. 4.

적극적으로 참여하기를 요구하기 시작했다. 그러나 냉전이 끝날 때까지, 일본인들은 그러한 요구들을 그다지 중요하지 않은 것으로 치부해 왔다.

태평양전쟁이후 오랜 시간 동안 국제사회는 일본이 자위를 위한 제한적인 군사적 능력만을 가지길 요구했다. 그러나 점차 일본의 군국주의 부활에 대한 다른 국가들의 두려움이 사라지고, 동시에 일본은 세계에서 가장 큰 경제대국의 하나로 성장하게 되었다. 이에 따라, 국제사회의 태도와 일본의 기대가 꾸준히 변화했다. 냉전이 끝나자, 세계는 일본에게 경제력에 걸맞는 수준에서 세계평화에 공헌하라는 압력을 행사하기 시작했다. 일본인들은 걸프전이 발발할 때까지 이것이 무엇을 의미하는지를 완전하게 인식하지 못하고 있었다.

일본의 평화주의에서 두 번째 유형의 소극성은 군사력이 평화의 추구에 있어서 중요한 역할을 한다는 현실을 받아들이는 것을 계속해서 거부해왔다는 점이다. 제2차 세계대전 이래로 일본인들은 평화와 군사력 문제가 정반대의 개념이라고 굳건히 믿어 왔다. 전쟁에 대한 기억은 일본 사회에서 군대의 이미지를 매우 부정적인 것으로 만들어 버렸다. 1930년대 일본의 군대는 효과적인 시민통제의 형태를 벗어났고, 정치적인 문제에 빈번히 개입했다. 정치에 대한 군부의 강한 영향력 하에서, 일본 정부는 국제연맹(LN)의 탈퇴, 중국과의 전쟁개시, 2차대전에서 일본의 대재앙적인 패배를 가져왔던 나치 독일과 파시스트 이탈리아와의 동맹 등 일련의 무모한 행동을 했다. 일본인들은 자신의 군사지도자들의 어리석음에 싫증이 나서, 전쟁이후 군대에 대한 깊은 혐오감뿐만 아니라 국가정책의 기제로써의 군대에 관련된 어떠한 것에도 강력한 반감을 갖게 되었다. 무모한 전쟁의 결과로 경험했던 일본의 참화는 평화파괴의 주체로써의 군대에 대한 지속적인 두려움을 낳았다. 일본인들은 군사력 또한 평화를 보호하기 위한 근본적인 수단이라는 사실을 거의 완전히 상실해 버렸다. 전후 일본 사회에 널리 퍼진 이러한 사고방식으로 인해, 평화를 위한 군대의 사용은 잘못된 것으로 보았고, 심지어 그런 가능성에 대한 논의조차도 사악한 것으로 받아들여졌다. 군사력의 정당성과 무용성에 대한 커다란 회의주의와 더불어, 전후 일본인들은 심지어 자위의 기제라고 할지라도 가능한 한 적은 군사적 수단에 제한되어야만 한다고 믿는 경향이 있었다. 토마스 버거(Thomas Berger)의 주장처럼, 반군국주의의 요소는 일본의 전후 평화주의의 두드러진 특징이었다.[10]

냉전 종식 이후의 일본을 둘러싼 안보환경의 급격한 변화들은, 일본인들에게 오랫동안 소중히 여겨온 평화주의의 이러한 두 가지 약점을 적절히 수정하기 위한 몇 가지 방법을 강구해야 한다는 인식을 가져다주었다. 첫째, 걸프전쟁을 통해 일본은 국제 사회가 더 이상 자위에 국한한 자국의 안보노력에만 초점을 맞추는 것을 허용하지 않는다는 현실을 받아들이게 되었다. 즉, 일본은 세계가 자신의 경제적 영향력에 상응하는 보다 포괄적인 안보역할을 해주길 요구하게 되었음을 깨달아야만 했다. 두 번째, 1990년대 초에 발생한 일련의 "북한문제"의 결과로 일본 사회에서는, 비록 여전히 소수에 지나지 않지

---

10) Thomas U. Berger, "From Sword to Chrysanthemum: Japan's Culture of Anti-Militarism," *International Security*, 17-4 (Spring 1993).

만, 평화를 창출하고 지키는 주요수단의 하나로써 군대의 위상을 바꿔야 한다는 목소리가 커지기 시작했다. 결과적으로 냉전 종식 이후, 일본 안보정책은 각기 다른 두 개의 방향으로 발전하게 된다. 하나는 자위대의 파병을 포함한 일본의 국제 안보역할의 급속한 팽창이다. 다른 하나는 일본의 전후 "군사적 알레르기"(military allergy)를 완화시키는 보다 느린 과정으로, 이에 따라 일본은 군사력 역시 평화유지에 공헌하는 역할을 한다는 것에 대한 확실한 입장을 나타낼 수 있을 것이다.

Ⅳ

걸프전쟁은 일본인들이 자국의 대외정책에 대한 태도에 변화를 가져온 분수령과 같은 사건이었다. 1990년 8월 쿠웨이트가 이라크를 침공하자, 일본인들은 자국 군대의 파병을 포함하여 위기를 해결하기 위한 국제적 노력에 적극적이고 실제적인 공헌을 하는 나라들에 의한 강력한 국제적 요구에 직면하여 매우 난처해했다. 그때까지 국제사회가 여전히 일본에게 단순히 자위에 대한 안보노력에만 집중하길 원한다고 믿어왔던 많은 일본인들에게, 많은 국가들이 실제적으로 일본의 영토에서 매우 멀리 떨어진 국제적 갈등에 일본이 적극적으로 참여하길 요구했다는 것은 매우 놀라운 일이었다. 대다수의 일본인들은 자국이 거센 국제적 요구에 대응하기 위해 무엇인가를 해야만 한다는 데에는 동의했으나, 그것이 무엇인지에 대한 합의에는 도달하지 못했다. 결국 미국을 비롯한 국제사회의 강력한 압력에도 불구하고, 걸프전쟁에서 일본의 공헌은 재정적인 지원과 소수의 민간인들을 보내는 것에 그쳤다.

일본은 당시 이라크에서의 다국적 작전을 지원하기 위해 130억 달러를 제공했지만, 실제적으로 감사의 표시를 받지도 못했고 오히려 돈만 지불했다는 것에 대해 다른 국가들로부터 강력한 비난을 받았다. 무엇보다도 일본인들은 쿠웨이트 정부가 워싱턴포스트지와 다른 미국의 주요 신문의 전면광고를 통해 걸프전에 공헌했던 약 30개 국가들에게 감사를 표시했을 때, 매우 큰 충격을 받았다. 거기에는 일본의 이름이 전혀 언급되지 않았던 것이다. 한 유명한 일본의 해설자는 이런 사건을 "일본의 걸프전에서의 패배"라고 불렀다.[11]

이런 고통스런 경험의 결과, 일본인들은 지금의 경제대국인 일본이 앞으로도 평화주의 원칙이 평화를 파괴하지 않겠다는 단순히 소극적인 서약으로만 남는다면, 평화주의 국가로써 국제사회의 존경을 받을 수 없다는 사실을 깨달았다. 그 이후, 일본 정부는 지역적이고 세계적인 차원의 안보에서 비전투적인 군사작전에서 다른 국가들과 협력하기 위한 자위대 해외파병을 포함해 보다 광범위한 역할을 떠맡기 시작했다. 이런 과정에서 유엔은 일본이 자국의 영토를 넘어서 보다 적극적인 국제 안보역할을 담당하는 것을 정당화 해주는, 그리고 일본이 그러한 역할을 담당하는데 망설이게 하는 국내적이고 국제적 반대를 가라앉히는 편리한 은신처가 되었다. 첫째, 일본정부는 1991년 4월 걸프만에 4척의 소해정과 2척의 보급선(support ship)

---

11) Ryuichi Tejima, *1991-nen Nihon no Haiboku* (Tokyo: Shincho-sha, 1993)

을 보냈다. 1992년 6월 "PKO법"의 통과는 유엔평화유지활동에 참여하기 위해 자위대를 해외로 파병하는 것뿐만 아니라 비전투적 역할을 하기 위한 다른 형태의 국제 평화노력에도 자위대를 파병하는 것이 가능해졌다. 그 이후, 자위대는 캄보디아, 모잠비크, 자이레, 골란고원, 동티모르 등과 같은 세계의 분쟁지역에 보내졌고, 그들의 활동들은 국제사회에서 매우 칭찬을 받고 있다.

많은 일본인들에게, 국제 평화를 위해 자위대를 사용한다는 생각을 받아들이는 것은 처음부터 쉬운 일은 아니었다. 또한 일본 정부와 시민들 사이에는 자위대의 해외파병이 아시아 국가들에게 일본의 군국주의가 부활할 지도 모른다는 비판을 받을 수 있다는 것에 대한 강한 우려가 있었다. "PKO법"의 통과는 사회당과 공산당 출신의 중의원들에게 신랄한 비판을 받았고, 결국 UNTAC에 참여하기 위해 육상자위대 시설부대의 파병은 거대한 국내적 논쟁을 일으켰다. 그러나 그 이후, 자위대가 유엔평화유지활동뿐만 아니라 비전투적 역할에 있어서의 다른 형태의 국제평화 노력에 참여하는 것에 대한 국내의 반대는 빠르게 약해졌다. 일본인들은 자신들의 적극적인 국제평화활동의 참여가 이웃 국들을 놀라게 하지 않았다는 확신을 얻게 되면서, 일본이 평화를 위한 정당한 국제적 행동으로서의 자위대 해외파병을 유지해야 한다는 점에 대해 폭넓은 합의를 얻어왔다.

즉, "걸프전의 충격"은 일본인들에게 1945년 이후에 고수해오던 평화주의가 가진 첫 번째 유형의 소극성을 수정하려는 노력을 하게하는 계기로 작동했다. 1990년 전에는 실제적으로 거의 잃어버렸던 요소, 즉 국제평화에 공헌하기 위해 자국 영토와 영해를 벗어난 일본의 적극적인 노력이 일본의 안보정책에 더해지게 되었다. 그러나 1991년 이후 일본이 국제안보 역할을 급속히 확대시키고 있다고 해서 그것이 실제적으로 자신의 전통적인 평화주의로부터 벗어나는 것은 아니다. 우선, 일본정부와 시민 모두는 일본의 일방적인 군사적 공헌이 아시아 국가들에게 환영받지 못할 것임을 분명히 인식하고 있다. 그러므로 일본이 걸프전 이후 지역적, 세계적 평화유지에 공헌하는 것은 단지 다른 국가들과 협력하는 차원에서 실행되고 있는 것이다. 게다가, 걸프전의 충격이 매우 컸음에도 불구하고 그것이 실제적으로 전후 일본인들 사이에서 공유된 반군국주의 측면에는 현격한 변화를 가져오지는 않았다. 유엔평화유지활동과 같은 국제평화 노력에 타국과 협력하기 위한 자위대의 해외파병에 대해 동의했음에도 불구하고, 일본인의 대다수는 자위대의 실제 활동이 전투활동이나 무력사용 과는 엄격히 분리되어야 함을 끊임없이 요구해왔다.

일본사회에 널리 받아들여진 그러한 바램은 자위대가 국제평화활동에 합법적으로 참여할 수 있는 많은 특별한 전제조건들과 제약들을 만드는데 강력한 영향력을 발휘해왔다. 예를 들면, PKO법 원문에는 소위 평화유지군의 "핵심기능(core of functions)"은 "동결되었다." 평화유지군의 "핵심기능"은 정전 감시, 무장해지 감시, 완충지대에서의 주둔·순찰, 무기운송의 입출입의 감시 등과 같은 무장한 군대에 의해 통상 시행되던 임무들을 의미한다. 결국, 자위대의 유엔평화유지활동에의 가능한 공헌은 단지 병참학적 지원에 제한되었다. 비록 법으로 평화유지군의 "핵심기능"의 "동결"은 3년 후에 재고할 것이라고 규정해 놓았지만, 그런 기능들의 "해동"은 2001년 늦가을 중의원 내에서 아프가니스탄에 대한 미국의 대테러전쟁 이후 그곳에 자위대를 파병하여 전후 평화구축을 돕는 문제를 논의할 때까지도 실제로 일어나지 않았다.

더욱이 지금까지 정부는 일본은 무력사용을 필요로 하는 목적과 의무를 가진 유엔의 활동을 후원하거나 다른 형태의 국제평화활동에 참가하는 것이 헌법적으로 금지된다는 헌법의 전통적 해석을 유지해왔다. 이는 만약 걸프전과 같은 사건이 또다시 발생한다 해도, 일본의 자위대는 2004년 6월 29일 이후의 이라크전쟁의 다국적군에 참여했던 경우와 같이 "전투가 발생하지 않는 지역"을 제외하고는, 그것이 병참지원만을 시행한다고 해도 평화를 되찾기 위한 다국적 노력에 참여하기 위해 자위대를 파병하는 것은 여전히 금지될 것임을 의미한다.

나아가 PKO법에 의해 규정된 평화유지군의 무기사용에 대한 일본 측의 가이드라인은 유엔의 관례와는 중요한 차이점이 있다. 일본의 PKO법과 유엔 관례 모두 "자위"의 목적을 위해 평화유지군에 의한 무기의 사용을 금지하고 있다. 그러나 일본법에 내재되어 있는 "자위"의 개념은 유엔의 개념보다 훨씬 한정적인 의미를 지닌다. 유엔의 관례에 따르면, "자위"는 공격에 대한 평화유지군 자신들의 생명보호뿐만 아니라 유엔의 임무수행을 방해하는 상황의 제거 또한 포함한다. 그러나 PKO법 원문에 따르면, "자위"의 개념은 전자에만 국한된다. 즉, 무기의 사용은 일본인 평화유지군들의 생명을 보호하기 위해서만 허용된다. 결과적으로 일본인 평화유지군은 다른 국가나, 일본 혹은 외국의 NGO회원들로부터 평화유지군을 보호하기 위한 무기사용이 허용되지 않는다. 또한 일본인 평화유지군들은 자신의 무기들과 군수품을 보호하기 위해 무력을 사용하는 것도 허용되지 않는다. 특히 더 놀라운 것은 일본인 평화유지군들이 어떤 적대적인 집단에 의해 납치되거나, 인질이 되었을 경우에도 나머지 일본인 평화유지군들은 그들을 추적하거나 구하기 위해 무력을 사용하는 것도 허용되지 않는다는 사실이다.

그러한 관례에 대한 국제적 비판들이 증가했지만, 일본 측의 평화유지군 무기사용에 대한 가이드라인은 9·11테러가 발생할 때까지 완화되지 않았다. 9·11테러 사건은 일본인들로 하여금 자국이 경제력에 걸맞는 수준에서 세계평화에 공헌해야 한다는 인식을 강화시키는 계기가 되었다. 2001년 12월 PKO법의 개정으로 특정의 특별한 상황 하에 유엔회원국 사람들과 NGO 회원들 그리고 타국으로부터 일본인 평화유지군을 보호하기 위해 무력을 사용하는 것이 법적으로 가능하게 되었다. 또한 그들의 무기와 군수품들을 보호하기 위한 무력사용도 가능하게 되었다. 평화유지군의 "핵심기능들" 또한 "해동되었다." 그러나 개정된 법에서도, 일본의 "자위"개념은 여전히 유엔임무를 수행하는데 방해되는 상황의 제거는 배제된다. 또한 여전히 일본인 평화유지군들은 납치된 동료들을 추적하거나 구하기 위한 무력사용도 금지된다. 그리고 정부는 유엔을 후원하거나 무력사용을 유발하는 목적과 의무를 가진 다른 형태의 국제평화활동에 참가하는 것이 헌법적으로 금지된다는 헌법의 전통적인 해석을 유지하고 있다. 이러한 사실들은 유엔이나 다른 다국적인 구조내에서 조차도, 일본의 안보역할은 여전히 심각한 제약이 부과된다는 것을 보여준다.

9·11테러 이후의 인도양에 해상자위의 파병과 이라크 전쟁 이후 자위대 파병 결정을 승인한 테러특별조치법과 이라크 부흥지원법이라는 각각의 특별법 역시 자위대의 활동이 전투활동과 무력사용과는 엄격히 분리되어야만 함을 명기하고 있다. 일본 대중은 자위대가 자신의 생명보호를 목적으로 하는 경우 이외에는 무기사용을 허용하는 것을 분명히 주저해왔다. 그들은 유엔을 후원하는 경우일지라도, 일본이 보다 격렬한 군사적인 행동에 참가하는 것은 강력히 반대해왔다. 그러한 일본 대중의 태도는 전후 반군국주의가 오늘날에도 여전히 일본인들 사이에 매우 강하게 남아있다는 사실을 반영한다. 1996년 레인하드 드리프트(Reinhard Drifte)가 지적했듯이, "다른 서구 국가들에서 군사력이 억지의 기능을 한다거나 다른 국가에게 영향력을 행사하는 추가적이고 정당한 수단으로 보다 인식되어 있다면, 반면 일본에서 군사력은 여전히 직접적인 사용과 타국의 침공과 보다 연관되어 있다."[12]

V

상술한 바와 같이, 걸프전이 끝난 이후 일본의 국제안보역

---

12) Reinhard Drifte, *Japan's Foreign Policy in the 1990s: From Economic Superpower to What Power?*(New York: St. Martin's Press, 1996), p.26.

할의 급속한 확대는 직접적으로 전후 반군국주의의 중요한 변화를 가져오지 못했다. 오히려 일본인들이 자신들이 오랫동안 소중히 해온 평화주의의 두 번째 유형의 수동성을 수정하기 위해 노력하게 된 계기는 걸프전 이후에 나타난 일련의 "북한문제"와 같은 매우 다른 요인에 따른 것이었다.

지난 10년 가까이, 일본은 북한이 일으킨 여러 번의 도발과 위협에 직면하게 해왔다. 특히 1993년에서 94년까지 평양의 핵과 미사일 개발프로그램이 들어나자, 일본은 북한을 자신들의 안보에 잠재적인 위협국가로 인식하기 시작했다. 일본의 그러한 인식은 북한이 극심한 경제위기와 체제붕괴의 위험성으로 인해 군사력을 사용할 가능성이 있다는 점에 따라 더욱 심화되었다. 1997년에는 탈북한 전 북한정부의 요원이 20년 전에 메구미 요코타(Megumi Yokota)라는 13세 소녀를 납치한 사실이 있음을 시인했다.[13] 그 후 1998년 8월 31일 북한의 대포동미사일 발사실험이 있었다. 당시 일본인들이 받은 충격은 1957년 소련의 스푸트니크 발사가 미국에게 주었던 것과 흡사한 것이었다. 대부분의 일본인들에게, 미사일발사는 전후 적대적인 외부의 힘에 의해 자신들이 직접적으로 위협을 받았다고 느낀 최초의 사건이었다.[14] 그때까지 북한은 일본의 거

---

13) 2003년 9월 최초의 일북정상회담에서 김정일이 북한이 1970년대와 80년 대 일본국적을 가진 13명을 실제로 납치했다고 시인했을 때, 메구미 요코타는 잡혀온 사람들 중 북한 측에서 이미 죽었다고 확인했던 8명 중에 포함되어 있었다.

14) Matake Kamiya, "Taepodong: Sputnik for the Japanese," Chung-in Moon, Masao Okonogi, and Mitchell B. Reiss, eds., *The Perry Report, the Missile Quagmire, and the North Korea Question: The Quest of New Alternatives* (Seoul: Yonsei Universigy Press, 2000)

의 모든 지역이 사정거리 안에 들어가는 노동미사일을 이미 배치했었다. 게다가 1999년 3월과 2001년 12월에 발생한 북한의 공작선 사고들은 북한으로부터의 위협을 한층 강화시켰다. 2004년 9월 17일에 최초의 일북 정상회담이 개최된 이후, 일본인 납치사건에 관한 북한의 불성실한 행동들은 일본인들에게 북한에 대한 극단적인 불신을 심어주게 되었고 상황을 악화시켰다. 그런 상황에서 2004년 10월에 두 번째 북핵 위기가 시작되었다.[15]

이러한 일련의 "북한문제"는 "걸프전 충격"과 더불어 탈냉전 시대에 일본 안보정책에 있어서 주요 변화를 가져오는데 공헌한 가장 중심적 요소로 분류된다. 제2차 세계대전 이후 거의 반세기 동안 일본인들은 군사력이 국가방위를 위한 반드시 필요한 기제라는 현실을 받아들이길 거부하는 경향이 있었다. 그러나 북한의 핵무기개발과 탄도미사일의 직접적인 위협에 직면하게 되자, 일본인들도 마침내 과도한 반군국주의 정서가 자국의 안보를 실제적으로 위협에 빠뜨릴지도 모른다고 이해하기 시작했다. 결국 일본인들의 안보에 대한 견해와 그들의 사고방식은 전보다 현저히 "정상화(normalized)"되었다.

특히 주목할 만한 점은 일본 내에서 점차 자신들의 전통적인 "오로지 방어만을 위한 방어" 자세는 오늘날의 북한과 같은 국가를 상대하는데 있어서는 매우 불리한 조건을 가지고 있다는 점에 우려의 목소리가 증가해 왔다는 것이다. "전수방위"

---

15) 1990년대 초 이후의 북한 문제들과 두 번째 북핵 위기에 대한 일본의 대응에 대한 상세한 설명은 Matake Kamiya, "Japanese Response to the Renewed North Korean Nuclear Crisis," *KNDU Review*, 8-2 (December 2003).

개념의 근저에는 두 가지의 기본적인 사고가 있다. 그 첫 번째는 적에게 실제로 군사적 공격을 받은 이후에만 자신의 군사력을 사용할 수 있다는 것이다. 두 번째는 일본은 그것이 무엇이든 간에 어떠한 공격적인 능력을 획득하는 것이 용인되지 않는다는 것이다.

첫 번째 사고와 관련해서, 점점 더 많은 일본인들은 대량살상무기와 탄도미사일로 무장한 적에 대한 방어의 경우, 적의 공격을 실제적으로 받을 때까지 자신의 방어부대를 사용하는 것을 제한할 만큼 여유를 부릴 수 없다는 것을 깨닫기 시작했다. 왜냐하면 그런 공격의 결과는 매우 끔찍하고 고통스러울 것이기 때문이다. 이는 왜 최근에 일본 중위원의 상당수가 자국에 대한 급박한 공격을 막기 위해서 타국의 미사일 장치를 파괴하는 일이 비헌법적인 것이 아니라는 의견을 내놓고 있는 이유다. 그러나 합헌성의 문제가 장애물이 아니라하더라도, 일본이 그러한 행동을 취할 실질적 능력은 자위대의 능력과 장비로 인해 제한을 받는다. "전수방위"의 원칙에 근거한 두 번째 사고는 일본이 타국을 공격하거나 자국의 힘을 해외로 내보내기 위한 군사능력의 발전을 막아왔다. 결과적으로 그런 것들이 오늘날까지 이어져 와서, 일본은 북한의 미사일기지를 제거할 수가 없다. 사실, 일본이 현재의 방어 자세를 유지하는 한, 자위대의 공격능력은 필연적으로 매우 제한될 수밖에 없을 것이다. 그러나 일정한 수준의 확실한 공격능력이 없이는, 일본은 혼자 힘으로 대량살상무지와 탄도미사일로 무장한 적들에 의한 공격을 억지하고 예방하고 응수할 수는 없을 것이다.

1998년 북한의 대포동 미사일 발사이후, 일본의 안보집단들 사이에서 기존이 "전수방위" 자세가 새로운 국제안보환경에 적응하기 위하여 재검토될 필요가 있다는 사실을 받아들여야 한다는 목소리가 높아져왔다. 2003년 4월 일본 전 방위청 장관 시게루 이시바(Shigeru Ishiba)는 일본이 적대국가의 탄도미사일 위치를 공격하기 위한 능력을 갖출 필요성이 있다는 점을 고려해야 한다고 언급했다.[16] 비록 이에 대해 고이즈미 수상이 반대하는 입장을 취했음에도 불구하고,[17] 2003년 6월 103인의 원로 중의원들로 구성된 초당적 안보그룹은 정부에게 일본이 적을 공격하는데 필요한 최소한의 수준의 방어능력을 갖추도록 하기 위해서는 전통적인 "전수방위" 자세를 수정해야 한다고 요구했다.[18] 2003년 9월 『인디펜던트지』와의 인터뷰에서 이시바는 "급박하다고 판단되는 일본에 대한 공격의 경우, 북한의 미사일이 배치되어있는 위치를 공격할 수 있는 권리"가 필요함을 강조했다.[19]

일본의 국제안보역할의 급속한 확대와 같이, 일본에서 안보

---

16) 『讀賣新聞』, 석간 사설, 2003. 3. 27.

17) 『讀賣新聞』, 2003. 3. 28.

18) "Senshu-boei nado Minaoshi Motomeru Kinkyu Seimei: Chotoha Wakate Giin no Kai," Asahi.com, June 21, 2003, http://www.asahi.com/special/security/TKY200306200325.html, accessed on October 10, 2003. 또한 참의원 케이조 타케미(Keizo Takemi)의 홈페이지를 참조, http://www.takemi.net/, accessed on October 10, 2003. 타케미는 "Shin-seiki no Anzen-hosho Taisei wo Kakuritsu suru Wakate Giin no Kai"라고 하는 103인의 원로 중의원 모임의 지도자이다. "오로지 방어만을 위한 방어" 자세를 수정하는 것을 정부에게 요구했던 그들의 선언문의 원문은("Kuni no Anzen-hosho ni Kan-suru Kinkyu Seimei") 그의 홈페이지에서 확인할 수 있다. http://www.takemi.net/news/20030703/20030703_1.html, accessed on October 10, 2003.

19) *Independent*, september 15, 2003.

논쟁의 "정상화(normalization)"가 진행되고 있는 과정도 일본이 과거의 평화주의에서 실제로 이탈하고 군사강대국의 지위를 추구하기 시작했다는 것을 의미하는 것은 아니다. 사실, 지금까지 일본에서는 소수의 극단주의자들만이 과거의 제한적인 방어자세를 포기해야 한다고 주장해왔다. 오히려 일본의 주류 안보 사상가들이나 정치인들 사이에서는 나라가 새로운 안보환경에 적응하기 위해서는 "전수방위" 자세를 수정해야 한다는 의견에 점차 많은 사람들이 공감을 얻어왔다. 예를 들어, 앞에서 언급한 103인의 원로 중의원들로 구성된 초당적 안보그룹이 제안한 것은 일본의 방어자세의 전체적인 변화가 아닌 "시대의 요구에 따른 '전수방위'라는 사고방식의 재건(reconstruction)"이었다.[20]

　비록 일본인들 사이에서 군사력이 나라를 방어하기 위한 필수불가결한 도구라는 인식이 증가하고 있고 점점 더 많은 사람들이 전통적인 소극적 방어자세에 있어서 최소한의 몇몇 측면을 수정해야 할 필요성이 있음을 받아들이고 있음에도 불구하고, 국제평화를 책임지기 위한 자위대의 해외파병의 역할과 관련해서 군사적 논의 자체를 꺼리는 "군사적 알레르기(military allergy)"를 극복한 사람은 그다지 많지 않다. 대다수는 여전히 자위대의 해외파병 활동은 "비군사적인" 영역에서만 엄격히 제한되어야 한다고 희망하고 있는 듯하다. 그것은 연합사령국이 이라크 과도정부에게 주권을 이양한 이후에 일본

---

20) "Kuni no Anzen-hosho ni Kan-suru Kinkyu Seimei," on Keizo Takemi's home page, http://www.takemi.net/news/20030703/20030703_1.html, accessed on October 10, 2003.

정부가 미국과 영국이 주도하는 다국적군에 참여하기 위해 자위대를 이라크에 파병하겠다는 결정을 내렸을 때, 왜 대중들이 그렇게 강력히 반발했는지에 대한 이유이다. 다국적군을 묘사하는데 사용되는 일본어 takokuseki-gun(多國籍軍)은 강한 군사적인 의미와 관련된다. 영어의 Force(s)에 해당하는 일본어 gun(軍)이라는 단어도 군대를 의미한다. 이 군대가 이라크 전쟁을 이끌었던 미국과 영국에 의해 주도될 것이라는 사실과 함께, 자위대의 다국적군에의 참여를 허용하는 정부의 결정에 대해 많은 시민들은 정부가 비군사적 임무의 한계를 벗어난 지역들에 자위대를 포함시키려 노력하는 것이라고 우려했다.

그러나 카츠야 오카다(Katsuya Okada), 이치로 오자와(Ichiro Ozawa), 유키오 하토야마(Yukio Hatoyama) 등의 야당인 민주당 지도자들을 포함한 중의원들의 상당수가 일본이 유엔 후원하에 국제평화를 위한 노력이라는 구조 내에서 전투 활동에 참여하는 길을 열어야 한다고 주장하고 있다는 것은 주목할만하다.

VI

요약하자면, 지난 10여 년 동안, 일본인들은 평화를 파괴하지 않는 것에만 초점을 맞춰온 소극적인 평화주의로부터 평화를 구축하고 유지하기 위해 자위대의 파병을 포함한 적당하고 적합한 행동을 승인하는 적극적인 평화주의로 변화하려는 힘든 과정을 겪어왔다. 이 논문은 "적극적인 평화주의 국가"가 무엇인지에 대한 상세한 정의를 보여주기에는 너무나 짧지만, 기본적인 개요차원에서 보면, 다음과 같은 4개의 특징을 가진다. (1) 군사강대국이 되려는 의도는 없다. (2) 자위의 경우와, 평화가 위협받을 때 취하는 국제적 행동들에 참여하는 것을 제외하고는 군사력을 사용하는데 조심스러운 제약을 사용한다. (3) 자위를 위한 최소필요한 군사력을 위한 군수품 기제를 금지하지는 않는다. (4) 평화를 구축하고 유지하는데 있어서의 국제적인 공동행동 내에서는, 군사적 측면을 포함하여 자원과 환경에 맞게 적극적으로 활동한다.

비록 소극적 평화주의에서 적극적 평화주의로의 변화과정이 여전히 불완전하지만, 자위대의 이라크 파병과 그것이 향후 일본의 안보정책에 미치는 영향은 현재 진행 중인 이러한 과정에 비추어 이해되어야 할 것이다.

제14장
선제자위와 국제법: 역사적, 현시적 관점

아사다 마사히코 淺田正彦

교토대학 교수

I. 서론

국제연합 헌장은 자위를 제외한 어떠한 경우에도 각개 회원
국의 일방적인 무력사용을 금지하고 있다. 헌장 51항을 살펴
보면 회원국이 "무력적 공격을 받았을" 경우에 각국의 개별적
혹은 집단적 자위행위에 대한 고유의 권리를 인정하는 예외적
조항에 대하여 잘 설명하고 있다. 물론 이에 대한 반대의 의견
도 비교적 강한 편이지만,[1] 이는 공격의 위험이 예상될 때가

---

[1] 예를 들어, Christopher Greenwood "International Law and the Pre-emptive
Use of Force: Afghanistan, Al-Qaida, and Iraq," *San Diego International Law
Journal*, Vol. 4 (2003), pp.12-16; Thomas M. Franck, *Recourse to Force:
State Action against Threats and Armed Attacks* (Cambridge U.P., 2002), p.105;
Rosalyn Higgins, *Problems and Process: International Law and How We Use*

아닌 무력적 공격의 이전에 무력사용을 가능하게 하는 전통적인 "예상적 자위(anticipatory self-defense)"의 개념을 부정 혹은 적어도 제한하는 것으로 잘 알려져 있다.[2]

이러한 생각은 금세기를 시작하면서 미국에 의해서 심각한 공격을 받게 되었다. 이러한 징후가 이미 제2기 클린턴 행정부 시절에 나타나긴 하였지만, 조지 W 부시 대통령이 2002년 9월에 발표한 그의 "국가안보전략(National security strategy)"구상을 통해 "선제행위"를 언급하면서 구체화 되었다.[3] 나아가서 그는 이러한 정책을 2003년 3월 이라크 전쟁을 통해서 현실화하였다. 그는 부분적으로나마 국제법을 언급하면서 소위 말하

It (Clarendon, 1994), pp.242−243; S.M. Schwebel, "Aggression, Intervention and Self−Defence in Modern International Law," *Recueil des Cours*, tome 136 (1972−II), pp.479−482; D.W. Bowett, *Self−Defence in International Law* (Manchester U.P., 1958), pp.191−192; C.H.M. Waldock, "The Regulation of the Use of Force by Individual States in International Law," *Recueil des Cours*, tome 81 (1952−II), pp.497−498. Cf. Robert Jennings and Arthur Watts (eds.), *Oppenheim's International Law*, Vol. I, 9th ed. (Longman Group, 1992), p.421. 참조.

2) 예를 들어, Christine Gray, *International Law and the Use of Force*, 2nd ed. (Oxford U.P., 2004), p.130; Albrecht Randelzhofer, "Article 51," in Bruno Simma (ed.), *The Charter of the United Nations: A Commentary*, Vol. I (Oxford U.P., 2002), pp.803−804; Ian Brownlie, "Non−Use of Force in Contemporary International Law," in W.E. Butler (ed.), *The Non−Use of Force in International Law*, (Nijhoff, 1989), pp.24−25; Michael Akehurst, *A Modern Introduction to International Law*, 6th ed. (Allen and Unwin, 1987), pp.261−264; Louis Henkin, *How Nations Behave: Law and Foreign Policy*, 2nd ed. (Columbia U.P., 1979), pp.141−143;. Ian Brownlie, I*nternational Law and the Use of Force by States*, (Clarendon Press, 1963), pp.275−278, 366−368; L. Oppenheim (edited by H. Lauterpacht), *International Law: A Treatise*, Vol. I, 7th ed. (Longmans, 1952), p.156. 참조.

3) The White House, *The National Security Strategy of the United States of America* (hereinafter cited as National Security Strategy), September 2002.

는 "부시정책"을 정당화하였다.

　이에 대하여 국제연합 사무총장인 코피 아난은 자위 명목하의 선제적 무력사용에 대한 깊은 우려를 표명하였다. 그는 2003년 9월에 있었던 유엔총회의 연설에서 "만약에 선제적 무력사용이 수용된다면 정당성의 여부와 상관없이 일방적 무법적 무력의 사용이 확산되는 선례를 남기게 될 것 같아 걱정이다"[4] 라고 서두를 시작하면서 그의 견해를 피력했다.

　이러한 대립적 시각을 염두에 두고서 본 논문은 자위에 있어서 선제행위의 정치적 현명성과 법률적 정당성을 살펴보고 있다. 좀 더 구체적으로 본 논문은 미국이 주장하는 이 정책이 수세기의 오랜 국제법을 통해 그 정당성을 추구하고 있기 때문에 미국이 국가안보전략(National security strategy)에서 주장하는 새로운 정책의 법률적 원류를 역사적 맥락을 통해서 먼저 살펴보려 한다. 따라서 본 논문은 이러한 미국정책의 법률적 근원으로 추구하고 있는 예상 자위의 개념에 대한 역사적 발전상황을 살펴보게 될 것이다. 또한 이에 덧붙여 핵무기의 등장과 테러리즘의 국제문제로서의 등장이 자위의 개념에 미친 영향을 새로운 시각으로 점검하고 있다. 마지막으로 본 논문은 이 글의 결론을 내리기 전에 미국의 이러한 새로운 정책과 가장 관련이 깊은 아프가니스탄과 이라크에서의 전쟁을 간략하게 비교 분석할 것이다.

---

4) UN Doc. A/58/PV.7, September 23, 2003, p.3.

Ⅱ. 국가 안보 전략과 그 법률적 토대

부시 대통령의 국가안보전략(National security strategy)은 다음의 세 가지 전제를 바탕으로 하고 있다; 첫째, 전통적인 억제 개념은 불량국가(rogue states)와 테러 집단들에 있어서는 효과가 없을 것이다; 둘째, 이들 집단과 구성원들은 대량살상무기를 사용을 주저하지 않으므로 오늘날의 위협은 당면한 문제이다; 셋째, 만약 이러한 대량살상무기가 사용된다면 그 피해는 상상을 초월하게 될 것이다. 이러한 세 가지의 전제를 바탕으로 미국의 국가안보전략은 "우리는 적들이 먼저 공격하게 내버려 둘 수 없다"라고 주장하고 있는 것이다.5) 다시 말하자면, 미국은 대량살상무기로 무장된 테러집단과 이를 비호하는 국가들이 미국에 해를 끼치는 것을 사전에 예방하기 위하여 선제조치를 취할 것이라는 것이 안보전략의 골자이다.

이는 명확한 메시지이다. 한편으로는, 보다 큰 잠재적 위협이 있다면 보다 조기의 자위대책 실행이 허용되어야 한다는 이러한 생각은 논리적으로 보인다.6) 하지만 문제는 이러한 것이 법률적으로 정당화 될 것이냐의 문제이다.

국가 안보 전략(National security strategy)이 법률적 정당성을 주장하고 있는 내용을 살펴보면 다음과 같다. "수 세기 동안…

---

5) *National Security Strategy, op.cit.*, p.15.
6) 그린우드 교수는 대량살상무기에 의한 공격은 "재래식 수단에 의한 공격이 고려되지 않은 상황에서 임박한 것으로 합리적으로 취급되어질 수 있다"라고 주장하고 있다. Greenwood, "International Law and the Pre-emptive Use of Force," *op.cit.*, p.16. See also Terence Taylor, "The End of Imminence?," *Washington Quarterly*, Vol. 27, No. 4 (Autumn 2004), pp.65-69.

국가는 당면한 공격의 위험성을 가진 군사력에 대하여 자기 스스로를 보호하기 위해 사전 조치를 취하는 것에 대하여 법률적으로 어떠한 제약도 받지 않음은 널리 인식된 사실이다."[7] 나아가서 국가 안보 전략은 국제 법학자들이 종종 당면한 위협의 존재에 대한 사전조치의 정당성에 대한 조건을 제시하곤 있지만 대량살상무기들과 테러리즘을 포함한 "오늘날 적들의 목적 및 능력과 같은 당면위협의 개념을 받아들여야 한다"고 주장하고 있지는 않다고 역설하고 있다.

따라서 국가 안보 전략(National security strategy)는 예상적 자위의 개념에 그 뿌리를 두고 있음은 확연한 사실이다. 물론 같은 주제에 대하여 다른 글들에서 사용이 되는 예상 자위냐, 선제 자위냐, 혹은 예방적 자위냐 하는 용어사용의 문제가 남아 있기는 하다.[8] 이는 그 자체로서 토론의 가치가 있으나 별다른

---

7) *National Security Strategy, op. cit.,* p.15.
8) 예를 들어서 데이비드 M. 아커만은 선제적 무력사용을 예측적 자위와 동일하게 보고 있다. Ackerman, *International Law and the Preemptive Use of Force against Iraq,* CRS Report for Congress, September 23, 2002, p.2. 한편, 메리엘렌 오코넬은 두 개념을 달리 보고 있다. 오코넬 교수는 "선제자위"를 한쪽 편에서 비록 공격이 계획되고 있다고 믿을 이유가 없는 상황이거나 사전 공격이 없는 경우에 다른 국가에 의한 미래의 공격가능성을 평정하기위해 무력을 사용하는 것으로 보고 있다. 그녀는 이를 공격직전 혹은 적의 공격이 이미 이루어진 경우 그리고 피해국이 추가적인 공격이 계획되고 있음을 인지하는 경우에 무력적 대응을 허용한다는 "예측적 자위"의 협소한 정책과 구분하고 있다. O'Connell, "The Myth of Preemptive Self-defense," ASIL Presidential Task Force on Terrorism, p.2. 개념의 문제를 살펴보면, 로렌스 프리드먼 교수는 "예방"이 현재 언급되고 있는 "선제"를 보다 잘 정의하고 있다고 이야기 하고 있다. Freedman, "Prevention, Not Preemption," *Washington Quarterly,* Vol. 26, No. 2 (Spring 2003), p.105. Likewise, Professor 마이클 베이어는 "선제" 자위보다는 "예방적"이라는 개념이 사용되어져야 한다고 제시하고 있다. Michael Byers, "Preemptive

구체적인 설명이 없으면 "예상적" 자위라는 개념은 여기에서 과거 다니엘 웹스터 국무장관이 "케롤린 호" 사례(즉, 자위의 필요성이 절박하고, 충분하고 다른 대안이 존재하지 않으며 고려의 시간적 여유가 없는 상황들에서의 자위 형태)에서 구체적으로 설명한 자위의 형태를 의미하게 될 것이다.[9] (이후 이를 "웹스터 방식" 혹은 "웹스터 범주"로 칭한다.) 다른 한편 "선제적" 혹은 "예방적" 자위는 웹스터 방식이 판단하는 시점의 그 이전에 행해지는 자위의 조치를 의미하는 것으로 사용이 되어질 것이다. 여하간 여기에서의 요점은 어떻게 국가가 자위의 권리를 법적으로 추구할 수 있느냐의 문제이다.

국가 안보 전략(National security strategy)은 "선제적" 혹은 "예방적" 조치들을 "예상적" 자위의 이름으로 이 두 개를 동일시하면서 정당화하고 있다. 이 전략은 "미국은 오래 전부터 국가의 안보를 수호하기 위해 충분한 위협에 대하여 **선제적** 대응 전략을 유지하여왔다. 위협이 클수록 무대책의 위험은 증가한다. 그리고 우리로 하여금 선제적 행위를 취하게 하는 것은 **적의 공격에 대한 장소와 시간에 대한 불확실성**이다. 이러한 우리의 적들에 의한 적대적 행위들을 사전에 분쇄하고 예방하

Self-Defense: Hegemony, Equality and Strategies of Legal Change," *Journal of Political Philosophy*, Vol. 11, No. 2 (2003), p.181. 반대로 라미레즈 교수는 "예측적 자위", "선제 무력사용" 그리고 "예방적 무력사용"의 차이를 구별하고 있지 않는 것 같다. Jorge Alberto Ramirez, "Iraq War: Anticipatory Self-Defense or Unlawful Unilateralism?," *California Western International Law Journal*, Vol. 34, No. 1 (Fall 2003), p.14.

9) John Bassett Moore, *A Digest of International Law*, Vol. II (U.S. Government Printing Office, 1906), p.412; R.Y. Jennings, "The Caroline and McLeod Cases," *American Journal of International Law*, Vol. 32, No. 1 (January 1938), p.89.

기 위해서 미국은 필요하다면 **선제적**인 조치를 취할 것이
다."(강조부분이 첨가되었음)라고 주장하고 있다.[10]

Ⅲ. 역사적 고찰: 헌장제정 이전 시기

미국의 국가안보전략(National security strategy)이 앞서 언급한
바와 같이 "수세기"의 역사를 통한 국제법을 바탕으로 하고
있다고 하고 있으므로 지금부터 국제연합 헌장 제정 이전의
시기에 대하여 역사적으로 고찰해 보도록 하겠다. 그리고 미
국의 전략이 자위에 대한 법적인 주장에 있어서 국제연합 헌
장을 언급하지 않고 있는 것은 놀랄만한 사실이 아니다. 같은
이유로 이러한 미국의 전략이 자위에 대한 관습적 권리에 그
원류를 찾고 있다고 하는 것이 타당할 것이다.

국제연합 헌장 제정이전의 시기 즉 제1차 세계대전 이후
그리고 전쟁 중의 시기에 일반적으로 무력의 사용이 금기시
되었음에도 불구하고 자위권(혹은 자기보위)을 위한 무력의
사용을 정당화하면서 발동된 사안들이 있었으며 몇몇 학자들
은 그렇게 주장하고 있다.[11] 다음은 이들이 주장하는 그 대표

---

10) *National Security Strategy, op.cit.,* p.15.
11) 예를 들어, '버지니우스'호 사건의 경우 스페인 정부는 자기보위를 주장
하지 않았으며 선박의 억류에 대한 정당화에 있어 자기보위(self-
preservation)을 주장하지 않고 해적행위를 그 구실로 삼았다. Oppenheim,
International Law, Vol. I, 7th ed., *op.cit.,* p.301, note 1. 하지만 홀과 웨스트
레이크는 이 사건을 자기보위라 주장한다. William Edward Hall (edited
by J.B. Atlay), *A Treatise on International Law,* 5th ed. (Clarendon Press,
1904), pp.275-278; John Westlake, *Chapters on the Principles of International*

적인 역사적 사례들이다.

　1807년의 덴마크 함대의 사례는 다음과 같다. 영국은 1807년
에 있었던 틸싯의 평화 비밀조항을 인지하고 있었으며 이로
인하여 덴마크가 영국에 대하여 비밀조항에서 언급하는 상황
이 되면 전쟁을 선포하게 되어지는 것을 알고 프랑스가 덴마
크의 함대를 영국에 대항하기 위하여 사용할 수 있다는 것을
알고 영국정부는 덴마크 측에 그들의 함대를 볼모로 맞길 것
을 요구하였었고 전쟁 이후에 이를 해제해 줄 것을 약속하였
었다. 이에 덴마크는 불복하게 되고 영국은 이를 자위의 필요
성이 발동하는 사안이라고 판단하여 코펜하겐을 포격하고 덴
마크 함대를 통제하게 되었다.[12]

　이 사례에서 영국의 행동은 유럽대륙의 많은 이들로부터
비난을 받았지만 미국과 영국으로부터는 지지를 받게 된다.
예를 들어, 존 웨스트 레이크 교수는 영국의 행동을 정당화하
면서 "한 국가가 그 국가의 영토와 자원이 적대적으로 사용이
되는 것을 방지할 수 없다면 위협을 받는 국가에 대해서 자기
보호를 위한 적절한 대책이 허용되어야 한다. 그리고 만약
그렇지 못하다면 그러한 사용의 허용을 필요한 절차를 통하여
거절하여야 한다."라고 주장하였다.[13]

　1837년의 케롤린 호 사례는 이 시대에 잘 알려진 자위의

　　　Law (Cambridge U.P., 1894), pp.117-118.

12) Oppenheim, *International Law*, Vol. I, 7th ed., *op. cit.*, pp.299-300; Carl J.
　　Kulsrud, "The Seizure of the Danish Fleet, 1807," *American Journal of*
　　International Law, Vol. 32, No. 2 (April 1938), pp.280-311.

13) John Westlake, *International Law*, Part I (Peace) (Cambridge U.P., 1904),
　　pp.302-303.

사례로 평가받고 있다. 캐나다 폭동이 일어난 와중에 수백의 폭도들이 캐나다 쪽의 나이아가라 강에 있는 네이비 섬을 점유하고 "케롤린"호라는 선박을 통해서 미국측의 항구에서 물자를 실어 날라 네이비 섬을 거쳐서 캐나도 본토에 물자를 공급하려 하였고 이를 위협으로 감지한 캐나다 정부는 영국군을 미국항에 전개하여 케롤린 호에 불을 지르고 나이아가라 폭포 속으로 침몰시켰다.

이에 미국정부는 영국측의 영토침해에 대하여 비난하였으나 영국측은 미국에 양해를 구하는 등의 절차를 통해서 임박한 침공을 예방할 시간적 여유가 없었기 때문에 이는 자기보존에 필요한 행위였다고 주장하였다. 일반적으로 양해를 구하고 이를 수행함이 자위의 개념상 적절한 것이기는 하나 "즉각적이고 임박한 그리고 다른 대안이 존재하지 않고 고려의 시간적 여유가 없을 때"를 상정할 시 이러한 절차적인 문제는 제한을 받게 되었던 것이다. 영국정부는 이러한 공격이 모든 조건에 부합하였음을 주장하면서 미국측에 대하여 영토침해에 대한 사과를 하였다. 미국측은 사실적인 정당성에 대하여는 인정하지 않았지만 영국측으로부터의 사과는 받아들이면서 문제는 해결되게 되었다.[14]

1873년 버지니우스 호 사례는 다음과 같다. 미국국적을 가진 "버지니우스"선이 쿠바 공해상에서 쿠바의 반란군들에게

---

14) Oppenheim, *International Law*, Vol. I, 7th ed., *op.cit.*, pp.300-301; Werner Meng, "The Caroline," in Rudolf Berhardt (ed.), *Encyclopedia of Public International Law*, Vol. 3 (North-Holland,1982), pp.81-82; Jennings, "The Caroline and McLeod Cases," *op.cit.*, pp.82-92.

물자를 비밀리에 지원을 하다가 스페인 측에 억류되었다. 영국과 미국국적을 가진 몇몇의 승객들과 승무원들이 아무런 재판의 절차도 거치지 않고 사살되는 사건이 벌어지게 된다. 영국은 단지 영국 국민에 대한 즉결사형에 대하여 강력하게 항의하였다. 즉 영국측은 공해상에서 영국국민을 억류한 것에 대해서는 항의하지 않으면서 "한 국가로서 뿐만 아니라 개인에 의해서 자위에 즉각적인 손상을 예상하면서 이루어진 행동들에 대하여는 많은 잘못이 있었을 수 있다. 하지만 버지니우스 호가 나포되고, 승무원들의 억류된 이후에는 어떠한 자위의 즉각적 필요성에 대한 변명도 수용될 수 없다."라고 주장하였다.15) 반면 미국은 공해상에서의 미국적 선적에 대한 차단에 대하여 항의하였다.

1916년 살로니카 사례는 제1차 세계대전 중 1916년 당시 중립이었던 그리스에서 발생한 사건이다. 독일은 그리스의 살로니카에 대한 공격을 1915년 가을에 살로니카가 프랑스 군에 의해서 점령된 상태였기 때문에 그 도시는 더 이상 중립적인 지역이 아니고 폭격은 직접적으로 그리스에 대한 공격이 아니었으며 당시 주둔한 병력들에 대한 것이었다고 주장하면서 그들의 행동을 정당화하였다. 그리스-독일 혼합 중재법원은 프랑스군의 살로니카 점령은 그리스의 중립에 대한 위반임을 밝히고 "독일입장에서 볼 때 비록 그곳이 그리스의 영토일지

---

15) Brownlie, *International Law and the Use of Force by States*, op.cit., p.306; Waldock, "The Regulation of the Use of Force by Individual States in International Law," *op.cit.*, pp.464–465. See also Stanimir A. Alexandrov, *Self-Defense against the Use of Force in International Law* (Kluwer, 1996), p.21.

라도 이는 독일로 하여금 모든 군사적 역량을 통해서 그들을 방어하게 만든 부도덕한 행위였다는 것이다."[16]

이러한 네 가지의 사례는 자위 혹은 자기 보존이 아주 광범위한 상황들을 포괄하는 의미에서 수행되었던 (혹은 관련되어졌던) 것들이었음을 보여준다. 물론 처음의 사례인 케롤린의 경우에 다른 국가의 영토에서 발생하였고, 버지니우스 호 사례는 공해상에서 이루어진 사건이었으며, 덴마크 함대의 경우는 아주 다른 경우의 사례라고 볼 수 있다. 케롤린 호 사건과 버지니우스 호 사건과 같이 한 국가에 의해 저지되어지지 않은 행동을 한 사람에 대한 직접적인 무력의 사용과는 달리 덴마크 함대 사건에 있어서는 중립적인 국가에 대한 것이었다는 것이 주목할 일이다.[17] 살로니카 사례는 우리들에게 중립 위반이 쟁점화된 또 다른 사안의 예를 보여주고 있다.

이러한 사례들을 통해서 우리는 몇 가지의 조건들을 찾아보아야 할 것이다. 첫째, 엄격히 말해서 그리고 현대적 감각에 맞게 고려해 볼 때 위의 네 가지 사례들은 반드시 "자위"라기보다는 차라리 자위의 "필요성"에 기인한다고 볼 수 있을 것이다. 실제로 국제법위원회의 "국가책임의 항목들(2001년)"에 대한 논평들을 살펴보면 케롤린 호 사건은 "자위(21조)"에 대

---

16) 하지만, 그 법정은 폭력의 문제는 독일이 민간인과 민간자산에 대한 구분을 하지 않고 사전경고 없이 야간에 고공에서 폭격을 가한 것은 국제법에 어긋난다고 판결하였다. "Coenca Brothers v. Germany," in L.C. Green, *International Law through the Cases*, 2nd ed. (Stevens and Sons, 1959), pp.653-655. See also Alexandrov, *Self-Defense against the Use of Force in International Law, op.cit.*, pp.21-22.

17) 이 차이점은 부분적으로 홀의 저작에 나타나있다. Hall, *A Treatise on International Law, 5th ed., op.cit.*, p.272.

한 항목이 아닌 "필요성(25조)"에 대한 항목에 인용되고 있다. 그 논평에서는 "1837년의 '케롤린'호 사건은 종종 자위의 한 사례로서 거론되고 있지만 이는 실제로 무력사용에 대한 법이 현재와는 전혀 다른 바탕을 가진 시기에 발생한 필요성의 구실이었다" 라고 평하고 있다.[18] 하지만 동시에 '케롤린' 호 사건의 웹스터적 자위는 현대 국제법 학자들에 의해서 예상 "자위"의 범주로서 언급되어지고 있는 것 또한 사실이다.[19]

둘째, 이러한 사례들 즉, 한 쪽이 자위권을 발동하고 다른 한쪽이 이러한 양해를 받아들이는 사례는 거의 드물다고 료이치 토아카 교수의 종합적인 연구를 통해서 밝히고 있다.[20] 하지만 이는 당시에 자위 혹은 자체 보존의 구실들이 모두다 거의 나쁜 쪽으로 악용되었던 것은 아니다. 왜냐하면 자위의 구실을 부여하는 국가들이 쉽게 이를 수용하기가 어렵기 때문

---

18) James Crawford, *The International Law Commission's Articles on State Responsibility: Introduction, Text and Commentaries* (Cambridge U.P., 2002), p.179.

19) 그들은 예측적 자위의 적법성에 대하여 찬성하는 사람들과 반대하는 사람들 양측을 다 포함한다. 예를 들어, Randelzhofer, "Article 51," *op.cit.*, p.803; Peter Malanczuk, *Akehurst's Modern Introduction to International Law,* 7th ed. (Routledge, 1997), pp.314-314 (referring to "preventive self-defence"); Higgins, *Problems and Process, op.cit.,* p.242; Oscar Schachter, *International Law in Theory and Practice* (Nijhoff, 1991), p.151; Henkin, *How Nations Behave,* 2nd ed., *op.cit.,* pp.141-142;. Brownlie, *International Law and the Use of Force by States, op.cit.,* pp.257; Bowett, *Self-Defence in International Law, op.cit.,* pp.188-189. 참조

20) 타오카 교수는 케롤린 호 사례가 유일하게 한 쪽에서는 자위권을 발동하고 다른 측에서는 이를 수용한 경우였다고 주장하였다. Ryoichi Taoka, *The Right of Self-Defence in International Law* (Institute of Legal Study, Osaka University of Economics and Law, 1978), p.83. 하지만 미국은 케롤린 호 사례가 영국에 의해 정당화되는 것을 거부했다고 기록되어 있다. See Jennings, "The Caroline and McLeod Cases," *op.cit.,* p.91.

이다. 그럼에도 불구하고 우리는 분명하게 한 쪽이 무엇을 요구하고 법으로서 무엇이 수용되어지는지를 구분하여야 한다. 이러한 맥락에서 보면 무력 사용의 표적국가가 피해를 감수하고라도 자위의 구실을 추상적으로나 구체적인 개념으로 받아들인다면 이는 상황에 따라 다르겠지만 법의 존재에 대한 중요한 징표로 보여질 수가 있다.

이러한 시각에서 보았을 때 국제연합 헌장 발동 이전의 시기에 있어서 자위(자체보존)를 위한 무력의 사용은 웹스터가 역설하였듯이 만약에 자위의 필요성, 임박성, 충만성, 대안의 부재 그리고 고려시간의 부족이라는 명목 하에 수용되어졌다고 말할 수 있는 것이다. 케롤린 호의 사례에서 표적국가였던 미국은 마치 단순한 사죄만으로 모든 죄를 용서하는 것처럼 자위와 자체보존에 대하여 모호하게 언급하는 것을 더 이상 불가능하게 만들면서 이러한 범주를 자위에 대한 일반적으로 수용되어지는 범주로 제시하고 있다고 볼 수 있다.

버지니우스 호의 사례에 있어서 자국민이 처형당한 영국 역시 표적국가였다. 이는 영국민들의 억류에 대한 적법성을 인정하였지만 처형에 대해서는 "자위의 임박한 필요성"의 유사한 범주의 시각에서는 수용하지 않았던 것이다.

한 국가에 대한 직접적인 무력사용에 관련해서 덴마크 함대와 살로니카의 사례가 명확한 대비를 보여주고 있다. 전자의 경우 법률적 견해는 유럽대륙과 미국의 시각이 양분되었고 반면 후자의 경우에 있어서는 무력사용과 관련하여 무력을 사용한 측에 유리하게 합법적인 법원에서 판결을 내리게 되었다. 두 경우의 차이점은 전자의 경우 프랑스가 영국을 대상으로 중립국의 함대를 통제하기 전이었고 반면 후자의 경우 독일을 겨냥하여 지리적 위치와 자원을 사용키 위해 도시를 점령한데 있다고 볼 수 있다.

따라서 이러한 복잡한 구도를 단순화해 본다면 국제연합헌장 이전의 시기에 있어서 자위에 대한 법률은 위의 사례 등을 바탕으로 다음과 같이 정리되어질 수 있다. 예측 조치들이 웹스터의 범주에 부합된다고 볼 수 있는 반면 예방적 조치들은 이 범주에 포함될 수 없다는 것이다.

이러한 면에서 언급의 가치가 있는 것은 어떻게 독일 전범들에 대한 뉴렘버그 법정이 1946년 독일의 예방적 자위에 대한 구실을 거부하게 되었냐는 것이다. 독일은 "노르웨이 침공은 연합군의 침공을 사전 분쇄하기 위하여 어쩔 수 없었던 것이며 따라서 이는 예방적인 것이었다."라고 주장하였다. 이에 대하여 법정은 "타 국가영토에서의 예방적 조치는 오직 그 사안이 임박하고, 자위의 필요성이 충만하며, 대안이 존재치 않고, 고려의 시간적 여유가 없을 때에만 정당화 될 수 있다. 따라서 덴마크와 노르웨이에 대한 침공은 방어적인 의도였다고 말할 수 없다."라고 판결하였다.[21] 판결에서 사용된 용어가 조금은 혼란스러운 것이 사실이지만 이는 우리가 위에서 정리한 것과 같은 맥락에 있는 듯 하다.

또한 1948년 도쿄에서 있었던 국제군사재판에서 주목할 것은 네덜란드가 일본이 동인도에 대한 어떠한 공격을 하기도

---

21) "International Military Tribunal (Nuremberg), Judgment and Sentences, October 1, 1946," *American Journal of International Law*, Vol. 41, No. 1 (January 1947), pp.205, 207.

전에 일본에 전쟁선포를 한 것은 자위의 개념으로 인정이 되었는데 이는 국제법률가들에 의해서 예방적 자위의 한 예로서 해석되어지고 있다는 것이다.[22]

IV. 국제연합 헌장의 채택과 핵무기의 출현

문제는 비록 제2차 세계대전 이전에 자위권 혹은 자체 보존권의 관습이 위와 같이 요약된다손 치더라도 이것이 오늘날에도 여전히 유지되느냐 하는 것은 또 다른 문제이다. 이러한 연관관계에 있어서 강조할 점은 오늘날 과거 웹스터가 캐롤린호의 사건에서 "예측적" 자위권이 수행될 수 있는 시기라고 언급한 그 시기 이전에 "예방적" 조치가 취해지도록 내버려둬야 한다는 학자는 거의 없다는 점이다.[23]

의심할 여지없이 이러한 변화의 가장 큰 주동력을 제공하였던 것은 국제연합 헌장의 채택이었다. 이미 언급하였던 바와 같이 헌장 51조에 의하면 자위권의 발동은 사전 무력적 공격의 발생을 전제로 하고 있음을 밝히고 있다. 하지만 이안 브로우닐 교수에 의하면 이 조항은 새로운 입법이라 보다는 당시에 재정되어지거나 혹은 국제법의 관습적 관행을 성문법화

---

22) Brownlie, *International Law and the Use of Force by States*, *op.cit.*, p.258; Greenwood, "International Law and the Pre-emptive Use of Force," *op.cit.*, p.13.
23) 뉴렘버그 이후 예측적 자위에 대한 문제를 직접적으로 다루는 법학이론이 없었던 것 같다. 국제사법제판소는 니카라구아 사례에서 이 문제를 거론하지 않았다. "Case Concerning Military and Paramilitary Activities in and against Nicaragua," *ICJ Reports 1986*, para. 194.

한 것이라고 주장하고 있다. 그는 구체적으로 "51조의 표현법은 센프란시스코에 모였던 대표자들에 의해서 새롭게 발전된 것이 결코 아니며, 일반적으로 말해서 1945년까지 자위라는 것은 어느 한 국가가 무력적 공격을 했을 때에만 정당화 될 수 있다고 이해되어지고 있던 것이었다."[24] 이것은 언뜻 앞서 언급한 뉴렘버그 판결과 대치되는 것처럼 보이지만 반드시 그렇지는 않다. 브로우닐 교수는 1945년의 법률적 상황에 대하여 이야기 하고 있고 반면 뉴렘버그 법정은 1940년에 발생한 사안에 대한 판결을 내린 것이다. 그리고 우리가 명심하여야 할 것은 무력사용에 관한 법은 이 시기에 급속하게 변화되었었다는 것이다. 또한 무력적 공격의 "발생"을 어떻게 해석하느냐에 따라서 예측적 자위권에 대한 긍정적, 부정적 견해에 조금의 차이가 있게 된다.[25]

한편, 제2차 세계대전이후에 통제의 중요한 문제로서 핵무기가 등장하고 소위 말하는 핵 시대를 맞이하면서 이러한 자위권의 개념에 있어서 좀 더 완화된 형태로서의 주장이 나타나게 되었다. 이러한 생각을 내포하는 대표적인 표현은 미국이 1946년에 당해 1월 24일 국제연합 총회 결정 1에 의해서 발기된 핵에너지위원회(AEC: Atomic Energy Commission)에 제출한 핵에너지의 국제적 통제에 관한 조약에 있어서의 미국의 각서에서 찾을 수 있다. 이 각서의 내용은 다음과 같다.

---

24) Brownlie, *International Law and the Use of Force by States*, *op.cit.*, p.280.
25) 예를 들어, 브로우닐 교수는 "전체적인 문제는 즉각적으로 가용한 장거리 미사일의 존재로 인하여 놀라울 만큼 복잡 미묘하다는 것이다. 즉 공격과 임박한 공격에 대한 차이점이 현재로서는 간과되어질 수 있다는 것이다."라고 주장하고 있다. *Ibid.*, p.368.

"이 조항(헌장 51조)을 핵에너지 문제를 고려하여 해석해보면 핵무기의 전개는 "무력적 공격"의 한 부분으로 간주되어지는 것이 명백하므로 51조에 명시하는 각 국가의 권한을 적용할 수 있다. 이는 '무력적 공격'이라는 개념이 과거 핵무기 등장이전의 시기와는 판이하게 다르다는 것 역시 마찬가지로 분명한 사실이다. 따라서 이러한 시점에서 핵에너지의 국제적 통제에 관한 조약의 현재 상황을 고려할 때 핵무기와 관련된 '무력적 공격'의 개념을 정의함에 있어서 단순히 폭탄을 투하하는 실질적인 행동과 더불어서 이러한 행동을 취할 수 있는 준비적인 행위들도 포함이 된다."[26]

미국의 각서에 대하여 핵에너지위원회는 1946년 12월 안전보장이사회에 처음 제출한 보고서에서 "원자력에너지의 국제적 통제에 관한 조약 혹은 협정 사항들의 위반문제를 고려하면 이는 조항의 위반이 국제연합 헌장 51조에 명시하고 있는 각 국가의 고유의 자위권 발동과 관련하여 깊은 우려를 남기게 됨을 명심하여야 한다."라고 바라보았다.[27]

이러한 주장은 히로시마와 나가사키에 원폭을 투하한지 얼마되지 않아서 나온 것이기에 많은 사람들의 이목을 집중시켰다. 또한 이는 당시 핵에너지위원회의 주장과 이후 나온 선제자위라는 이름으로 토론되어온 내용이 후자의 경우 예상치

---

26) United Nations, *Repertory of Practice of United Nations Organs*, Vol. II (1955), p.434. See also Philip C. Jessup, *A Modern Law of Nations: An Introduction* (Macmillan, 1952), pp.166–167; Oppenheim, *International Law*, Vol. I, 7th ed., *op.cit.*, p.190

27) United Nations, *Repertory of Practice of United Nations Organs*, *op.cit.*, p.435. Jessup, *A Modern Law of Nations*, *op.cit.*, p.167. 참조

못했던 9·11테러 사건 직후에 나온 것이라는 공통점을 가지고 있다는 것은 흥미로운 일이 아닐 수 없다. 하지만 이러한 주장에 대하여 어떻게 국제사회의 국가들이 반응할 지 그리고 어떻게 실질적인 국가의 행동에 있어서 고려되어져야 할지는 별개의 문제이다.

하지만, 핵무기 시대에 있어서 자위에 대한 국가의 실질적인 행동은 미국의 각서와 에너지위원회(AEC) 보고서에서 이야기하고 있는 것과는 다르며 이는 여전히 국가들이 실질적인 군사적 공격의 훨씬 이전에 자위권이 발동되는 것에 대하여 부정적 시각을 가지고 있는 것으로 보인다.

이와 같은 사례는 1981년 이라크의 핵 시설들에 대한 이스라엘의 폭격을 들 수 있다. 이 사건이 발생하기 전에 이스라엘은 당시 공사 중이었던 이라크의 핵 시설들에 대하여 핵 시설을 갖추게 되면 종국적으로 이스라엘에 직접적인 위협이 될 것이라는 것에 두려워했었다. 이스라엘에 의하면 이라크는 이스라엘과의 전쟁을 고려했었고 이스라엘의 생존권에 대하여 지속적으로 부정하고 있었다는 것이다. 따라서 이스라엘은 이 사안과 관련된 국제연합 안전보장이사회에의 논쟁에서 "이라크 군의 핵 잠재력의 창출은 그 자체로 이스라엘에 대한 심각한 위험이라는 것은 자명한 것이다. 그리고 이스라엘의 오시락(핵 시설들)에 대한 파괴공격은 국제연합 헌장 51조에 부합하며 일반적 국제법에 의해서도 이해되어지는 국가가 가진 고유의 자연스러운 자위권의 발동이었다."라고 주장하였다.[28]

이러한 이스라엘의 주장은 핵무기 시기에 있어서 자위에

대한 임박한 위협의 요구조건을 완화시키는 중대한 잠재적 위험의 확대와 배경으로 제공되어질 수 있는 것이다. 이러한 사안이 다른 이들로부터 지지 되어진다면 이 사례는 핵 공격의 막대한 잠재적 위험에 대한 예방적/선제 자위의 전형적인 예가 될 것이다. 하지만 안전보장이사회는 전원일치로 결의를 채택하고 "이스라엘의 군사적 공격은 국제연합 헌장과 국제적 행위의 규범들에 대한 명백한 위반임을 주장하며 강력하게 비난한다"29)고 하였다. 따라서 핵무기의 위험성은 자위에 있어서의 예방적/선제적 행위의 불법성에 관하여 국가들의 마음을 진정으로 바꾸지 못한 것으로 보인다.

하지만 이 사례가 임박한 그리고 충만한 핵 위험에 대한 "예측적" 자위가 안전보장이사회에 의해서 거부되었다는 주장에 대한 강력한 배경이 될 수 없었다고 볼 수 있다. 반대로 안전보장이사회에서의 논쟁 중에 몇몇의 대표자들은 관습적 국제법의 수용되어진 사항으로서 예측적 자위에 대한 웹스터식 방식을 언급하였다. 이러한 공식적인 주장들은 안전보장이사회의 결정이 반드시 "예측적" 자위권의 합법성을 부정하려는 것이 아니었으며 이는 우리의 입장으로 보았을 때는 "예

---

28) UN Doc. S/PV.2280, June 12, 1981, paras. 96-97.

29) UN Doc. A/RES/487(1981), June 19, 1981, para.1. 하지만, 그 결의사항에 대한 미국의 동의가 이스라엘이 오시락에서 취했던 동일한 방법으로 이라크에 대하여 군사적 행동들을 감행함으로써 국제연합의 헌장을 위반하였다는 판단에 동의하는 것을 의미한 것은 아니었다. 투표에 대한 설명에서 미국대표는 "우리는 이스라엘의 행동은 단지 이러한 분쟁의 해결에 대한 평화적 해결방법을 수행하는데 실패한 것이 국제기구 헌장에 위반되었다는 것이다."라고 말하였다. UN Doc. S/PV.2288, June 19, 1981, para. 157.

방적" 자위권을 부정한 것으로 확신 되어진다.[30] 사실 크리스 토퍼 그린우드 교수는 이스라엘의 이라크 핵 원자로 공격에 대한 국제적 비난반응은 이스라엘이 이라크로부터의 공격이 임박하였다고 주장하는 것에 실패한 결과에 바탕을 두고 있으며 이러한 배경 위에서 그는 이러한 실패가 임박한 위협이 존재하는 경우에 있어서의 예측적 자위권의 존재를 결정한다고 지적하고 있다.[31]

V. 테러리즘의 새로워진 위협과 아프가니스탄과 이라크 전쟁

최근에는 테러리즘의 새로운 요소가 이미 오래 전부터 존재하였던 핵 위험에 가중되어지고 있다. 물론 테러리즘 그 자체는 무력사용에 대한 법과 관련된 요소로서 뿐만 아니라 정치 사회적 입장에서 새로운 현상은 아니다.[32] 새로운 것이 있다면 국가안보전략(National security strategy)에서 보여지듯이 국가

---

30) 오스카 쉐체터 교수는 이러한 안전보장이사회에서의 공식적인 발언들로부터 "공격이 임박하였고 '고려의 시간적 여유가 없는 상황'에서만 실질적인 공격에 앞서 자위의 명목하에 군사력을 운용할 '고유의' 권한에 대한 지속적인 유효성을 인지하고 있음"을 추론할 수 있다고 말하고 있다. Schachter, "The Right of States to Use Armed Force," *Michigan Law Review*, Vol. 82, Nos. 5&6 (April/May 1984), p.1635.

31) Greenwood, "International Law and the Pre-emptive Use of Force," *op.cit.*, p.14.

32) 예를 들어, "Declaration on Principles of International Law concerning Friendly Relations and Co-operation among States in accordance with the Charter of the United Nations," UN Doc. A/RES/2625(XXV), October 24, 1970, first principle, para. 9; Franck, Recourse to Force, *op.cit.*, pp.53-68, Chapter 4 ("Self-Defense against State-Sponsored Terrorists and Infiltrators").참조

들이 테러리즘과 핵 혹은 대량살상무기와 결합될 가능성에 대하여 두려움을 느끼기 시작하였다는 것이다. 테러리즘에 있어서의 "새로운 경향"이 야기한 이러한 새로운 생각이 국제 사회에서 국가들의 의사들을 변화시켰는가? 만약 그렇지 않다면 이것이 그들을 변화시킬 것인가?

이러한 입장에서 우리는 관련된 최근의 사례들로서 아프가니스탄과 이라크에서의 전쟁을 볼 수 있다. 아프가니스탄 전쟁은 미국이 이미 테러리스트들의 희생양이 되었기 때문에 선제 자위의 정책과 관련이 적다고 볼 수 있지만 이라크와의 전쟁은 어떠한 이라크로부터의 공격도 없었다. 하지만, 아프가니스탄 전쟁을 비교 연구의 목적뿐만 아니라 이 전쟁이 자위에 있어서 선제행위의 정책을 형성한 가장 중요한 원동력의 하나를 제공하였기에 이 글을 통해서 살펴보도록 하겠다.

두 전쟁들 혹은 그들의 표적 국가들은 몇 가지의 공통적인 특징들을 공유하고 있다. 첫째, 그들은 모두 적어도 미국의 관점에서는 테러리즘과 연계를 가지고 있다. 둘째, 적어도 미국의 시각에서 보면 그들은 전통적인 테러리즘의 것과는 질적으로 다른 어마어마한 파괴력을 보유 혹은 잠재적으로 보유할 가능성이 있다. 셋째, 미국을 중심으로 한 연합전력은 안전보장이사회로부터의 명확한 권위도 인정받지 못한 상태에서 그들의 군사적 행동들을 수행하고 있다. 넷째, 미국은 안전보장이사회에 제출한 보고서를 통해서 명시적 혹은 묵시적으로 자위권을 발동하였다.

아프가니스탄 전쟁에 대하여 안전보장이사회는 미국에 대한 테러리스트들의 공격이 있은 다음날 결의를 채택하였다.

2001년 9월 12일 만장일치로 채택된 안전보장이사회 결의 1368(2001년)에서 안전보장이사회는 "2001년 9월 11일의 테러리스트들의 공격에 대응할 필요한 모든 조치를 수행할 준비가 완료"되었음을 시사하였다.[33] 하지만, 이는 여전히 군사적 대응에 대하여서는 결의 채택의 그날에도 "준비" 상태로 남아있는 것이다. 다시 말하자면 미국이나 다른 어떤 국제연합 회원국에 대하여서도 9·11테러 공격과 관련된 무력사용이 공식적으로 허용되었다는 표현은 어디에도 없다는 것이다.[34]

미국은 아프가니스탄에 대한 무력사용을 정당화하면서 자위권을 발동했다. 2001년 10월 7일 안전보장이사회 의장에 보낸 편지는 다음과 같이 명백하게 이야기 하고 있다. "이러한 공격들에 대응하여 그리고 고유의 개별적, 집단적 자위권에 따라 미국은 미국에 대한 더 이상의 공격을 억제하고 예방하기 위하여 군사적 행동을 개시한다."[35] 이 전에 안전보장이사회 결의 1368(2001년)의 서문에서 "헌장에 따라 고유의 개별적 혹은 집단적 자위권을 인정"하였다. 이러한 결의 서문의 문장

---

33) UN Doc. S/RES/1368(2001), September 12, 2001, para. 5.

34) 2001년 9월 28일 만장일치로 안전보장이사회에서 결의한 결의안 1373(2001)은 당해 10월 7일 날 시작된 군사적 행동이 승낙된 것으로 정당화 될 수 있는 법적인 근거를 마련해 준 것으로 받아들여질 수 있다. 이 결의 내용에 따르면 안전보장이사회는 제2(b)절에서 "모든 국가들은 테러리스트들의 범행을 예방하기 위한 필요한 조치들을 취해야 한다…."고 "결정"하였다. 미국이 이 예하 조항을 사용하지 않은 이유는 다른 국가들이 그들의 무력사용을 같은 방법으로 정당화할 수 있는 위험성이 있기 때문인 것 같다. Michael Byers, "Terrorism, the Use of Force and International Law after 11 September," *International and Comparative Law Quarterly*, Vol. 51, Issue 2 (April 2002), p.403.

35) UN Doc. S/2001/946, October 7, 2001. 영국이 안보리 의장에게 보낸 다른 서한에 대해서는 see UN Doc. S/2001/947, October7, 2001.

이 미국으로 하여금 9·11공격에 대한 자위권 행사를 인정하였다고 보기 힘듦에도 불구하고[36] 위에서 언급된 문장은 미국의 자위권행사에 대한 다소 호의적인 안전보장이사회의 태도를 보여준다고 볼 수 있다.

이라크의 경우 가장 관련성이 있는 안전보장이사회의 결의 내용은 2002년 11월 8일 만장일치로 채택된 결의 1441(2002년)이다. 이 결의에 따르면 안전보장이사회는 이라크는 걸프 전쟁의 정전과 관련된 결의 687을 포함, 안정보장이사회에서 채택한 의무사항에 대한 "실체적인 위반"이 있음을 결정한 것이었다. 또한 이 결의를 통해 안전보장이사회는 이라크에 관련 결의에 의거하여 무장해제의 의무를 따를 것에 대한 "마지막 기회"를 제공하기로 결정하였다.[37]

2003년 3월 21일 안전보장이사회 의장에 보낸 편지[38]에 따르면 미국은 이라크에 대한 군사적 행동의 법률적 바탕으로서 이사회 결정 687(1991년)을 포함하여 안보리의 결의안들에 의한 의무의 실체적인 위반이라는 후자에 근거를 두고 있으며 워싱턴의 시각에서 보면 이러한 실체적인 위반은 지난 걸프전에 있어서의 결의 687에 의한 무력사용의 권한이 되 살아났으며 정전의 원인을 제거하게 되었다고 주장하고 있다. 또한 이는 "계속적인 의무준수사항의 위반은 심각한 결과를 초래할 것이다." 라는 미국의 입장에서는 군사적 행동을 의미하는

---

36) "쿠웨이트에 대한 이라크의 무력공격에 대응하여 고유의 개별적 혹은 집단적 자위권이 헌장 51조에 의하여 확인됨"을 결정한 결의안 661(1990)와 비교해 보라. S/RES/661(1990), August 6, 1990, pre. para. 6.
37) UN Doc. S/RES/1441(2002), November 8, 2002, paras. 1, 2.
38) UN Doc. S/2003/351, March 21, 2003.

안전보장이사회 결의 1441(2002)의 이라크에 대한 반복적인 경고사실을 그 기반으로 두고 있기도 하다.[39]

하지만 결의안 1441(2002년)은 이라크에 대하여 의무사항 준수에 대한 "마지막 기회(final opportunity)"를 통해 해결의 실마리를 부여해야 한다고 말하고 있다. 이러한 점에 대하여 미국은 안전보장 이사회 의장에게 보낸 편지를 통해 "이라크는 결의안 1441에 의해 제시된 최후통첩의 기회를 사용하지 않기로 결정하였으며 명백하게 추가적인 위법행위를 저질렀다. 따라서 결론적으로 이라크의 실체적인 위반 행위들의 관점에서 볼 때 정전의 근원은 제거되었고 무력사용의 권한이 결의 678(1990년)에 의하여 허락되었다."고 주장하였다.[40]

여기서 요점은 누가 이라크가 최후의 기회를 거부하고 의무 준수사항에 대한 위반행위를 계속하였느냐를 결정하는 권한을 가졌냐는 것이다. 이점에서 우리는 결의안 1441(2002년)이 관련된 이사회 결의안들의 완벽한 준수의 필요성과 상황을 고려하기 위하여 이라크의 선언내용, 이라크의 감찰활동에 대한 방해, 혹은 무장해제 준수의무에 대한 이행의 실패에 있어서의 잘못된 점들 혹은 누락된 점에 관한 UNMOVIC의 의장 혹은 IAEA 사무총장의 보고서 접수 즉시 결정된 사안임을 상

---

39) 미국의 입장에서 결의안 1441(2002)에 의한 "심각한 결과"라는 것은 군사적인 행동들을 의미하고 있음에도 불구하고 러시아와 프랑스는 이와 달리 "심각한 결과"의 위협에 대하여 2차적인 해결방안을 제시함 없이 무력을 의미한 것은 아니었다. Peter Slevin, "U.S. Says War Has Legal Basis; Reliance on Gulf War Resolutions Is Questioned by Others," *Washington Post*, March 21, 2003; Peter Ford, "As Attack on Iraq Begins, Question Remains: Is It Legal?," *Christian Science Monitor*, March 21, 2003.

40) UN Doc. S/2003/351, *op.cit.*, p.1.

기하여야 한다.41) 이는 안전보장이사회가 이라크가 관련 결의
내용에 대한 사실상 의무준수 위반여부를 결정할 권한을 가졌
다는 것으로 해석되어질 수 있는 것이다. 사실, 미국, 영국 그
리고 스페인은 2003년 2월 24일 단순히 "이라크가 결의안
1441(2002년)에 명시하는 마지막 기회를 포기하였다"라고 결
정하고 그들의 이사회 결의안 초안을 통해서 밝혔을 뿐이
다.42) 이사회에서의 어떠한 다수결투표에 대한 기대도 없이
이들 세 국가의 결의안 초안이 이를 취소하기로 결정한 것이
다.43)

이러한 사실들은 이라크에 대한 군사적 무력행동의 적용이
허용되기 이전에 이라크가 이사회의 의무준수사항을 심각하
게 위반하였고 마지막 기회를 사용하지 않았다는 사실을 결정
할 두 번째의 결의44)가 필요했다는 것을 제시하고 있다. 이는

---

41) UN Doc. S/RES/1441(2002), *op.cit.*, paras. 4, 11, 12.

42) U.S. Department of State (International Information Programs), "Draft Resolution on Iraq Offered by U.S., U.K., Spain Submitted to U.N. Security Council February 24," February 24, 2003.

43) 2003년 3월 17일 이라크에 대한 군사적 공격이 있기 몇 일 전, 이 결의안 초안은 단지 4개국의 지지만을 받게 되었다. 일찍이 중국, 프랑스, 러시아가 공식적으로 이 초안에 대하여 거부권을 행사할 것을 공식적으로 선언했었다. Mahmoud Hmoud, "The Use of Force against Iraq: Occupation and Security Council Resolution 1483," *Cornell International Law Journal*, Vol. 36, No. 3 (2004), pp.442-443.

44) 이점에 대하여 영국의 검찰총장인 골드스미스 경은 이라크에 대한 무력 사용의 법률적 근거에 대한 의회에서의 질문답변을 통해 "결의안 1441 은 조건상 의도한 바대로 였었다면 안전보장이사회의 병력인가를 위한 차후의 결정이 제공되어진다. 따라서 결의안 1441의 전체가 요구하는 것은 이라크의 실패에 대한 안전보장이사회의 토론과 보고이지 병력을 허가하는 앞선 결정을 표하는 것이 아니다. "Statement by the Attorney General, Lord Goldsmith, in Answer to a Parliamentary Question," March 18,

이사회의 대다수 회원국들뿐만 아니라 많은 국제법 학자들 사이에서도 공통적으로 공유된 사안이었을 것이다.[45] 이상에서 본 바와 같이 관련된 이사회 결의 혹은 미국이 앞서 주장하고 있는 어떠한 내용도 무력사용에 대한 확실한 허용을 제공하였다고 볼 수는 없다.

앞서 내용에서 명확하게 들어 나지 않더라도, 미국은 적어도 암시적으로 이라크에 대한 미국의 공격을 자위권의 발동으로서 내세우면서 정당화하려 하였다. 안전보장이사회 의장에게 보낸 편지에서 "현재 연합군들이 취하고 있는 행동들은 정당한 대응이다. 이러한 것들은 이라크에 의해 발현된 위협으로부터 국제사회와 **미국을 방어**하고 역내의 국제적 평화와 안보를 재건하기 위한 필요한 조치들이다."[46](강조부분이 첨가) 이러한 것이 자위권에 대하여 이야기 한 것인지는 불명확해 보이지만 전국검찰총장회의에서 국무부의 법률전문가인 윌리암 하워드 테프트 4세는 전쟁에 대한 원칙적 정당성으로서 "안전보장이사회로부터의 명확한 허가"를 주장하며 "자

2003. 하지만 결의안 1441에서 안전보장의 추가적인 결정에 대한 명백한 요구사항이 없다는 것이 반드시 안전보장이사회가 법적인 군사행동을 하기위해 그러한 필요성이 없다는 것에 동의하는 것을 의미하는 것은 아니었다. 안전보장이사회의 대표들은 그러한 필요성의 여부에 대하여 동의할 수 없었다. 이러한 경우에 이는 이러한 필요성이 있다고 가정하는 것이 적절한 것이다. 왜냐하면 군사력의 사용에 대한 승낙은 이의 사용을 일반적으로 불허하는 원칙의 예외조항이며 결정되어진 그러한 승낙이 원칙에 예외조항이 될 수 있는지에 대한 엄격한 해석의 문제여야 하기 때문이다.

45) 예를 들어, Slevin, "U.S. Says War Has Legal Basis; Reliance on Gulf War Resolutions Is Questioned by Others," *op.cit.*, 참조.

46) UN Doc. S/2003/351, *op.cit.*, p.2.

위"에 대한 국제법을 바탕으로 무력사용에 대한 근거를 제시하고 있다.[47] 비록 단순히 미국의 자체적 기구이긴 하지만 미국 상원의회는 2002년 10월 16일 "이라크에 대한 군사력 사용에 대한 허가"에 대한 연합결의를 통해 대통령으로 하여금 "(1)이라크로부터의 계속되는 위협에 대항하여 미국의 국가안보를 방어하고 (2)이라크에 대한 국제연합 안전보장이사회의 모든 관련된 결의사항들을 강요할 수 있도록 필요하고 적절하다고 결정한다면 군사력을 사용할 수 있게" 허용하였다.[48]

따라서 위에서 언급한 아프가니스탄과 이라크 전쟁들은 이미 제시한 바와 같은 공통적인 특징을 공유한다고 볼 수 있는 것이다. 하지만 다른 국가들이나 국제사회는 보편적으로 이두 사안에 대하여 확연히 틀린 방향으로 반응들을 하고 있다. 아프가니스탄에 대한 공격의 경우 아랍과 이슬람 국가들을

---

47) Slevin, "U.S. Says War Has Legal Basis; Reliance on Gulf War Resolutions Is Questioned by Others," *op.cit.*, 국제연합 사무총장 코피 아난이 미국주도의 이라크전쟁이 "불법적"이라고 표현을 하자, 미국 국무장관 콜린 파월은 "우리는 항상 자위권을 가지고 있다. 비록 국제연합 헌장에 의거하지 않고서도 미국의 대통령은 미국의 헌법에 의하여 권한을 행사할 수 있다…. 미국민을 보호하기 위해…. 우리는 필요하다면 우리의 헌법에 따를 것이다." 라고 언급하였고 또한 그는 이런 사안에 있어서 비록 우리가 우리의 헌법적 절차에 의해 전쟁을 수행할 수도 있지만 그럴 필요가 없는 것이 일관적인 국제법의 실체와 12년간의 국제연합 결의안의 가치에 기반을 두고 있기 때문이다. Sharon Behn, "Annan Makes Peace with Powell," *Washington Times*, September 18, 2004. 파월 장관이 반드시 이러한 의도로 말하였는지는 불명확하다.

48) "Joint Resolution to Authorize the Use of United States Armed Forces against Iraq, October 16, 2002," *International Legal Materials*, Vol. 41, No. 6 (November 2002), p.1442, Sec. 3 (a).

포함하여 어느 국가들도 미국의 무력사용에 대하여 비난한 국가는 없었다. 오히려 미국의 자위에 대한 당연성에 대하여 많은 국가들이 지원을 했었던 것이 사실이다. 예를 들어, NATO의 경우 역사상 처음으로 NATO를 결성한 워싱턴 조약에 명시된 5항(자위에 대한 조항)을 명시적으로 발동하였다. NATO는 성명을 통해서 "공격이 외부로부터 직접적으로 미국에 대해 이루어진 것이라면 워싱턴 조약의 5항에 의거하여 자위권 발동의 요건을 충족한다"라고 주장하였다.[49] 이슬람협의회(Organization of the Islamic Conference)는 미국에 대하여 아프가니스탄의 탈레반 정부에 대한 폭격에 대하여서는 어떠한 비난도 하지 않았으나 그러한 군사적인 행동이 아프가니스탄 이외의 다른 이슬람교도 혹은 아랍 국가들로 확대되지 않기를 경고하였다.[50]

다른 한편, 이라크 전쟁에 대하여서는 안전보장이사회 뿐 아니라 서방국가들에서도 의견이 나뉘었다. 프랑스의 자크 시락 대통령의 경우는 "법의 우위성이라는 이름으로" 벌인 전쟁에 대하여 반대하였고 안전보장이사회의 대표를 통해서 "국제연합의 어떠한 동의절차도 없이" 이라크에 대한 무력공격을 감행한 것에 대하여 "유감(regret)"을 표시하였다.[51] 국제

---

49) "NATO Press Release: Statement by the North Atlantic Council," September 12, 2001. 2001년 10월 2일, 사실상 미국에 대한 공격이 외부로부터 였음이 결정되었다.

50) Daniel Williams, "Islamic Group Offers U.S. Mild Rebuke; Nations at Conference Avoid Criticizing Strikes on Taliban," *Washington Post*, October 11, 2001. 다음을 참조. Sean D. Murphy, "Terrorism and the Concept of 'Armed Attack' in Article 51 of the U.N. Charter," *Harvard International Law Journal*, Vol. 43, No. 1 (Winter 2002), p.49.

연합 사무총장인 코피 아난도 역시 새로운 결의사항도 없는 상태 하에서의 이라크에 대한 전쟁은 "국제연합의 헌장에 부합되지 않을 것"이라는 것을 전쟁 직전에 밝힌바 있다.[52]

이러한 대치적 국면은 무엇이 야기한 것인가? 국제연합 헌장에서 법적으로 허용하는 건전한 방향에서의 무력사용의 유일한 경우들은 안전보장이사회의 승인이 있거나 혹은 자위의 경우인데 위의 두 경우는 후자의 경우를 고려해 볼 때 다르다고 볼 수 있다. 안전보장이사회의 승인이라는 관점에서 볼 때, 이 두 경우는 모두 명백한 승인이 부족하였고 또한 이 측면에서 볼 때 별다른 차이가 없다고 볼 수 있다. 자위의 관점에서 바라보았을 때 아프가니스탄 전쟁의 경우 이는 비록 테러리스트들에 의한 것이었지만, 실질적인 미국에 대한 "공격"에 대한 대응이었던 반면에 이라크 전쟁은 이라크에 의해 주관적으로 감지된 "위협"으로부터의 방어를 위한 행동이었다는 것이다.

사실, 후자의 경우는 예측적 자위의 요구사항도 충족시키지 못하였다. 따라서 이라크전쟁에 대한 미국의 정당화에 대한 다른 국가들의 반응은 비록 그것이 테러집단과 이에 관련 있는 국가 그리고 대량살상무기와의 가능한 연계에 직면한다고

---

51) Ford, "As Attack on Iraq Begins, Question Remains: Is It Legal?," *op.cit.*; UN Doc. S/PV.4726 (Resumption 1), March 27, 2003, p.28.

52) Ford, "As Attack on Iraq Begins, Question Remains: Is It Legal?," *op.cit.*, 국제연합 사무총장 코피 아난은 재차 BBC방송사와의 인터뷰에서 이라크 전쟁은 "국제연합 헌장에 부합하지 않는다. 그리고 헌장의 관점에서 이는 불법적 "수정"이었다."라고 언급하였다. *New York Times*, September 18, 2004.

하더라도 국제사회에 의해 이는 여전히 "예방적 자위"로 설명
되어진 다는 것이다.

VI. 국제법의 새로운 규율

다른 국가들의 반응이 갈라짐에 있어 아프가니스탄에서의
경우 미국의 자위권발동에 대한 만장일치의 지원은 무엇으로
설명되어질 수 있는 것인가? 아마도 아프가니스탄에 대한 미
국의 군사적 공격에 대한 만장일치의 지원은 테러리스트들의
공격에 의한 어마어마한 인명피해와 이에 따른 심각한 정신적
충격에 의해서 이루어진 것이었다고 볼 수 있다. 그러나 어느
누구도 무력적 공격을 감행한 테러리스트들을 감싸고 있던
국가에 대한 자위권의 발동을 정당화하면서 자위의 새로운
규율이 나타났다고 너무나도 일반적으로 쉽게 말할 수는 없
다.

우리는 이와 유사하게 불과 몇 달 후에 이스라엘 정부가
테러리스트들을 돕고 있는 팔레스타인 자치정부에 대한 군사
적 행동들을 정당화하는 것이 아랍의 이슬람 국가들뿐만 아니
라 EU국가들에 의해서도 받아들여지지 않았고 이들이 양측의
무력충돌 행위를 그만 둘 것을 주장한 것을 되새겨봐야 한
다.53) 테러리스트들에 의한 이스라엘에서의 폭탄공격을 어느
정도의 "무력적 공격"이 될 수 있는지에 대한 의문점은 남아있

---

53) "US Defends Israel's Right to Defend Itself," *The Australian*, December 5,
2001.

다. 하지만 이스라엘 중심부인 예루살렘에서의 자살폭탄공격으로 200명 이상의 사상자를 발생시킨 것은 "무력적 공격"으로 볼 수 있다.[54] 이 사실만을 볼 때, 테러리스트 공격에 대한 자위의 새로운 규율이 9·11사건만을 계기로 정착되었다고 볼 수 없는 것이다.

하물며 미국의 이라크공격에 대한 지지가 드문 가운데 테러리스트들과 이와 연관이 있고 대량 살상 무기들을 사용 혹은 획득하려고 하는 소위 말하는 불량 국가들에 대한 사전적 행동을 허용하는 새로운 규율이 나타났다고 볼 수 없는 것이다.

이 점에서 언급할 만한 것은 단지 미국만이 대량살상무기들을 보유한 테러리스트들의 위협에 대항하여 선제 혹은 예방적 자위를 발동하는 국가가 아니라는 것이다. 인도의 경우 이들도 국내의 혹은 국경간의 테러리스트 행동들에 대하여 유사한 정책을 추구하려 하거나 추구하고 있다는 것이다. 인도 정부의 국가안보 보좌관인 브라제시 미시라는 2003년 뮤니히에서 있었던 회의에서 대량살상무기를 보유한 비국가 단체들의 위험성과 보편적인 억제가 신뢰성이 없는 비대칭적인 상황에 대하여 언급하면서 "이러한 적에 대한 방어들은 분명하게 불완전하므로 대응공격 그리고 필요하다면 선제공격에 대한 실질적 정당화가 추구되어야 한다."고 주장하였다.[55]

호주의 경우, 테러리스트들에 대한 선제 행위를 취할 수 있

---

54) Frederic L. Kirgis, "Israel's Intensified Military Campaign against Terrorism," *ASIL Insights*, December 2001; Yomiuri Shinbun, December 5, 2001. 참조.

55) Brajesh Mishra, "Global Fight against Terrorism: Status and Perspectives," February 9, 2003, 안보정책에 대한 뮤니히 제 39회 회의에서 발표한 내용.

는 권한을 주장하는 또 다른 국가이다. 존 하워드 수상은 2002
년 12월 텔레비전 인터뷰를 통해 그는 국가를 공격하려는 테
러리스트들에 대하여 선제 공격을 가하기 위한 병력의 해외전
개를 허용하도록 국제법과 국제연합의 헌장상에 변화가 있어
야 한다고 본다"라고 그의 의견을 피력하였다.[56] 이는 부시
대통령의 주장과는 약간의 차이점이 있는데 이는 대량살상무
기들에 대하여서는 명백하게 언급을 하지 않았다는 것이다.
하지만 그들은 테러리스트들에 대한 선제 무력 사용을 허용하
는 공통된 특징을 가지고 있다.

비록 테러리스트들에 의해 부각된 심각한 어려움에 직면하
였을 때 미국의 이러한 선제 혹은 예방적 조치들에 대한 정책
이 올바르다고 가정한다 하더라도 이는 이를 옹호하는 몇몇의
국가들에게만 정착되었다고 간주할 수 없는 것이다. 적어도
우리는 이를 특히 미국의 이라크에 대한 군사공격에 대한 직
접적인 비난의 목소리를 고려하였을 때 국제법의 범세계적으
로 적용 가능한 규율을 대표한다고 볼 수 없다.

이라크문제를 고려해보면 이라크 자유 작전(Operation Iraqi
Freedom : 이라크에 대한 군사적 작전들) 수행 초기에 참여한
유일한 국가들인 영국과 호주의 경우 이들도 이라크침공에
대하여 어떠한 법적인 구실로서도 선제자위를 사용하지 않았
다는 것은 주목할 만한 일이다.[57]

---

56) "Philippines, Australia Considering Bilateral Anti-Terrorist Agreement," *BBC
Worldwide Monitoring*, December 2, 2002.

57) 그들은 안전보장이사회의 승인에 의존하기를 선호했다. Gray, International
Law and the Use of Force, 2nd ed., *op.cit.*, p.182; UN Doc. S/2003/350
(UK), March 21, 2003; S/2003/352 (Australia), March 20, 2003.

앞에서 언급하였듯이 호주의 경우, 선제 자위 조치들에 대하여 명시적으로 지지한 몇 안 되는 국가들 중의 하나였다. 이 사실이 비록 몇몇 국가들만이 이를 지지하였음에도 불구하고 그 정책의 실질적인 적용들에 대한 동의 자체가 얼마나 어려운지를 보여주는 것이다.

전지구적인 시각의 차원에서 보면, 9 · 11사태가 발생하기 10년 전 오스카 샤츠터(Oscar Schachter) 교수가 언급하였던 "'예방적' 혹은 '선제' 공격에 대해서는 세계의 모든 국가들이 다 반대한다는데 굳건한 믿음을 가지고 있다"는 공유된 가치를 지금에 와서 무력사용에 대한 법에 대하여 국가들의 믿음이 바뀌었다는 어떠한 징후도 없다고 볼 수 있는 것이다.58)

무비판적으로 미국의 주장을 따라 하는 것이 정치적으로 현명한 판단이라고 볼 수도 없을 것이다. 미국이 주장하고 있는 선제자위에 대한 정책은 사실상 국제연합 헌장 이전의 시기를 포함하여 "선제" 혹은 "예방적" 무력사용이 법적으로 어느 때59)도 받아들여지지 않았음에도 불구하고 전통적인 "예측적" 자위의 개념을 극단적으로 확장하여 오늘날의 현실에 맞추려는 것이다. 특히 문제가 되는 것은 이러한 정책이 강대국들의 무력사용에 대한 보다 폭 넓은 자유재량을 제공하

---

58) 예측적 자위권에 관하여서는 샤체터 교수가 "임박한 공격을 야기할 가능성이 실제로 있어 보이는 무력적 위협에 관해서는 여전히 모호한 상태로 남아있다."라고 언급하고 있다. Schachter, *International Law in Theory and Practice*, *op.cit.*, p.141.

59) 그린우드 교수는 "지금까지 선제권에 대한 독트린은 미래에 발생할 수 있는 위협에 대한 자위권을 의미하는 것으로 확대되어 논의되는데, 이는 법적인 근거가 없다"고 말했다. Greenwood, "International Law and the Pre-emptive Use of Force," *op.cit.*, p.15.

면서 이들의 이익에 상응하는 방향으로 사용되어질 것이라는 것이다.

마이클 베이어 교수는 미국은 일반적으로 적용 가능한 법적인 변화들을 추구하기 위한 정교한 노력을 하고 있는듯한데 이는 긍극적으로 원칙상 모두가 적용 가능한 것 같아 보이지만 실제로는 가장 강력한 국가들만이 적용 가능한 법적인 변화를 추구하고 있는 것이다.[60] 만약 이러한 미국의 노력이 성공한다면 이는 무력사용에 대한 법을 더욱 더 모호하게 만들게 될 것이며 강대국들로 하여금 간섭에 대한 시기와 장소를 결정하는데 있어서 더욱 더 큰 영향력을 발휘하게 될 것이다. 왜냐하면 강대국들만이 전쟁결정여부를 법적으로 판단함에 있어서 결정적이거나 혹은 적어도 결정적인 증거로 사용될 수 있는 비밀정보에 바탕을 둔 특수지식과 정보를 가지고 있기 때문이다.

이러한 가능성은 이미 콜린 파월 국무장관의 2003년 2월 안전보장이사회 이전에 제기한 이라크의 대량살상무기 보유 가능성에 대한 보고를 통해서 본 바 있다.[61] 부시대통령 스스로 역시 그의 2003년 3월 17일의 사담 후세인에게 보내는 "최후통첩"에서 "우리의 정보기관과 다른 정부들로부터 수집된 바에 따르면 현 이라크 정권이 가장 치명적인 위협을 가진 무기들을 일부 지속적으로 가지고 있고 숨기고 있다…… 이로 인해 이라크의 도움을 받은 테러리스트들이 이미 언급된 그들

---

60) Byers, "Preemptive Self-Defense: Hegemony, Equality and Strategies of Legal Change," *op. cit.*, p.189.

61) "The Case against Iraq," *New York Times*, February 6, 2003.

의 야망과 미국과 다른 국가의 무고한 수천수만의 사람들을 죽을 수 있는 위험성은 명백한 것이다. … 이러한 공포가 다가오기 전에 그리고 조치를 취하기 너무 늦기 전에 이러한 위험은 제거되어질 것이다."라고 언급하였다.[62] 그리고 "우리는 어떠한 대량살상무기도 찾을 수 없을 것이다."라는 파월장관의 고백으로 베이어 교수 고찰의 정확성이 밝혀졌다.[63] 보고서들은 또한 이라크의 대량살상무기의 소유와 알 카에다와의 연계에 대한 의혹을 효과적으로 제거해버렸다.[64]

이에 더하여, 선제자위를 촉구함에 있어 미국 역시 몇 가지의 명심하여야 할 것들이 있다. 첫째, 자위에 있어서의 선제

---

62) The White House, "President Says Saddam Hussein Must Leave Iraq within 48 Hours," March 17, 2003.

63) "파월은 이라크에서 대량살상무기를 찾는 것은 힘들 것이라고 인정하였다.", *Irish Times*, September 14, 2004.

64) 이라크의 대량살상무기 보유에 관해서는 찰스 듀얼퍼 무기사찰단장은 그의 마지막 보고서에 의해 이라크는 그러한 무기의 재고를 가지고 있지 않았다고 확증되었다. "Comprehensive Report of the Special Adviser to the DCI on Iraq's WMD," September 30, 2004; "Secretary Collin L. Powell: Interview by Warren Strobel of Knight-Ridder," October 7, 2004.를 참조. 이라크와 빈 라덴 과의 연계 가능성은 미국테러공격 위원회에서의 마지막 보고서를 통해서 "빈 라덴이 이라크에 대하여 훈련장 제공과 무기확보에 대한 요청은 하였으나 이라크가 이 요구에 대하여 들어줬는지에 대한 어떠한 증거도 없다." 그리고 "우리는 1998년과 1999년 사이 그리고 그 이전의 접촉들이 협력 작전 관계로 발전하였다는 증거는 보이지 않았다. 이라크가 알 카에다 조직과 공동으로 미국에 대한 어떠한 테러공격도 발전시키거나 실행하였다는 어떠한 증거도 없었다."라고 결론짓고 있다. The National Commission on Terrorist Attacks Upon the United States, *The 9/11 Commission Report*, 2004, pp.61, 66. 부시 행정부의 전 재무장관 폴 오네일은 텔레비전과의 인터뷰에서 부시 대통령은 그의 부임시작과 9·11이전부터 사담 후세인을 이라크 권좌에서 물러나게 하는데 실질적으로 총력을 기울였다고 이야기 하였다. *Lancaster New Era*, January 13, 2004.

혹은 예방적 무력사용을 허용하는 범세계적 적용 가능한 이러한 규율은 양차 대전을 통하여 인류가 얻은 무력행사에 반대하는 규율을 명백하게 저해하게 될 것이라는 것이다. 새롭게 발표된 이러한 정책은 충분한 정당성의 여부와 상관이 없이 자위라는 이름으로 어떠한 국가든지 선제적 군사행동을 자행할 수 있는 잠재적 상황을 조성하였다는 것이다. 이는 분명히 미국의 이익에도 대치되는 결과일 것이다. 우리는 이 시점에서 "선제적 공격은 단지 미국만의 권한이 아니다"라고 주장하는 북한 정권의 실상을 직시하여야 한다.[65]

둘째, 선제 행위를 허용하는 이러한 규율은 대량살상무기 특히 핵무기를 보유하고자 하는 국가들에게 이러한 무기들을 개발하는데 있어서의 간편한 구실을 제공하고 있다. 아마도 이들은 잘못된 행동에 대한 가능한 선제공격들에 대응하기 위한 억제의 수단으로 이러한 무기들이 필요하다고 말할 수 있을 것이다. 따라서 이러한 미국의 정책은 그 스스로가 정책의 목적상 피하려는 것들을 성취할 수 있는지 검증되어야 한다. 여기서 다시 한번 주목하여야 할 것은 북한도 유사한 논리를 전개하고 있다는 것이다. 2004년 9월 국제연합 총회가 있었을 때 총회장 밖에서 일본의 외무장관인 요리코 가와구치와의 대화를 통해 들은 이야기인데 북한의 외무 부장관인 조수헌은 북한의 핵무기 프로그램은 미국의 자국에 대한 선제공격에 대응하기 위한 것이라는 것이다.[66]

---

65) Jonathan Watts, "N Korea Threatens US with First Strike: Pyongyang Asserts Right to Pre-emptive Attack as Tensions Rise over American Build-up," *Guardian*, February 6, 2003.

전체적으로 살펴볼 때 미국의 국가안보전략(National security strategy)에서 채택하고 있는 새로운 정책은 미국을 포함한 어느 국가에도 이득이 되지 않는다는 것이다. 하지만, 그렇다면 테러리즘과 대량살상무기의 잠재적인 연계가능성이라는 위협에 직면하여 어떠한 조치가 취해져야 할 것인가? 아마도 유일한 탈출구는 안전보장이사회의 구성과 절차라는 개념에 있어서의 재구성을 통한 효율성의 증대가 될 것이다.[67] 하지만 이는 말하기가 쉬운 것이지 실질적으로 이루어지기는 힘든 것이다.

---

66) 그는 또한 평양은 워싱턴이 그들에게 안보에 대한 보장을 해준다면 핵무기 프로그램을 동결할 것이라고 첨언하였다. *Asahi Shinbun*, September 25, 2004.

67) 유사한 논문은 다음을 참조하라. Christian Henderson, "The Bush Doctrine: From Theory to Practice," *Journal of Conflict and Security Law*, Vol. 9, No. 1 (Spring 2004), pp.3–24. Ramirez, "Iraq War: Anticipatory Self-Defense or Unlawful Unilateralism?," *op.cit.*, p.25.

제 15 장
IMF와 금융위기 그리고 유엔

최 영 종
가톨릭대학교 교수

I. 서론

국제통화기금(International Monetary Fund: IMF)은 워싱턴 D.C.에 본부를 둔 다국적 기구로서 통화를 안정시키기 위해서나 국제금융시장의 질서를 유지하기 위해서 필요한 경우 회원국 정부에게 자금을 공여하는 역할을 주된 임무로 한다. 지난 수십 년 동안 IMF는 1980년대 초의 제3세계 채무위기, 1994년 멕시코 금융위기, 1997~8년의 동아시아 금융위기, 1998년 러시아 채무상환 불능 위기, 최근의 브라질과 아르헨티나의 금융위기 등을 망라하는 수많은 경제 위기를 극복하는 데 있어서 중요한 역할을 했다. 이런 과정을 통해서 IMF는 국제적인 금융 붕괴를 방지하는 데 탁월한 능력을 보여주었다.

그럼에도 불구하고 IMF는 나름대로의 결함을 가지고 있다. 특히 IMF는 개발도상국과 비정부기구(NGO)들로부터 너무나 엄격한 대부 조건(conditionality)을 부과한다는 비난을 받아왔고, 이로 인해 경제상황이 오히려 악화되는 경우가 종종 발생하기도 했다. 최근 동아시아에서 금융위기가 발생했을 때, IMF는 이 사태를 적절히 수습하지 못했다는 비난을 많이 받았다. 이를 계기로 IMF를 개혁하기 위한 다양한 제안들이 나왔다. 극단적으로 IMF를 해산하라는 제안부터 IMF에게 보다 많은 권한을 주라는 제안까지 있었으며, 이 모든 것들은 새로운 국제금융관리체제(international financial architecture)를 형성하려는 노력을 일환이었다.

그렇지만 금융위기가 해당 국가의 정부나 IMF에게만 책임이 있는 것은 아니다. 금융위기란 금융시장 자체의 문제 때문에 발생하기도 한다. 자본이 별다른 제약이 없이 자유롭게 국경을 넘나들 수 있는 오늘날 금융위기가 발생할 가능성은 상존한다. 외국자본이 급격하게 빠져나갈 경우, 그것이 시장의 움직임에 대한 합리적 대응이건 비합리적인 반응이건 상관없이 심지어는 기초가 튼튼한 경제마저도 심각한 위기에 빠지게 할 수 있다.

본 논문은 금융위기의 맥락 속에서 IMF를 분석하는 것을 목적으로 한다. 초점은 금융위기에서 IMF가 하는 역할과 금융위기를 예측하고, 예방하며, 관리하는 IMF의 능력을 제고하는 방안에 있다. 본 연구는 또한 IMF를 바라보는 유엔의 시각을 살펴보는 데도 관심이 있다. 유엔헌장의 서문에 언급된 바와 같이 유엔은 전 인류의 경제·사회적 진전을 촉진하기 위한 국제적인 기제를 활용함으로써 "사회적 발전과 보다 많은 자유 속에서 삶의 수준이 향상되도록 하는 것"을 주요 목표로 삼고 있다. 따라서 유엔이 전지구적인 경제 불안정과 선진국-개도국 사이의 빈부격차 문제가 만연하고 있는 현상에 대해서 깊은 우려를 가지고 있는 것은 당연하다. 유엔은 특히 IMF가 경제위기를 관리하고, 예방하기 위해서 개도국에게 엄격한 구조개혁을 요구하고 있는 상황에 대해서 주의깊게 지켜보고 있다.[1]

Ⅱ. IMF와 유엔

IMF는 제2차 세계대전 후에 1930년대와 같은 범세계적인 경제적 혼란을 방지하기 위해 고안된 새로운 국제통화 체제의 한 축으로서 설립되었다. 현재 IMF는 국제연합체제의 전문기구(Specialized Agencies)의 하나이다. 전문기구에는 WHO(세계보건기구), ILO(국제노동기구), FAO(국제식량기구) 등도 포함되며, 이들은 법적, 재정적, 정치적으로 자족적이며, 유엔의 직접적인 통제를 받고 있지 않다. IMF는 유엔과 마찬가지의 방식으로 브레튼우즈에서 개최된 국제회의에서 창설되었으며, 유엔과 협약을 통해서 전문기구의 하나가 되었다. 공식적으로 IMF는 유엔 경제사회위원회(ECOSOC)의 매우 제한된 통제를 받고 있다.[2]

---

1) Erskine Childers, *Renewing the United Nations System* (Uppsals, Sweden: Dag Hammarsk Jöld Foundation, 1994), p.197.

거의 모든 유엔 산하 기구들이 회원국 모두가 균등하게 하나의 투표권을 갖는 주권원칙에 입각해 있는 데 반해서, IMF는 가중 투표제(weighted voting system)를 채택하고 있다. 투표권은 IMF에 기부한 자신의 할당량(quota)에 상응하게 배당되어 있으며, 자신이 자동으로 사용할 수 있는 금액도 할당량에 상응하도록 되어 있다. 할당량은 회원국의 경제 규모와 경제 수준에 의해 결정된다. 이것은 IMF가 비록 184개의 회원국으로 구성되어 있지만 소수의 회원국(보통은 미국을 포함해서 G-7이라는 선진국 정상회의 구성원)들이 이에 대한 실제적인 통제력을 행사할 수 있다는 점을 의미한다. 특히 미국은 가장 많은 투표권을 보유하고 있으며, 모든 중요 의사 결정에 있어서 최종적인 결정권을 가지고 있다. 이와 같은 의결제도와 특정국에의 권한 집중은 비민주적인 측면을 가지고 있지만, 다른 한편으로는 이로 인해 IMF가 유엔보다도 훨씬 더 효율적이고 신축성 있게 된 측면이 있다. 그 증거로는 IMF가 G-7과 긴밀한 협력을 통해서 국제금융체제가 그 많은 교란 요인에도 불구하고 붕괴되지 않도록 방지했다는 점을 들 수 있을 것이다.

IMF의 주된 책임이 국제 통화금융 체제의 안정을 확보하는 것인데 반해서, 유엔은 헌장에 명시된 바와 같이 경제사회 영역에서의 국제적 협력을 증진하는 것을 강조한다. 이런 목표는 특히 경제사회이사회가 주관해서 유엔 총회나 여타 전문기구들의 협조를 받아 달성하고자 노력하고 있다. 그러나 경제

---

2) A. LeRoy Bennett, *International Organizations: Principles and Issues* (Prentice-Hall International Inc., 1995), pp.294-7.

사회 영역에서의 협력증진이라는 목표는 종종 IMF가 떠받치고 있는 자유주의적 세계경제 질서와 상충된다.

과거에 유엔은 오랫동안 자유주의적 세계경제 질서에 대해 비판적인 입장을 견지했다. 특히 UNCTAD(유엔무역개발회의)는 시장원칙에 대신해서 주권, 평등, 정의라는 원칙에 입각해 새로운 국제경제질서(New International Economic Order: NIEO)를 만들기 위한 국제적 노력을 주도했다. 이 과정에서 IMF는 너무 엄격한 자유주의 원칙을 강조했고, 개도국에 대해서 강압적인 접근법을 채택했다는 이유로 강한 비판을 받았다. IMF는 1980년대 초 구조조정 프로그램을 도입한 이후에 신자유주의를 확산시키고, 신자유주의로서 개도국 경제를 규율하는 데 핵심적인 역할을 수행하였다. 이로 인해 UNCTAD나 ECOSOC과 같은 유엔 기구들과 브레튼우즈 제도들이나 다국적 기업 사이에 장기간 긴장과 갈등의 시기가 있었다.

이것이 변한 것은 1990년대에 들어서면서부터이다. 이 시기에 개발과 빈곤해소 프로그램을 위해 필요한 유엔의 자금이 점차로 고갈되기 시작했다. OECD가 제공하는 개발원조액 규모가 상당히 감소했으며, 미국도 여러 가지 이유를 들어 매년 할당된 유엔 출연금을 연체하기 시작했다. 이런 상황 하에서 유엔으로서도 사회경제적 목표를 달성하기 위한 새로운 자금원으로서 브레튼우즈 제도들이나 다국적기업과의 관계 개선을 모색하지 않을 수 없었다.[3] 사무총장 코피 아난이 유엔의

---

3) 유엔-비즈니스 관계에 대한 역사는 Peter Utting, "UN-Business Partnership: Whose Agenda Counts," *Transnational Associations*, Volume 3 (2001), pp.157-165를 참조할 것.

방향 전환에 특히 중요한 역할을 했다. 현재 유엔은 IMF나 세계은행(World Bank)와 공동으로 2015년까지 절대빈곤층(일 인당 하루 소득이 미화 1달러 이하로 정의됨)을 절반으로 줄 이기 위해서 노력하고 있을 정도이다. 물론 이에 대해 비판적 인 견해가 없는 것은 아니다. 많은 NGO와 비판자들은 유엔이 IMF, 세계은행, 다국적기업 등에 의해 매수당했다는 의혹의 눈길을 보내고 있다.

Ⅲ. 경제위기와 IMF의 역할

1. 경제위기와 IMF

한 국가의 금융위기는 경제적으로 국가 부채를 상환할 능력 이 없거나 투자가들이 해당 국가의 금융시장에 대해서 신뢰를 상실했을 때 발생한다. 국제수지 균형의 어려움은 국가의 정 책적 실수나 다양한 외부요인에 의해 초래될 수 있다. 이러한 난관은 최악의 경우 금융위기로까지 이어질 수 있다. 그렇게 되면 해당 국가의 통화는 경제에 심각한 위해를 끼칠 만큼 평가 절하될 수밖에 없고, 그 영향이 여타 나라에게 전파될 가능성도 크다.

이런 문제의 원인으로는 여러 가지가 있다. 그 예로는 취약 한 국내 금융체제, 대규모 지속적인 재정적자, 과도한 대외 채무, 부적절한 수준에 고정된 환율, 혹은 자연 재해 등을 들 수 있겠다. 이런 요인들이 복합적으로 작용해서 한 국가의 무역수지가 악화되기도 하고, 해외 투자가들이 신뢰를 상실할 수도 있다. 그 결과로서 대규모의 자본유출이 생겨나게 된다. 이 문제는 자본이동성이 증가함에 따라 악화된다. 자본이 급작스럽게 대규모로 유출됨으로써 멕시코나 동아시아에서 금융위기가 발생했다는 점은 주지의 사실이다.

휘발성이 높고 유동적인 국제 자본시장이 배태하고 있는 위험은 자금의 대여자와 차입자 사이의 비대칭적 정보 보유 등과 같은 금융시장의 불완전성으로 인해 증폭된다. 특히 외국의 대여자들은 충분한 정보를 갖고 있지 못하기 때문에 "패거리 행태(herd behavior)"를 보일 가능성이 크다. 또한 정보의 불충분함으로 인해 자본배분도 왜곡될 수 있다. 그리고 누군가 제3자가 투자 실패의 비용을 떠맡게 되면 위험이 큰 투자 상대를 오히려 고르는 "역선택(adverse selection)"이 횡행할 수 있으며, 그 결과 "도덕적 해이" 문제가 심각하게 대두된다. 국제적 대출에 있어서 IMF가 도덕적 해이 문제를 야기하는 측면이 있다는 점은 잘 알려진 바와 같다. 실제로 근래의 금융위기에서는 거의 예외없이 이런 도덕적 해이 문제가 현저하게 존재했다.

높은 자본이동성은 한 국가의 거시 경제적 안정성에도 영향을 미친다. 자본유입은 실질환율 인상과 경상수지 적자를 유발하고, 금융당국자들이 통화 공급에 대한 통제권을 유지하기 위해서 긴축정책을 쓰도록 강제하는 효과를 가진다. 반면에 급속한 자본유출은 국내 금융시장의 혼란을 가져오고, 금융당국자들은 높은 이자율과 환율의 평가절하 중 하나를 선택할 수밖에 없게 된다. 높은 자본이동성은 한 국가의 복지를 증진시킬 수 있기는 하지만, 동시에 한 나라의 경제가 외국투자가들의 기분에 의해 크게 좌우되도록 만들기도 한다.

　금융위기가 발생할 때에 IMF는 자금을 제공하거나, 채무재조정을 위한 채권자간의 의견을 조율하고, 적절한 정책제안을 함으로써 해당국 정부에게 도움을 줄 수 있다. IMF의 대출은 위기에 처한 국가에게 국제수지 조정 정책을 실행하거나 이에 필요한 개혁을 실시할 수 있는 여지를 주는 것을 주된 목적으로 하고 있다. 제안된 정책은 해당 국가가 처한 상황에 따라 신축성 있게 변한다. 예를 들어서 수출가격의 급격한 하락으로 어려움을 겪고 있는 나라에게는 어려움을 이겨낼 수 있을 정도만큼의 대출을 하는 것으로 충분할 것이다. 자본유출 문제에 봉착한 나라에게는 너무 낮은 이자율이라든가, 정부의 대규모 재정적자나 채무, 취약한 국내금융 체제 등과 같이 해외투자자들의 신뢰를 상실하도록 만든 근본 원인을 찾아 해결해야 할 것이다.

　한 국가가 IMF로부터 자금을 제공받기 위해서는 해당국가의 정부와 IMF 사이에 경제정책에 대한 적절한 프로그램에 합의가 있어야 한다. 일반적으로 IMF 대출은 해당국 정부가 일정한 정책을 취할 것을 약속할 것을 조건으로 하고 있다. 그리고 제공된 자금은 반드시 국제수지 문제를 해결하는 데 사용할 것을 주문하고 있다. 해당 국가가 경제적으로나 금융 면에서 정상 상태로 돌아오면, IMF에 대출을 상환할 수 있게 된다. 그리고 회수된 돈은 다시 어려움에 직면한 다른 회원국들에게 제공되게 된다. IMF의 대출을 받는 국가가 IMF에 대해서 일정의 정책적 약속을 하고, 그 이행을 서약할 경우에 다른 채권자나 자금공여자로부터 자금 지원을 받는 데 큰 도움이 된다.

IMF의 대출 프로그램은 다양한 회원국들의 특수한 사정에 맞게 편성되어 있다. 최근에는 최대의 대출 건수가 '빈곤퇴치와 성장'(Poverty Reduction and Growth Facility: PRGF) 프로그램을 통해서 이루어지고 있으며, 이것은 저소득 국가에게 시장가격 이하의 싼 이자율로 상대적으로 장기간에 걸쳐 자금을 제공하는 것이다. 최대의 대출액은 전통적인 업무로서 단기간 수지 불균형 문제를 겪고 있는 나라에 대해 시장 이자율로 자금을 제공하는 '스탠드 바이'(Stand-By) 프로그램을 통해 제공되고 있다. 이와는 별도로 IMF는 자연재해나 무력충돌을 경험한 국가들에게 '긴급구조 자금'을 제공하기도 한다.

2. 평가

IMF는 지난 수십 년 동안 너무나 엄격한 대출조건을 내걸어 수혜국가에서 대다수 국민의 생활 여건을 오히려 악화시켰다는 평가를 받았다. 그리고 심한 경우에는 이로 인해 여러 개도국에서 'IMF 폭동(IMF riot)'이 발생하기도 했다. 최근 1990년대 말에는 IMF가 너무나 많고 세세한 조건을 채무국에게 부과했다고 심하게 비난을 받았다. 사실 대출 조건이라는 것은 빌리는 나라의 조건에 부합되어야 한다. 예를 들어 급격한 자본유출을 경험하는 나라와 거시 경제적 실책으로 문제가 악화된 나라 사이에는 분명 차이를 두어야 할 것이다. 동아시아 금융위기의 경우는 전자에 가까운 것으로서, IMF가 과도한 긴축정책을 부과한 것이 적절치 못했다는 비판은 상당히 일리가 있는 것으로 받아들여졌다. 요컨대 처방약이 질병보다 나빴던

셈이다. 같은 맥락에서 세계은행 부총재를 지냈던 조지프 스티글리츠(Joseph Stiglitz)는 동아시아 위기에 대해서 IMF가 잘못된 정책을 실행했다고 비난하면서, IMF가 미국이나 선진국들의 금융이익을 대변하고 있다는 의혹을 보냈다.[4]

그리고 많은 사람들이 IMF가 금융위기에 대처하기 위해 내린 전통적인 정책 처방의 실효성에 대해서 의문을 제기했다. 예를 들어 높은 이자율은 통화에 대한 신뢰를 회복시키지 못할 수도 있고, 긴축재정 정책은 경제를 오히려 위축시키는 효과만 가질 수 있다. 어려움에 직면한 금융기관들은 폐쇄하기보다는 영업을 그대로 허용해서 개인기업들의 자금 확보를 용이하게 하는 것이 유리할 수도 있다. 더구나 금융위기라고 하는 것은 시급한 대책이 필요하기 때문에 경제의 장기적인 효율성을 제고하기 위한 목적의 구조조정을 실시하기에는 적절하지 못할 수도 있다.

또한 IMF가 금융위기에 대처하는 능력은 자금부족 때문에 한계가 있다. 현재 자본이동성이 증가함에 따라 IMF 자금에 대한 수요가 급증하고 있으며, 구제금융의 규모도 급격하게 커지고 있다. 이에 대응해서 IMF는 '비상대출제도(contingency credit lines)'와 같은 새로운 대출 프로그램을 마련했다. 이것은 1999년 초 브라질 위기에 대처하기 위한 방책으로서 고안된 것인데, 선별된 국가가 위기의 조짐만 보여도 대출을 받을 수 있도록 하는 예방적 프로그램의 하나이다. '보조 지불준비금(supplemental reserve facility)'은 자본시장의 휘발성이 높기 때문

---

4) Joseph E. Stiglitz, *Globalization and Its Discontents* (W.W. Norton & Company, 2002).

에 발생하는 21세기형 금융위기에 대처하기 위해서 만들어진 제도이다. 그렇지만 멕시코, 한국, 러시아 등에 대한 대규모 대출로 인해 IMF는 자금부족을 겪고 있으며, 대출 또한 특정의 소수 국가에게만 한정되고 있는 상황이다. 회원국들의 할당액(quota)을 증가시키려는 시도는 지속적으로 많은 반대를 경험했고, 최근의 할당액 인상을 둘러싸고 미국 내에서 격심한 정치적 대립이 있었다.[5]

이런 모든 문제에도 불구하고 IMF는 국제금융 불안정을 적절하게 관리하는 능력을 보여주었다. 국제금융 분야에는 국제무역의 WTO와 같은 총괄적 기구가 없다. 그렇지만 IMF는 국제금융시장의 붕괴를 방지할 수 있었다. 이유는 역설적으로 바로 IMF가 G-7과 같이 소수의 금융 강대국에 의해서 운영되어 왔다는 점에서 찾을 수 있을 것이다. 의사결정 과정에 극소수의 국가만이 참여하는 까닭에 위기에 직면해서 IMF는 신속하고 신축성 있는 조치를 취할 수 있었다. 반면에 회원국 모두에게 동등한 권한을 주는 WTO는 중요한 의사결정이 너무나 힘들다. 이런 문제로 인해 WTO는 도하개발아젠다(DDA)를 출범시키는 데 커다란 어려움을 경험했으며, 이런 어려움은 DDA 협상과정 속에서도 지속되고 있다. IMF도 점차로 민주화가 진행될 경우 이와 같은 신속한 의사결정력을 상실할 우려가 있다. 이것이 바로 IMF 개혁을 둘러싼 논의에 존재하는 가장 큰 딜레마이다.

---

5) Robert Gilpin, *The Challenge of Global Capitalism* (Princeton, NJ: Princeton University Press, 2000), p.333.

Ⅳ. 국제금융체제의 개혁

지금까지 살펴본 바와 같이 높은 자본이동성, 개별 정부의
정책 실패나 부실한 금융체제, IMF의 무능함 등으로 인해 금
융위기의 재발과 같은 국제 금융의 불안정이 초래되었다. 이
문제를 해결하기 위해 많은 제안들이 제시되었다. 이들을 분
류해 보면 자본이동성에 대한 통제, 개별 국가의 국내 금융
체제의 개선, IMF 개혁, 최고 권위의 강력한 국제금융 기구
신설 등과 같이 4가지 범주로 나누어 볼 수 있다.

고도의 자본이동성이 국가 금융위기의 근본적인 원인이기
때문에 어떤 방식으로든 국제적 자본 이동을 통제하기 위한
제안들이 많이 나왔다는 것은 이해할 만하다. 토빈세(Tobin
tax)가 대표적인 사례로서, 이것은 모든 국제적 외환거래에
0.1% 내지 0.5%의 세금을 부과하는 것이다. 또한 프랑스, 독
일, 일본 정부는 글로벌 금융시장의 휘발성을 완화하기 위해
서 헤지펀드나 환율에 대한 통제조치 등을 이미 제안한 바
있다. 그러나 자본에 대한 어떠한 통제도 실효성이 있기 위해
서는 국제적인 공조가 필수적이다. 그렇지 않으면, 자본은 규
제가 가장 적은 시장으로 몰려들 것이 분명하다. 그러나 미국
정부나 금융기관들은 물론이고 IMF도 자본이동성 규제에 반
대 입장이기 때문에 자본 이동 규제를 위한 국제적 협력은
용이하지 않은 형편이다. 그리고 설사 협력이 가능하다 하더
라도, 기회주의적 행동 때문에 이것이 붕괴될 가능성이 크다.

이런 기회주의적 행태를 방지하고 국제금융 분야의 협력을
확보하기 위해서 가장 좋은 방법은 아마도 국제통상 분야의

WTO와 유사하게 국제금융 분야를 총괄하는 최고 권위의 국제
기구를 만드는 것일 것이다. 이와는 다르게 국제파산법원(global
bankruptcy court), 글로벌 신용보험기구(global credit insurance agency)
등과 같은 국제제도를 신설하자는 제안도 있다. 그러나 이와
같은 국제제도들은 모두 정도의 차이는 있지만 국가의 주권을
심대하게 침해할 우려가 있기 때문에 정치적으로 설립이 용이
하지 않다. 따라서 개도국이나 선진국 모두 이에 대해 반대의
입장을 견지해왔다는 점은 그다지 놀랄만한 일은 아니다.[6]

강력한 국제금융 기구를 만들자는 방안의 정반대 쪽에는
국제금융제도를 완전히 개방되고 규제가 없는 시장에 맡기자
는 방안이 있다. 이런 대안의 주창자들은 금융문제에 대한
국제규제의 필요성 자체를 인정하지 않는다. 왜냐하면 무분
별한 신용의 제공자나 차용자는 공히 시장에 의해 엄중하게
징계를 받게 될 것이기 때문이다. 또한 모든 국제 금융제도나
해외차입에 대한 제도적 보장 조치는 도덕적 해이 문제가 만
연되도록 하는 데 일조를 한다. IMF는 러시아, 멕시코, 동아시
아 국가의 사례에서 보이듯이 무책임한 행위자들을 구제함으
로써 도덕적 해이를 부추긴 측면이 강하다. 극단적으로 IMF는
비효율적이고 낡아빠졌기 때문에 없애야 한다고 주장하는 사
람들도 있다.[7]

그러나 시장 자체는 문제가 없지 않다. 특히 금융시장에서

---

6) Barry Eichengreen, *Toward A New International Financial Architecture: A
   Practical Post-Asia Agenda* (Washington DC: Institute for International
   Economics, 1999), chapter 6.
7) Gilpin (2000), p.330.

는 돈을 빌리는 측과 빌려주는 측 사이에 정보가 충분치 못하고 또한 비대칭적으로 배분되어 있기 때문에 위험부담이 상당히 크다. 더구나 투자자들은 항상 일관적으로 합리적인 행동을 하는 것이 아니고, 아주 종종 '패거리 행태'를 보여준다. 그 결과 금융시장에서 버블이 붕괴되면 많은 죄없는 사람들이 해를 입게 된다. 이런 저런 이유로 국제금융 문제를 전적으로 시장에 맡기는 나라는 거의 없다.

만일 시장이나 절대적인 권위를 갖는 국제금융기구의 설립 양자 모두가 국제금융 불안정 문제에 대한 완벽한 해결책이 아니라면, 그 해결책은 양자의 중간 어디에선가 찾아야 할 것이다. 구체적인 모습은 아마 수평적인 레짐 형태에 근접할 가능성이 크다. 이런 수평적인 제도는 시장의 자율이나 위계적인 제도에 의한 강제와는 달리, 국가간에 수평적인 협력을 증진하는 것을 주된 기능으로 한다. 현존하는 IMF는 바로 이런 역할을 가장 잘 할 수 있는 제1순위 후보자이다. 문제는 IMF를 어떻게 개혁하고 강화해서 고도로 발전된 국제금융 시장이 제기하는 다양한 도전에 대처해 나가느냐 하는 것이다. 이것은 바로 IMF의 능력이나 권위가 강화되어야 하는 것을 의미한다.

IMF는 이미 보다 유능한 레짐이 되기 위해서, 특히 금융위기를 보다 잘 예측하고, 예방하며, 또 해소하기 위해서 여러 가지 이니셔티브를 취했다. 구체적으로 개별 회원국가의 금융 사정에 대한 투명성을 제고해야 장래의 금융위기를 예측·예방할 수 있다는 믿음 하에 IMF는 자체의 정보수집 권한을 강화하고, 재정, 금융, 은행감독 등과 같이 중요한 정책에 대해 국제적으로 합의된 규칙과 표준 체계를 도입하였다. IMF는 또한 체계적이고, 예측가능한 채무 재조정이 가능하도록 '국가채무재조정 메커니즘(sovereign debt restructuring mechanism: SDRM)'이나 과반 이상의 채권 보유자들이 소수의 반대에도 불구하고 채권 상환 조건을 재협상할 수 있도록 허용하는 '집단행동 조항(collective action clauses: CACs)' 등과 같은 것을 도입하기 위해 매진하고 있다. 문제는 이러한 조치들이 적절하게 이행되기 위해서 효과적이고, 강력한 권한을 가진 기제가 필요하다는 점이다. 그렇지만 현재 선진국은 물론이고 개도국 정부와 은행들이 IMF의 감시·감독을 수용하기를 꺼리고 있고, 앞으로도 그럴 확률이 크다.

또 다른 문제는 IMF의 자금력의 부족이다. 현재 IMF 자금에 대한 수요는 기하급수적으로 늘어나고 있지만, IMF의 자금조달력을 향상시키는 데는 많은 장애물이 존재한다. IMF의 가장 큰 한계는 개별 국가의 중앙은행과는 다르게 화폐를 찍어낼 능력이 없다는 점이다. 이 때문에 회원국 정부로부터의 자금 출연에 불가피하게 의존해야 하지만, 회원국들은 출연금 증액에 강한 거부감을 갖고 있다. 예를 들어 미국 정부가 IMF에의 출자를 늘리려는 시도는 항상 강력한 국내적 반대에 직면해야 했다. 설사 자금부족 문제가 해결된다 해도, 더 심각한 것은 IMF 대출이나 국제금융 체제 자체에 불가피하게 내재되어 있는 '도덕적 해이'의 문제이다. 이런 점에서 모든 국제금융 위기를 적절하게 예측, 방지, 해결한다는 것은 애당초 불가능한 측면이 크다.

IMF를 강화하는 방안이 갖는 또 다른 문제는 바로 이것이 개도국 경제에 과도한 부담을 부과한다는 점이다. IMF 개혁조치들은 개도국의 투명성을 제고할 것을 요구하는 것을 주요 골자로 하고 있다. IMF는 개도국에게 금융시장의 변화나 관련 정책에 대해 시의적절하고, 종합적인 정보를 제공할 것을 요구한다. 그리고 개도국들은 또한 선진국에 버금가는 은행제도와 자본시장 규제를 가져야만 한다. 그렇지 않을 경우 금융위기가 닥칠 경우 IMF가 자금을 제공하지 않을 위험을 감수해야만 한다.[8] 이런 점에서 IMF가 미국이나 국제적 은행가의 이해관계를 채무국 정부나 국민들의 이익보다 중시한다는 비판이 만만치 않게 존재하는 것이다. 유엔도 이런 비판의 대열에 합류하고 있다.

V. 결론에 대신해서: IMF에 대한 유엔 통제의 가능성

국제금융 체제를 개혁하기 위한 노력은 'G-7' 대 '여타 국가들', '미국과 IMF' 대 '나머지 세계', '중앙은행들과 IMF' 대 'NGO와 UN 기구들'이라는 여러 개의 대립구도를 만들어 냈다. 미국 정부와 IMF는 시장중심적 접근법을 기조로 하면서 IMF를 강화해서 국제금융 불안정에 대처해야 한다는 데에 이해관계를 공유하고 있다. 반면에 유엔 개혁을 역설하는 많은 사람들은 IMF를 강화해서 유엔의 통제 아래에 두어야 한다는 견해를 피력하고 있다. 유엔은 출범한 지 50년 이상이 되었지

---

8) Gilpin (2000), p.328.

만 아직도 세계 도처에는 빈곤이 지속되고 환경위기가 심화되고 있다는 사실 때문에 마음이 편치 않은 것이 사실이다.

스위스 제네바에 본부를 둔 사우스 센터(South Center)는 1995년에 출간된 유엔 개혁에 대한 정책 보고서에서 거시경제나 사회 정책적 이슈와 관련해서 세계은행, IMF, WTO를 유엔의 정책 리더십 아래에 두어야 한다는 흥미있는 주장을 폈다. 주된 이유는 세계 경제를 민주적으로 관리해서 빈곤과 불평등을 극복하고, 세계평화를 위협하는 사회·경제적 혼란의 원인을 제거하기 위해서였다. 동 보고서는 또한 유엔이 세계 인구의 소수를 대표하는 몇몇 나라가 아니라 전 인류를 위해서 존재하는 것이란 점을 역설하였다.[9]

이와 유사하게 유엔개발프로그램(UN Development Program: UNDP)은 2002년에 발표된 「분열된 세계에서의 민주주의 강화(Deepening democracy in a Fragmented World)」란 보고서에서 글로벌 금융 거버넌스를 담당하는 기관들에 대한 부유한 소수 국가들의 지배를 종식시킬 것을 요구했다. UNDP는 세계화를 어떻게 관리할 것인가에 대한 결정은 보다 더 민주적으로 되어야 하고, 또 브레튼우즈 제도들에 대한 부유한 국가들의 통제력도 약화시켜야 한다고 주장했다. 이런 부류의 의견은 명망있는 비정부 구호단체들 사이에서는 흔히 볼 수 있는 것이다. 그렇지만 이 UNDP 보고서는 UN 기구로서 처음으로 IMF와 세계은행을 이와 같은 방향으로 개혁하는 방안에 동의했다는 점에서 커다란 의의를 가지고 있다. 그 밖에도 IMF 집행위

---

9) http://www.sunsonline.org/trade/process/followup/1995/02280095.htm (2004년 10월 7일 검색).

원회의 자리를 개도국에게 더 많이 할당하자는 방안도 제기되었고, 또 유엔 경제안보이사회(UN Economic Security Council)를 만들어서 국제금융 제도에 대한 총괄적인 감시 역할을 맡기자는 제안도 나와있다.[10]

그렇지만 IMF를 유엔 통제 하에 두려는 시도는 미국이나, IMF, 그리고 주요 금융 당사자들이 모두 반대하기 때문에 실현 가능성은 그다지 크지 않다. 이들은 유엔이나 여타의 상위의 국제금융기구보다 시장에 대해 더 큰 신뢰를 가지고 있다. 미국의 금융기관들은 국제 금융시장에서 확고한 경쟁력을 갖추고 있고, 미국 정부 또한 사실상 IMF를 주무르고 있는 상황이다. 이런 이유로 미국과 IMF는 자유로운 자본이동을 선호하면서, 동시에 IMF의 국내외 금융문제에 대한 통제·감시 능력을 향상시킬 것을 바라는 것이다.

IMF의 장래가 어떻게 되는 간에 자본 이동성이 고도로 늘어난 세계경제에서 이런 저런 종류의 금융위기는 불가피할 것이고, 그것이 어떤 원인으로 발생했는지 정확히 파악하기는 쉽지 않을 전망이다. 현재 모든 국가는 금융 바이러스에 감염될 위험성에 노출되어 있다. 이런 상황 하에서 IMF가 신속하게 대응할 필요성은 매우 크다. 이를 위해서는 IMF가 미국이나 G-7과 같은 소수의 행위자들에 의해 중요 의사결정이 이루어질 필요가 아직도 있다. IMF에 대한 민주적 통제의 필요성이 점증하고 있지만, IMF에 대한 소수의 통제는 아직도 필요악인 측면이 강하다.

---

10) *The Guardian* (July 24, 2002).

제 16 장
유엔에 대한 새로운 도전과 대응

우치다 다케오 內田孟男

추오대학 교수

I. 변화된 환경과 문제들

1945년의 세계정치적 상황과 비교해 볼 때, 21세기의 시작은
유엔 스스로가 변화된 환경에 직면하고 있음을 발견하게 해
주었다. 유엔은 지속적으로 새로운 시대의 요구에 자신을 기능
적으로 맞춰왔지만, 실제 조직 구조는 변화하지 않고 그대로
남아있다. 헌장은 안전보장이사회 그리고 경제사회이사회에
서 회원국을 증가시키는 단 3번의 수정이 있었을 뿐이다. 그러
한 점차적인 채택은 만약 그것이 지금의 방식 아래 세계화의
가속화 과정을 겪는 새로운 변화를 만났다면, 오늘날 국제기구
와 같은 제한에 직면해온 것처럼 보인다. 코피 아난 사무총장
은 높은 단계의 위협틀 성립과 2003년 11월의 도전과 변화는

그러한 어려움과 딜레마에 대한 지각 표시라고 주장한다.[1)]

처음 51개국에서 오늘날의 191개국으로 회원국이 크게 증가한 것은 조직의 업무가 더욱 복잡해지고 있다는 것임에 의심의 여지가 없는데, 특히 그로 인해 그들은 자신들의 내부적 업무와 국제 협조에 대한 기여를 수행하기 위한 다양한 능력 차원을 갖고 있으므로 유엔이 더욱 이질성을 띠게 된 것이다. 회원국들은 주권독립국으로서 총회에서 원칙적으로 동등한 기반을 향유하는 반면, 조직의 정규 예산에 대한 평가 규모는 40개국 이상이 0.001%의 극미한 기금을 부과하고 있다는 것을 알 수 있다.[2)] 정규 예산의 75% 정도를 정상 10개국이 납부하는 것은 발전에 대한 자발적인 기여가 없다고 말할 수 있고, 그러므로 명백히 회원국의 경제 불균형을 표시해 준다고 볼 수 있다. 이런 상황 아래, 국가의 주권 동등성을 둘러싼 통념은 너무 미약하고 대중의 눈에 노출되어 있다.[3)]

게다가 세계화는 회원국들에 다른 영향을 주게 되었는데, 그들 중 일부가 세계경제적, 정치적 질서의 주변부로 주류에서 처지도록 만든 것이다. 발전된 과학과 특히 IT 분야에서의 기술을 통해 확대된 생산가 세계 무역은 회원국들간의 수입 격차를 넓히게 되었다. 세계화는 또한 전통적 문화 가치와

---

1) 심사원단 참고 기간과 회원에 대한 2003년 11월 4일 유엔의 출판물 SG/A/857 참고. "Secretary-General Names High-Level Panel to Study Global Security Threats, and Recommend Necessary Changes,"

2) UN, *Scale of assessment for the appropriation of the expenses of the United Nations: Report of the Fifth Committee*, A/55/521/Add. 1, Annex II.

3) 국가의 통념에 대한 자세한 논의는 다음 글에서 볼 수 있다. Inis L. Claude, Jr., *State and the Global System: Politics, Law and Organization* (St. Martin's Pres, 1988), Chapter 2 "Myths about the State," pp.13-27.

정체성에 확실히 위협을 주게 되었다.4) 최근 유엔의 여론은 세계화가 "대단한 기회를 제공한다"는 것으로 모아졌다. 그러나 "현재 세계화의 혜택은 비용이 고르지 않게 배분된 데에 반해, 매우 고르지 않게 공유되어 있다."5)

유엔의 두 주요한 과제 부분인 "평화와 안보" 그리고 "발전" 개념은 급격한 변형을 겪고 있다. 평화 기구의 대다수가 국가간 무기갈등보다 국내갈등을 겪고 있고 "인간안보"는 "국가안보"와 세계환경안보를 보충해 왔다. 발전에 대한 '로스토우'의 경제성장 개념은 유엔 활동에 대한 초점으로서 인간발전에 대한 방식을 제공해왔다.6) 그러한 개념의 확대와 심화는 유엔의 설립 사상과 의무가 그 회원국가들 사이의 문제 설정에 맞춰진 것에 반해, 유엔이 국가내부와 개인 차원의 문제 같은 것에 착수하도록 의무를 지우게 되었다.

II. 문제로 남은 유엔의 다자주의와 유엔의 정당성

1980년대 후반 냉전의 종식은 핵전쟁의 위협으로부터 좀 더 평화적인 세계질서에 대한 예언자로 보이게 되었다. 그러한 도취감은 단명적이었다. 소생된 유엔은 분쟁 지역에 더 많은 평화유지군을 배치했고, 때로는 헌장 7조를 바탕으로 심

---

4) Kofi Annan, *We the peoples: The role of the United Nations in the 21st Century*, 1995, pp.9-10.

5) The UN Millennium Declaration, paragraph 5.

6) UNDP, *Human Development Report 1990*, Chapter 1 "Defining and Measuring Human Development," pp.9-16.

각하게 무장된 대립을 맞기도 하였다. 1990년대 동안에, 유엔은 성공과 실패를 경험했다. 독단적인 평화활동은 소말리아에서 실패로 끝이 났고, 이전의 유고슬라비아에서도 실패하였다. 좀 더 적극적인 평화활동으로부터 유엔의 후퇴는 부트로스 부트로스 갈리(Boutros Boutros Ghali)에 의한 1995년 '평화를 위한 의제에 대한 제안'에 반영되었다. 그러나 전통적 평화유지수단의 부적절성은 더욱 강건한 평화활동을 주장하는 'Brahimi 보고서'(2000)에서 알 수 있듯이, 1994년 르완다와 1995년 스레브레니카에서 명백히 나타났다.[7]

뉴욕과 워싱턴 D.C.에 대한 9·11 공격은 미국 정부가 선제공격 전략을 채택하도록 자극했다. 그것의 적용은 유엔안보리의 승인없이 2003년 3월 이라크에 대한 군사적 행동으로 나타났다. 코피 아난은 그러한 군사적 행동이 국제법의 원칙과 유엔 설립 자체에 대한 심각한 위협을 내포하고 있다고 주장하며 이를 문제화했다.[8] 여기서, 문제는 유엔에서 상징화된 다자주의 측면이 거의 무시된, 단독적인 강대국에 의한 일방주의라는 것이다. 2004년 9월부터, 국제공동체는 이라크에 대한 미국 주도적 연합에 의해 고무된 분열로 회복되지 못하고 있다. 오늘날 근본적 변화는 유엔이 지탱하고 있는 기반 위의 다자주의가 침식되었

---

7) UN, *The Report of the Panel on the United Nations Peace Operations* (A/55/305 & S/2000/809), (21 August 2000).

8) 2003년 9월 23일 총회에서의 코피 아난 사무총장의 성명서 참고 ((A/58/PV.7), pp.2-4.) 안전보장이사회의 승인이 없이 "선제적으로" 라고 무력 사용에 대해 언급하면서 아난은 다음과 같이 주장했다. "불완전하게나마 세계평화와 안정이 지난 58년간 지속되어 오긴 했지만, 이 논리는 원칙에 대한 근본적 도전을 나타낸다."

다는 것이다. 변화는 환상에서 깨어난 제3세계 국가들 뿐 아니라, 북반구의 강대국들로부터 기인한 것이다.

중동에서 유엔의 이미지는 결코 우호적인 것이 아니다. 오히려 이라크 전쟁 이후에 최하 수준으로 왜곡되었다. 유엔의 무력함은 지역 내의 이스라엘-팔레스타인 갈등에서 명백하게 나타난다. 이라크에 대한 유엔의 제재는 이라크 주민들의 일상생활에 심각한 피해를 주었고 유엔은 자신들의 관점을 미국과 일체화시켰다. 이미지 문제는 특정 지역에 제한된 것이 아니고 전지구적인 것이다.

'Pew Global Attitude Project'에 의해 수행된 조사에 따르면, 유엔이 중요하지 않다고 생각하는 사람들은 프랑스, 미국, 영국, 스페인, 독일, 이탈리아에서 2003년 3월과 5월 사이 상당히 증대되었다고 한다.[9] 인도네시아, 조르단, 모로코, 파키스탄에서 빈 라덴은 "옳은 일을 하는" 지도자로서 인구 대다수의 신뢰를 받았다. 팔레스타인에서 빈 라덴은 아라파트 이상으로, 가장 신임받는 지도자이다.[10] 2003년 8월 바그다드의 유엔 지

---

9) The Pew Research Center for the People & and the Press, *Views of a Changing World: June 2003*, p.1.

10) *Ibid.*, p.3.

Confidence in World Figures to Do the Right Thing

	First	Second	Third
Indonesia	Arafat(68%)	Abdallah(66%)	**bin Laden**(58%)
Jordan	Chirac(61%)	**bin Laden**(55%)	Abdallah(42%)
Kuwait	Abdallah(84%)	Bush(62%)	Blair(58%)
Lebanon	Chirac(81%)	Annan(38%)	Abdallah(35%)
Morocco	Chirac(65%)	**bin Laden**(49%)	Arafat(43%)
Nigeria	Annan(52%)	Blair(50%)	Bush(50%)
Pakistan	Abdallah(60%)	**bin Laden**(45%)	Arafat(42%)
Palest. Auth	**bin Laden**(71%)	Arafat(69%)	Chirac(32%)
Turkey	Arafat(32%)	Abdallah(21%)	Annan(18%)

역본부에 대한 공격은 지역 내에서 광범위하게 변색된 유엔의 이미지 없이는 발생할 수 없는 일이었다.

그러므로 유엔은 이라크 위기가 조직의 위상에 타격을 주었던 발전된 지역은 말할 것도 없이, 아프리카, 아시아, 그리고 라틴 아메리카의 다른 세계 지역 뿐 아니라, 이 특정 지역에서 긍정적으로 받아들여질 수 있는 이미지를 형성해야만 한다. 이미지 문제는 유엔의 업무를 복잡하게 하는 또 다른 측면이다. 미국에서 유엔의 등위는 2002년 77%라는 최고 우호점에서 10년이 조금 더 지난 2004년에 55%로 최저점으로 매겨졌다. 유엔을 비우호적으로 보는 사람들은 같은 기간동안 18%에서 35%로 증가했다.[11] 유엔은 모든 회원국들로부터의 지원을 보장받아야만 하고, 이유가 무엇이든지간에 가장 강력한 국가의 신임을 잃어서는 안 된다. 같은 조사에 따르면, 사무총장 아난은 미국, 영국, 프랑스, 독일, 러시아에서 우호적인 순위를 받은 받았으나, 조르단과 모로코에서는 비우호적 인물로 인식되었다.[12]

또한 다자주의에 대한 도전은 유엔 정당성에 대한 도전이다. 국제기구에 관심이 있는 많은 사람들은 유엔의 정당성을 세계 질서를 위한 주요 제도로 당연시할 것이다. 그러나 우리는 현재 세계에서 유엔의 정당성에 대한 이 기본적 질문을 재고해야만 한다.

Daniel Bodansky는 국제적 정당성을 세 가지 유형으로 범주화

---

11) The Pew Research Center for the People and the Press, *A Year After Iraq War* (March 16, 2004), p.2.

12) *Ibid.*, p.11.

했다; 그것은 (1) 자원(신, 전통, 합의), (2) 절차(공정성, 사법적 그리고 행정적 절차), (3) 실제 결과들(복지, 사회적 정의, 환경 보호).[13] Bodansky에 의한 정당성의 요소는 Max Weber의 전통, 카리스마, 그리고 정당성과 유사하다. 정당성에 대한 유엔의 독점적 요소는 헌장에 소중히 간직된 법과 국제법의 확실한 성문화라고 할 수 있다. 세계정치에서 상대적으로 새로운 제도로서, 그것은 "주권국가"의 건설에 장애가 되는 어떤 영광스런 과거 혹은 전통을 주장할 수 없다. 우리는 정당성의 또 다른 요소를 더할 수 있거나, 미래의 비전과 인간에 대한 발전적 관점을 계획할 수 있는 능력을 부가할 수 있다. 정확히 국제지역에서 그것은 새로운 선착자이기 때문에, 세계 평화와 질서에 공헌할 의도와 계획을 선언함으로써 정당성을 주장할 수 있다. 60년의 긴 업적을 갖고 있는 유엔은 현재 미래에 대한 약속에 지쳐있는가, 이런 점에서의 정당성은 어떠한가? 혹은 그것은 여전히 헌장과 수많은 선언의 고상한 이상에 의존하고 있는가?

절차상의 정당성은 형식적일 뿐 아니라, 모든 연관있는 행위자들을 포괄하는 참여민주주의가 될 수도 있다. 비록 약소국의 문제가 제기될 수 있지만, 정부간 조직으로서, 유엔 총회는 진실로 광범위하고 이 기준을 만족한다. 안전보장이사회는 더 제한적이고 1945년의 권력 구성을 반영하는 5개의 영구적 국가 회원국은 21세기에 정치적 상황이 변화되면서 의문으

---

13) Daniel Bodansky, "The legitimacy of international governance: A coming challenges for international environmental law," *American Journal of International Law,* Vol. 93, No. 3 (July 1999), pp.614-623.

로 남겨졌다. 안전보장이사회에 의한 구속력있는 결정은 확실히 법적이지만 항상 그런 것은 아니며, 특히 거부권이 오직 국익차원에서 던져질 때는 정당성의 논조를 수반할 수 없을 것이다. 국제사법재판소의 자문 의견은 때때로 그것이 안전보장이사회에서처럼 정치적으로 너무 편향되지 않을 때, 더 정당성있는 것으로 간주된다.

팔레스타인 점령지구의 장벽 건설에 대한 최근의 자문 의견은 이에 대한 좋은 사례다.[14]

국제평화와 안보 유지, 가난의 근절, 지구 환경 보호 같은 실제적인 결과의 성취가 조직의 정당성을 향상시킨다는 데는 의심의 여지가 없다. 유엔은 강대함에서 멀리 떨어져 있고 모든 이러한 문제들을 해결할 것이라고 예측되지도 않는다. 그러나 유엔이 다른 행위자들과 함께 그들의 문제해결에 공헌할 것이라는 것은 중요하다. 잠재적이고 실제적인 수익자의 이미지와 인식은 정당성의 중요한 요소이다. 세계는 유엔으로 인해 더욱 나아지고 있는가? 혹은 악함에서 벗어난 세계가 유엔에 고마워하고 있는가? 세계인구의 5명 중 1명이 절대적 빈곤의 삶에 부딪치게 되었다는 간단한 사실은 이 문제를 다루는 유엔을 포함한 국제공동체의 실패를 보여준다. 새로운 세기의 발전 목표는 실현가능한 목표로 설정되어 왔고, 이러한 목표를 충족하는 데 있어서의 실패는 확실히 유엔의 정당성을 침식시킬 것이다. 또한 특히 기후 변화 같은 지구 환경문

---

14) 팔레스타인 점령지구 장벽 건설의 법적 결과에 대한 2004년 7월 9일의 자문의 의견은 국제사법재판소의 출판물 2004년 2월호에 요약되어 있다.

제는 이미 취약해진 생태계를 효과적으로 다루지 못할 것이다. 과제는 유엔을 중심으로 하여 협력을 위한 불안정한 국제적 틀의 측면을 위압하는 것처럼 보인다.

유엔은 최근 실체적인 산출과 결과 쪽으로 움직이기 시작하여 "결과 기원적" 접근을 강조하고 있다. 그것은 유엔의 존재 이유가 수사적인 해결책에 있는 것이 아니라는 사무국과 회원국에 대한 의식을 반영하고 있으나, 이 지구상의 주민들의 일상적 삶을 개선시키는 데 있어, 특히 취약성을 갖는 사람들에 대한 의식을 반영한다.

그들이 완성되기에 멀었다고 주장하는 계획과 활동의 평가는 매우 주관적이고 방법론적이다. 그럼에도 불구하고 유엔의 정당성은 "지구 공공재"를 제공하는 그 능력에 의해 판단될 것이다. 지구 공공재의 개념은 여전히 유엔개발계획(UNDP)에 의한 새롭고 찬사받을 만한 노력이 되고 있다.[15]

Ⅲ. 대응과 정책

유엔의 개혁은 코피 아난이 사무국을 되살리기 위한 그의 계획에서 지적한 것처럼, 사건이 아니라 과정이다.[16] 게다가, 다양한 개혁 제안은 1969년 Jackson의 유엔 체제 능력에 대한

---

15) Inge Kaul, et al, eds., *Global Public Goods: International Cooperation in the 21st Century* (Oxford University Press, 1999) and *Providing Global Public Goods: Managing Globalization* (Oxford University Press, 2003).

16) 1997년 7월 16일에 열린 총회에서 "Quiet Revolution"이라고 이름붙여진 코피 아난의 성명서 25번째 단락 참고.

보고서에서 시작된 이후로 계속 제기되고 있다. 제안은 세 가지 범주로 나뉠 수 있다. (1) 헌장 수정을 요구하는 개혁 (2) 총회의 승인을 요구하는 개혁 (3) 사무총장에 의해 이행될 수 있는 개혁. 앞에서 언급한 것처럼, 개혁의 첫 번째 그룹은 안전보장이사회와 경제사회이사회의 회원국 증가에 관한 것이다. 개혁의 두 번째 그룹은 부 사무총장와 인권고등판무관의 지위 설립을 포함한다. 세 번째 그룹은 사무국 분야와 부서의 다양함과 재조직에 관한 것이다.

그러나 1990년대 초기 안전보장이사회의 개혁이 있은 이후로 주위를 끌고 있는 것은 오픈엔드형 실무그룹이 1992년에 수립되었다는 것이다. 그룹 의장은 Ismail Razali에 의해 비문서를 만들어냈다. 그리고 1997년 총회의 51번째 회기 의장이 안전보장이사회에서 5개 상임이사국과 추가적으로 4개의 비상임이사국을 창설하자고 제안했다.[17) 회원국의 확장에 대한 갈망에 대체적인 합의가 있었지만, 실무그룹은 국가들이 다른 지역으로부터 상임이사국에 선출된다는 것에 대한 불합의로 변화될 수 없었다. 새천년의 선언은 특별한 것이라고 하기보다, 안전보장이사회 개혁 과정이라고 하기에 충분하다. 그것은 단지 "모든 측면에서 안전보장이사회의 포괄적인 개혁을 이뤄내기 위한 우리의 노력을 강화시키는 것"이라고 주장한다.[18)

---

17) 안전보장이사회와 관련된 다른 문제들의 증가와 안전보장이사회의 회원 증가에 있어서, 정당한 대표에 대한 질문에 있어서 오픈엔드형 실무그룹의 보고서. Supplement No. 47 (A/51/47) (8 August 1997), p.7.

18) United Nations Millennium Declaration (RES/55/2) (18 September 2000), paragraph 30.

유엔인권고등판무관 사무국 설립은 인권 부분에 대한 유엔 활동의 가시성을 증가시키는 데 있어 중요한 단계이다. 전 인권고등판무관 Mary Robinson은 이런 점에서 유엔 업무에 매우 큰 공헌을 했다.

유엔 체제의 복잡성을 고려해 보면, 유엔 체제 내의 다양한 의회 정책과 업무를 조정하는 과제는 중요하고도 어려운 것이다. 2000년에 행정조정위원회(ACC)를 'UN System Chief Executive Board for Coordination(CEB)'로 재조정하려던 것은 조정을 강화시키려는 시도이기는 하나, 아직 그 가치와 성과는 미지수로 남아있다. 체제범주 역할조정의 근본적 문제는 특정화된 기관이 각각의 프로그램과 예산을 결정하는 회원국가들의 총회가 되었다는 것이다. 사무국 수준의 조정은 유용하나, 본질적인 제한을 가지고 있다. Erskine Childers와 Brian Urquhart는 특정화된 기관과 다른 기구들이 더욱 통합되어야 한다고 주장했다.[19] 제안은 무시되는 것처럼 보였고 다양한 임무가 다양한 기본적 기관과 분산화의 장점을 위임하는 것에 대하여 평가하는데 실패했다. 세계적으로 그러한 기관에 의한 유엔의 현모습은 그 자체로 가치있고, 전체적으로 유엔 체제의 지구적 강령을 제공해 준다.

유엔은 1990년대 초기 이후로 어린이, 환경, 인권, 사회적 발전, 여성, 서식지, 인종주의, 지속가능한 개발 그리고 정보기술에 대한 세계회의 차원에서 조직되어 왔다. 이러한 회의

---

19) Erskine Childers 와 Brian Urquhart의 "The Forgotten Design for the System," 세 번째 장 참고. Erskine Childers and Brian Urquhart, *Renewing the United Nations System* (Dag Hammarskjold Foundation, 1994), pp.39-52.

들은 그 업적과 불충분한 점을 평가하기 위한 정기적 모임을 통해서 이루어져 왔다. 그들은 두 가지 주요 기능을 해왔다; 하나는 연관되어 있는 세계적 문제에 대해 의식을 깨우고 민감하게 반응하는 것이다. 다른 하나는 회원국 정부에 관여할 뿐 아니라, 총회의 형식적 틀 안에서 행해질 수 없는 논쟁과 의제설정에 대한 비정부기구와 사회운동, 시민사회에 관여하는 것이다.

새천년의 선언이 비록 총회에 의해서 채택되었지만, 이러한 세계회의 결과를 요약하고 있다. 그것은 자유, 평등, 연대, 관용, 본성과 공유된 책임성 측면처럼 공유되고 분배된 가치와 인종을 고찰한다.[20] 따라서 우리는 확실히 공유된 가치가 존재한다고 주장할지도 모르지만, 그것은 초기에 유엔 포럼에서 일반적으로 분배되고 표면상 제재를 당하게 되었다. 세계시민사회는 그러한 가치 없이는 상상할 수도 없을 것이다. 유엔은 적어도 활동을 통해서 그들을 기르고 양성하는데 도움이 되어왔다.

IV. 사무국의 지도자 역할: 당면 과제

우리는 세계적 공공재를 제공하면서 유엔의 여섯 개 주요 기구 중 하나인, 유엔 사무국의 역할로 우리의 관심을 돌릴 것이다. Oran Young은 국제적 리더십을 세 가지 유형으로 구분

---

20) United Nations Millennium Declaration, paragraph 6.

하였다. 하나는 물질적 자원에 기반을 둔 구조적 리더십이다;
둘째는 협상에서 탁월한 기업가의 리더십이고, 셋째는 아이디
어와 비전으로 사람을 동원하는 지적 리더십이다.[21] 유엔 사
무국과 사무총장은 두 번째와 세 번째 리더십 유형을 갖고
있으나, 첫 번째 유형은 특히 주요 세력 회원국가들에 의해
행사된다.

　세계 공공정책 설정에서, 사무국의 기능은 세계적 문제를
확인하고, 그러한 문제들을 다루는데 있어 원칙과 절차에 대
한 합의를 기르며, 정책결정을 도우며, 그것의 실행에 참여하
며, 마지막으로는 취해진 행동의 결과를 평가하는데 있어 중
요하다. 사무국을 둘러싼 유엔은 공공재 공급에 있어 여론과
행위자로 기능한다.

　그럼으로써 사무국은 회원국가들을 뛰어넘어 시민사회, 비
정부기구, 사회세력, 기업 그리고 지식 공동체와 함께 협조를
추구하고 권장한다. 그것은 파트너십 구축 활동이다. 유엔은
헌장에 규정된 것처럼, "국가 활동을 조화하는 데 있어서의
중심"이 되기를 기대되어 왔다. 그러나 현재는 모든 행위자,
국가, 시민사회, 그리고 기업의 활동을 조화시키는 중심이 되
고 있다. 다른 기구들은 중추 기능을 제공하는 데 있어 필연적
으로 갖춰진 것이 아닌 심의하는 기구이기 때문에, 사무국은
그러한 역할에 하기에 가장 잘 갖춰져 있다. 유엔과 시민사회
관계에 대한 보고서는 이런 점에서 사무국의 역할을 강조하고

---

21) Oran R. Young, "Political leadership and Regime Formation on the Development
　　of Institutions in International Society," *International Organization*, Vol. 45,
　　No. 3 (Summer 1991), pp.281-308.

새로운 "후원자 확장 사무소와 파트너십"을 제안한다.[22]

국제 시민 서비스가 그러한 과제를 충족시키도록 강화되었다는 것은 아주 중요한 점이다. 국제 시민 서비스의 강화에 대한 심사원단은 국제 시민 서비스의 강화가 새천년 선언의 목표 성취를 향한 국제공동체의 전반적 노력에 중심 위치를 차지하고 있다고 주장한다.[23] 그러나 서비스의 최근 경향은 질과 양 둘 다를 촉진하는 것으로부터 멀어져 있다. 유엔 직원의 수는 합리적인 조치 단행으로 인하여 지난 10년 동안 감소되어 왔거나 회원국가들에게 부여된 부담을 감소시키기도 하였다.

코피 아난은 그가 1997년에 사무국에서 관료를 능률적으로 하고 부담을 줄이는 사무소를 계획했기 때문에, 사무국에서 주도권을 쥐어오고 있다.[24] 그러나 곧 Louise Frechette 사무차장은 어느 수준 이상의 직원 감소가 유엔의 임무 수행에 필요한 효과적 서비스를 위험하게 할 것이라는 점을 감지하게 되었다.[25] 또한 걱정거리인 것은 "하급 직종 단계에서의 은퇴보

---

22) UN, *We the peoples: Civil Society, the United Nations and Global Governance: Report of the Panel of Eminent Persons on United Nations-Civil Society Relations* (A/58/817) (June 11, 2004), p.21.

23) Report of the Panel on the strengthening of the international civil service, A/59/__ (July 7, 2004), p.18.

24) Kofi Annan, "Quiet Revolution," 1997, paragraph 32.

25) UN Press Release, "Deputy Secretary-General says world community continues to need commitment, energies and ideas of former international civil servant," DSG/SM/52, 20 May 1999. Louise Frechette는 "보다 많은 인원 삭감을 하는 것은 회원국들이 유엔에 대해 기대하고 있는 서비스의 전달을 위한 유엔의 능력을 심각하게 손상시키는 지점에 도달한 것이다"라고 주장했다.

다 유엔으로부터의 사임이 현저하게 더 많다"는 사실이다.[26]
Frechette는 2004년 7월 국제 시민 서비스 위원회 모임에서 "유
엔 조직이 국제 노동 시장에서 더 이상 경쟁적이지 않다"는
사실을 지적했다.[27] 국제 시민 서비스는 그 발단이 주로 전문
국제 시민 관리인을 의미했지만, 이것은 더 이상 그렇지 않
다.[28] 이것은 근본적 변화이고 국제 시민 서비스의 미래를 위
해 그 의미를 더 심각하게 고민해 보아야 한다.

V. 결론: 글로벌 거버넌스의 효과적인 행위자가 되기?

유엔은 목적을 위한 수단이고 목적은 유엔의 헌장과 이어지
는 국제적 합의에 묘사된 목표들을 실현하는 것이다. 다른
말로, 유엔은 글로벌 거버넌스에서 중요한 행위자이다. 글로
벌 거버넌스는 "개인과 제도, 대중과 개인, 그들의 공통된 업
무 관리 같은 많은 방식들의 합계"라고 글로벌 거버넌스위원
회에 의해 정의된다.[29] 유엔은 많은 기간을 보냈고 아난은 다
음에서처럼 "글로벌 거버넌스"를 정의한다.

---

26) UN Press Release, "United Nations Staff Conditions of Service Continue to
    Deteriorate, Fifth Committee told," GA/AB/3255 (2 November 1998).
27) UN Press Release, "UN organizations no longer competitive on international
    labour market, says Deputy Secretary-General in remarks to civil service
    commission," DSG/SM/230 & ORG/1420 (12 July 2004).
28) Report of the Panel on the international civil service, *op.cit.*, p.15.
29) The Commission on Global Governance, *Our Global Neighbourhood* (Oxford
    University press, 1995), p.2.

"좋은 정부는 시민들의 삶에 영향을 주는 결정에 참여하고 그들이 강대해짐에 따라 시민이 정당하다고 간주하는 것-정치적, 사법적 그리고 행정적-에 대하여 제 기능을 하고 책임이 있는 제도를 만들어내는 것이다. 좋은 정부는 또한 인권에 대한 권리를 부과하고 일반적으로 법의 원칙을 수반한다. 좋은 정부에 대한 지원은 유엔의 발전과 관련있는 작업에서 점차적으로 중요한 요소가 되어왔다."[30]

글로벌 거버넌스의 개념은 다양한 행위자들, 국가와 비국가 행위자를 포함하는 데 있어 충분히 광범위하며, 정의에 따르면, 새로운 세계 문제와 그의 해결에 대한 도전을 충족시키는 데 있어 어떤 독단적 국가 혹은 국가 그룹의 역량을 넘어서는 것이다. 그것은 세계 공공정책과 제도가 세계 공공재의 조항에 필요불가결하다는 것을 가정한다. 또한 세계화와 그의 문제를 검토할 뿐 아니라, 공유된 가치와 윤리에 근거하여 정책 권고를 만들어낸다.

정부간 본성의 가치에 의해 유엔은 회원국가들의 행동을 조화시키는 중심으로 자리잡았다. 새천년 선언은 헌장의 원칙 역량과 타당성이 증대되었고, "국가와 사람이 점차 상호연결되고 상호의존적으로 되어가고 있다"고 주장한다. 독립적이고 국제적인 성격의 가치로서, 사무국은 조직의 회원국들과 더불어 시민사회, 그리고 기업과 밀접하게 협조할 수 있다.

유엔과 시민사회관계에 대한 최근 보고서는 "유엔이 이전보다 더욱 시민사회를 지지할 필요가 있다"고 명확히 주장한다.

---

30) Kofi Annan, *Report on the Work of the Organization 1998*, paragraph 114.

그러나 시민사회가 요구하고 있고 우리의 보고서에 반향된 것이 글로벌 거버넌스의 훌륭한 개혁으로 보여지지 않는다면, 그러한 지지는 얻을 수 없을 것이다.[31] 보고서는 유엔과 시민사회 사이의 관계를 강화시키기 위해 30개의 견고한 제안을 만든다. 어떤 제안은 회원국가들, 안전보장이사회 그리고 총회, 다른 사무총장에 소개되었다. 비정부기구, 특히 ECOSOC와 함께 자문의 지위를 가진 비정부기구는 현재 유엔의 인도주의적 활동과 발전 계획에 있어서 중요하고 필수적인 역할을 하고 있다. 이런 비정부기구들의 숫자는 1991년의 928개에서 2003년 2,350개를 초과하면서 지난 10년 동안 두 배가 되었다.[32]

사무총장 아난은 또한 2000년 뉴욕에서 출발한 '글로벌 컴팩트(Global Compact)'를 통해 사적 부분과의 연합적 관계를 강화시키는 데도 주도권을 갖고 있다. 유엔 글로벌 컴팩트 주최 지도자회의(Global Compact Leaders Summit)는 2004년 6월 480명 이상의 주요 행정 위원들, 정부 위원 그리고 노동자 대표 그리고 시민사회 대표자들이 "세계적 협조 시민"을 논의하기 위해 함께 모인 자리에서, 유엔 사무총장에 의해 개최되었다. 현재 발전된 그리고 발전하고 있는 지역으로부터 1,700개 이상의 기업이 인권과 환경, 노동자 관계와 반부패 지역으로 널리 알려진 곳에 대해 10개의 원칙에 근거한 프로그램에 참여하고 있다.[33]

유엔의 또 다른 중요한 파트너는 지역 기구이다. 브트로스

---

31) The Report on UN-Civil Society Relations, *op.cit.*, p.3.
32) 유엔 인터넷 홈페이지에 게재된 수치를 저자 본인이 계산한 것이다.
33) UN Global Compact Office, *Preliminary Report on the Global Compact Leaders Summit* (2 July 2004).

갈리(Boutros Ghali)는 지역기구를 유엔에 대하여 증가하는 요구를 대처하기 위한, "유엔의 대행자"로 묘사하고 있다.[34] 그의 '평화를 위한 의제'에서(1992년과 1995년), 그는 유엔과 지역기구 사이의 협조에 대한 가능 형태 뿐 아니라, 그들을 위한 원칙을 설명한다.[35] 유엔과 지역기구는 1994년에 시작하여 매 2년 마다 각각의 사무국들 사이에서 정기적 자문회의를 열기 시작했다. 2003년 7월에 열린 마지막 회의는 국제평화와 안보에 새로운 도전으로 보이는 국제 테러리즘, 시민전쟁, 그리고 국가 실패, 조직 범죄, 인권 위반 같은 문제들을 논제로 채택하였다.[36]

세계화와 함께 결합된 새로운 도전에 대한 유엔의 성공 여부는 유엔이 회원국가들, 부상하는 세계 시민사회 그리고 세계 공공재를 공급하는 데 있어 사적 부분과 파트너십을 건설할 수 있는가에 달려있다. 우리는 다양한 행위자들 사이에서 그러한 집중된 노력에 대한 잠재적이고 발생적인 경향을 분리할 수 있다. 세계화의 부정적인 영향과 흡수 문화 그리고 인종 갈등은 이런 측면에서의 낙관주의에 그다지 공간을 남겨두지 않고 있다. 유엔은 그들이 함께 작업해야 하는 현실에 대하여 미래 구상을 계획하고 모든 국가들의 행동을 조화시키는 효과적인 중추가 되는데 있어 실패할 여유가 없다. 사무총장 아난이 주장한 것처럼, 유엔은 "갈림길에 들어서게" 되었다.[37]

---

34) Boutros Boutros-Ghali, "Global Leadership after the Cold War," *Foreign Affairs*, Vol.75, No. 2 (March/April 1996), p.94.
35) Boutros Ghali, *Supplement to An Agenda for Peace*, 1995, pp.31-33.
36) UN Press Release SG/2084, "Fifth High-Level Meeting between UN and Regional Organizations" (28 July 2003).
37) 2003년 9월 23일 총회에서의 코피 아난의 성명서(위의 각주 8번 참고)